阅读
无障碍本

周易

古典名著犹如世代相传的火种，它点亮了人类的智慧和情感。古典名著阅读无障碍本，是通过我们对古典名著的解读、注音、注释、翻译等，让广大的一般读者在阅读过程中，减少一些学习古代经典的障碍，让其在较短的时间里穿透深邃的历史时空，和古人的心灵相接、相励！

宋祚胤 校注

岳麓書社

图书在版编目(CIP)数据

周易/宋祚胤译注. —长沙:岳麓书社,2011.5(2022.10 重印)
ISBN 978-7-80761-613-9

Ⅰ. 周… Ⅱ. 宋… Ⅲ. ①周易—注释②周易—译文 Ⅳ. B221

中国版本图书馆 CIP 数据核字(2011)第 033001 号

ZHOUYI
周易
译　注:宋祚胤
责任编辑:彭卫才
封面设计:吴颖辉

岳麓书社出版发行
地址:湖南省长沙市爱民路 47 号
直销电话:0731-88804152　0731-88885616
邮编:410006

版次:2011 年 5 月第 1 版
印次:2022 年 10 月第 11 次印刷
开本:890mm×1240mm　1/32
印张:14.125
字数:320 千字
印数:58 001—61 000
ISBN 978-7-80761-613-9
定价:49.80 元

承印:廊坊市博林印务有限公司

如有印装质量问题,请与本社印务部联系
电话:0731-88884129

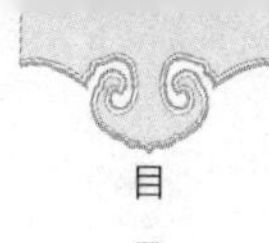

目　录

前　言

任何一种事物都受环境条件制约，不首先弄清楚《周易》是在什么时候写成的，要读懂它就有困难。传统说法是，伏牺画八卦，周文王把八卦演化为六十四卦，并写出卦辞和爻辞，是《周易》在西周初年成书。关于伏牺画卦，近人多不相信。“文王拘而演《周易》”，也只是司马迁的一家之言，考之于《尚书·周书》，并没有片言只字记载。相反，《大诰》却说“宁王惟卜用”。因此要说由文王写出一部在书的组成形式和语言资料方面都对古代筮书有所沿袭的《周易》就成为不可能，何况《周易》有不少爻辞都绝不能出于文王之手，更是《周易》不作于文王的证明。明夷六王“箕子之明夷”，是武王戴文王木主以观兵于孟津以后的事，文王不能事先知道。夬卦九四“牵羊悔亡”，是微子在武王伐纣灭商以后的事，文王也不能事先知道。履卦六五“武人为于大君”，是厉王末年的“伯和篡位立”（《竹书纪年》），就更不是文王所能知道的了。《周易》既然不是文王作的，传统的《周易》作于西周初年的说法就难以成立了。

近年有人提出《周易》写成于西周末年，值得重视，今论证如下。

《周易》语言与《尚书·周书》比较，要容易懂得多，不像《周书》那样艰深难读，例如屯卦六二“女子贞不字，十年乃字”，损卦六三“三人行则损一人，一人行则得其友”，归妹上六

“女承筐，无实，士刲羊，无血”，都与后来春秋时代书面语言接近，因此与其说成书于西周初年，不如说成书于西周末年。如上指出，“武人为于大君”是记载了厉王时候的事，但只凭这一条断定《周易》作于西周末年，论据还嫌不足。明夷九三有“于南狩”，升卦卦辞有“南征吉”，都是说要向南方楚国用兵，并希望取得胜利，应该是写在“昭王南征而不复”（《左传》僖公二年）。和“穆昔南征军不归”（韩愈诗）之后，其时已接近西周末年。再加上《周易》充满阴阳观念，它的六十四卦都是由阳爻和阴爻组成，但全书却还没有阴阳这两个词，要到宣王大臣虢文公才说“阴阳分布，震雷出滞”（《国语·周语》），因此《周易》成书不可能在宣王时候。上不能到昭王穆王，下不能到宣王，但又记载了有关厉王的大事，因此要说《周易》成书于西周末年，该可以讲得过去了。

《周易》是为什么写的？这是一个最值得研究的核心问题。《周易》大量提到王和大人、君子，并着重加以表现。坤卦六三和讼卦六三都有“或从王事”，师卦九二有“王三锡命”，比卦九五有“王用三驱”，随卦上六有“王用亨于西山”，蛊卦上九有“不事王侯”，离卦上九有“王用出征”，家人卦九五有“王假有家”，蹇卦六二有“王臣蹇蹇”，益卦六二有“王用享于帝”，夬卦卦辞有“扬于王庭”，萃卦卦辞有“王假有庙”，井卦九三有“王明，并受其福”，丰卦卦辞有“王假之”，涣卦卦辞有“王假有庙”，九五有“涣王居”，王一共出现十六次。还有大人，在《周易》与王同义。乾卦九二和九五，讼卦卦辞，蹇卦卦辞和上六，萃卦卦辞和巽卦卦辞，都有“利见大人”，升卦卦辞有“用见大人”，否卦六二有“大人否”，九五有“大人吉”，困卦卦辞有“大人吉”，革卦九五有“大人虎变”，大人一共出现十二次。还有不少“君子”也指王，例如同人卦卦辞“同人于野，亨，利

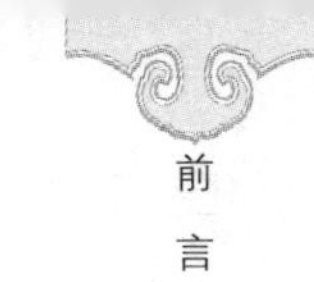

涉大川，利君子贞”，就是说有一个王在集合人众；革卦上六“君子豹变”，豹变犹言虎变，是君子就是大人。还有大君，在《周易》与王同义，出现三次，即师卦上六的“大君有命”，履卦六三的“武人为于大君”，和临卦六五的“大君之宜”。天子出现一次，即大有卦九三的“公用亨于天子”。这些应该可以说明，《周易》是为了西周一个王写的。但到底是哪一个王呢？从“于南狩”和“南征吉”看，不可能是昭王、穆王和他们以前的王，因为西周初年还没有向楚国用兵，而昭王、穆王用兵又都是失败。从“武人为于大君”看，不可能是写共王、懿王、孝王和夷王，因为他们在位时还没有出现这件事。从宣王时才开始有阴阳这一对词看，《周易》的王不可能是宣王，因为《周易》还没有这一对词。根据这些情况可以断定，《周易》所写的王不能是厉王以前的王，也不能是厉王以后的王，而只能是厉王了。

《周易》为厉王而作，在有些卦也能看出苗头。例如把睽卦九二“遇主于巷”和九四“遇元夫”联系起来，就是说有一个大夫（元夫）在深宫永巷之中碰上了厉王（主），是厉王受到武人囚禁的证明。再例如明夷卦初九“君子于行，三日不食，有攸往，主人有言”，就是说厉王在被流放到彘的道路中忍饥挨饿，稍有行动，就受到如同于主人的武人责骂。还例如旅卦九四“旅于处，得其资斧”，就是说有一个旅居异乡的人还掌握着齐斧（资斧应作齐斧，即黄钺），也就是还掌握着天子用来指挥天下的黄钺，这就更非常明白地显示出被流放于彘而成为羁旅之人的是厉王了。

《周易》表现出作者希望厉王恢复王位，中兴西周的思想，乾卦九五的“飞龙在天”，坤卦六五的“黄裳元吉”，是集中而鲜明的反映。这是由于对故国西周的热爱而流露出来的爱国思想。至于厉王是昏暗之君，不能寄托什么希望，作者也很知道，一个

蛊卦就全是讲厉王有严重错误的。井卦九三“井渫不食，为我心恻，王明，并受其福”（水井淘干净了却不去喝，使我心里难过，王如果英明，我们都会得到好处），也是作者对厉王不能勤于政治的担心和昏聩不明的指责。旅卦初六“旅琐琐，斯其所取灾”（这个羁旅之人渺小得很，这是他遭受灾难的原因），更严厉斥责了厉王不识大体，监谤专利，以致自取放逐的过失。至于西周的终难复兴，丰卦上六“丰其屋，蔀其家，窥其户，阒其无人”（屋子很大，可是房里却像被草席子遮住那样昏暗，从门户中向里面看，静悄悄地没有一个人），已经用比喻形象地指出；而西周将终于顶不住，会迁都到别处去，益卦六四“利用为依迁国”（用来作为依靠迁都的国家得到好处），也明确地给揭示出来了。这些都说明，《周易》作者希望厉王复国中兴，无非是尽他的一片忠君爱国之心罢了。

《周易》作者为了帮助厉王复国中兴，提出了一些理论和方法，先从政治方面看。

一、策略战略：厉王要复国中兴，最要紧的是用武力赶走武人。其时厉王弱小，武人强大，要达到目的，就得以退为进和以后取先，去以柔克刚和以弱胜强。这些就是《周易》作者希望厉王采取的策略和战略，在不少卦都有表现，而以小过卦为最集中突出。小过卦卦辞：“可小事，不可大事。飞鸟遗之音，不宜上，宜下，大吉。”这些是说，应该居于小而不居于大，应该肯定下而不肯定上，才会以小胜大，以下克上而大吉。这就是要运用以退为进和以后取先的策略，去取得以柔克刚和以弱胜强的战略效果。

二、两手并用：对武人要讨伐，是武的一手。还要安抚，是文的一手。需卦上六“入于穴”，是说对武人要进行讨伐。比卦六二“比之自内”，是说对武人要加以安抚。需卦在前，比卦在

后，显示出应该以武为主，以文为辅，二者要很好地结合起来。

三、宽大政策：讼卦九三“不克讼，归而逋，其邑人三百户无眚”，是说武人与厉王打仗打败了，他领地内的人将不会受到牵连。这是《周易》作者提醒厉王要注意宽大政策，以分化瓦解武人内部。

四、严明赏罚：讼卦上九“或锡之鞶带，终朝三褫之”，是告诉厉王，将领如果有功，就厚予赏赐，如果打败，就严加惩罚，以提高战斗力。

五、求贤相助：这在《周易》大都用男求女做比喻，如咸卦卦辞“取女吉”，家人卦卦辞“利女贞”等。

六、重视人民：同人卦卦辞“同人于野”和上九“同人于郊”，都是说要在广大范围内团结人民，讨伐武人。

七、注意德治：临卦卦辞“至于八月有凶”，是反对残暴政治。周历八月是夏历六月，正是骄阳似火，灼石流金的时候，用来比喻残暴政治是恰当的。上六“敦临”，是说要以宽厚为治，不能虐待人民。把两方面结合起来，就是《周易》作者要厉王在赶走武人以后，必须痛改前非，“为政以德”。

八、进行改革：革卦九五“大人虎变”，是说改革将在厉王主持下进行，并取得很大成绩。鼎卦卦辞“元吉，亨”，是指出改革将使国家大吉，国运亨通。革卦和鼎卦的改革思想，是《周易》作者要厉王得到解脱后用来复兴西周的。

《周易》还有不少哲学思想，也服务于厉王的复国中兴。这些就是孚、中行、道和无为以及循环论。

孚在《周易》出现四十二次，以讲成“唯天下至诚为能化”（《中庸》第二十三章）的诚的为最多，也最重要。一个人只要有这种孚就“勿问元吉”（益卦九五，不用问都大为吉利），或“有孚维心，亨，行有尚”（坎卦卦辞，只要内心有诚，就凡事顺

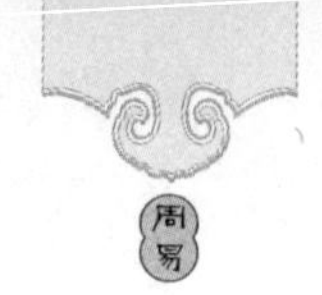

利，所作所为都有很高成就）。这种孚服务于周厉王的复国中兴是明显不过的，而在《周易》作者心目中周厉王有这种孚是必然的，因为他是天子。

这种孚能使一个人所作所为恰到好处，如益卦六三的“有孚，中行”。中行就是中道，即不偏不倚，无过无不及。具有这种品德的人当然不能遭到放逐，而应该君临天下了。《周易》的中行也是为厉王复国中兴服务的。

《周易》由孚生道，见于随卦九四“有孚在，道以明”。这是说有孚存在，道就彰明，是由孚生道的一种说法，在我国哲学发展史上是首创，并为周厉王政治服务。履卦九二“履道坦坦，幽人贞吉”，是说走上大道的坦途，即使囚犯也会以合于正道而吉利。幽人指被幽禁的人，而厉王当时正好是一个被幽禁的人。他以得到道的帮助而贞吉，也就是得到道的帮助而解脱，从而道也就是帮助周厉王复国中兴的强大武器了。“履道坦坦”的道不是道路的道，是大道的道，因为囚犯走在道路上哪能贞吉，只有得到大道帮助才能贞吉。

《周易》有无为思想。大壮卦九三“小人用壮，君子用罔”，是说小人（武人）以力量欺人，君子（厉王）凭无为取胜（罔，无，指无为），这是以武力与无为对比，来显示无为正确。小过卦九四“往厉，必戒，勿用，永贞”，是说搞过分了会有危险，一定要防止，只有无为，才永远正确。这是用过分与无为对比，来显示无为正确。无为不是不为，而是不凭主观去为，全凭客观去为，无处不尊重实际，就无往而不利，也就是无不为了。《周易》的无为无不为是从与武人作斗争的策略和战略发展来的，因为柔弱取后，接近于无为，刚强得先，接近于无不为，以柔弱取后而刚强得先，就接近于无为而无不为了。无为也是《周易》作者要厉王用来与武人作斗争的武器，因为尊重客观是有助于取得

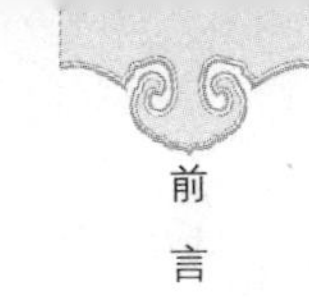

胜利的。

《周易》创立了循环论。泰卦卦辞“小往大来”，是说阴去了阳会来，否卦卦辞“大往小来”，是说阳去了阴会来，合起来看，就是阴和阳在进行循环。这种理论用于一个王朝的盛衰，就是盛了以后会衰，衰了以后还会盛，或盛或衰，循环不停。乾卦用九“见群龙无首”，就是说出现一群龙既没有为首的，也没有尾随的，用来比喻西周王朝的盛和衰将循环不停，“飞龙在天”。以后就“亢龙有悔”，“亢龙有悔”以后还会“飞龙在天。”这样，厉王衰了还会盛，西周王朝衰了也还会盛，是《周易》作者所十分盼望的。但是如果按照循环论，那厉王还会衰下去，西周王朝也还会衰下去，这是《周易》作者所不乐意看到的。于是他在把循环论用于厉王或西周王朝的时候，就只从衰到盛，不再从盛到衰。否卦九五“休否，大人吉，其亡？其亡？系于苞桑”，就是说恶劣命运将要终止（休），厉王终归吉利，厉王会失掉江山社稷吗？厉王会失掉江山社稷吗？国命是像拴在一丛桑树上那样牢固的。这些说明了《周易》的循环论只有助于厉王和西周王朝从衰到盛，再不管从盛到衰，也就是只从“亢龙有悔”循环到”飞龙在天”，就凝定而不移。这样，《周易》的循环论就成为半截子循环论。不过《周易》毕竟还是创立了循环论，复卦卦辞的“反复其道”是作了明确表达的。

为了正确理解《周易》，必须摒弃两种错误的研究方法。

1．爻位说：爻位说是把一个卦的六个爻分成阳位和阴位，初、三、五是阳位，二、四、六是阴位。阳爻居于阳位，阴爻居于阴位，是得位而吉，否则便是失位而凶。《周易》是一部政治哲学书，内容错综复杂，现在却用人为的模式去套，怎么能不窒碍难通呢？例如恒卦九四“田无禽”（打猎没有得到鸟兽），《小象》说：“久非其位，安得禽也？”这是认为阳爻居于阴位就不吉

利（九是阳爻，四是阴位）。大壮卦六五“丧羊于易”（由于马虎失掉了羊），《小象》说：“‘丧羊于易’，位不当也。”这是认为阴爻居于阳位也不吉利（六是阴爻，五是阳位）。但通查《周易》，在绝大多数情况下爻位说都讲不通。既济卦九三“高宗伐鬼方，三年克之，小人勿用”，是说由于用了小人，拖延了胜利时间，不能说阳爻以得位而吉。未济卦六五“贞吉，无悔，君子之光，有孚，吉”，是说君子以正确吉利，没有悔恨，还前途广阔，是由于内心有诚，不能说阴爻以失位而凶。在爻位说基础上附会起来的有相应说，即初爻与四爻相应，二爻与五爻相应，三爻与上爻相应。阳爻与阴爻，阴爻与阳爻相应，是顺应而吉；阳爻与阳爻，阴爻与阴爻相应，是敌应而凶。这些与《周易》也不相合。恒卦《彖传》：“刚柔皆应，恒，恒，亨。”是说初六与九四相应，九二与六五相应，九三与上六相应。相应的或者是阴爻与阳爻，或者是阳爻与阴爻，都以顺应而吉。艮卦《彖传》：“上下敌应，不相与也。”是说初六与六四相应，六二与六五相应，九三与上九相应，相应的或者是阴爻与阴爻，或者是阳爻与阳爻，都以敌应而凶。这些是否合于《周易》实际？恒卦九三“不恒其德，或承之羞，贞吝”，上六“振恒，凶”，都明明是凶不是吉，要说以顺应而吉，没有根据。艮卦初六“艮其趾，无咎”，六四“艮其身，无咎”，都明明是吉不是凶，要说以敌应而凶，也没有根据。《周易》本身证明相应说也是不符合《周易》实际的。在爻位说基础上附会起来的还有得中说。所谓中，是指内外卦的中爻，即内卦的二，外卦的五。以阴爻居于二，就既得中，又得正，以阳爻居于五，也既得中，又得正，都非常吉利。但用《周易》检验，情况却不是这样。同人卦六二“同人于宗，吝”，履卦九五“夬履，贞厉”，都是凶不是吉，得中说也与《周易》实际不合。在爻位说基础上附会起来的还有关系说，即阴爻居于

阳爻之下是正确关系，因而吉利；阴爻居于阳爻之上是错误关系，因而凶险。这也是把爻的关系固定下来，用一个死板 模式去套的。履卦六三“履虎尾，咥人凶”，并不以居于九四之下而吉。小畜卦六四“有孚，血去，惕出，无咎”，也不以居于九三之上而凶。关系说同样禁不起《周易》本身的检验。此外还有从爻位变化而引起卦的变化的卦变说。例如泰卦，朱熹《周易本义》：“自归妹来，则六往居四，九来居三。”这是说归妹卦六三上升成为六四，九四下降成为九三，就变成泰卦。一个卦还可以同时从几个不同的卦变来，例如随卦，朱熹《周易本义》：“以卦变言之，本自困卦九来居初，又自噬嗑九来居五，而自未济来者兼此二变。”这是说困卦九二下降成为初九，初六上升成为六二，就变成随卦；噬嗑卦上九下降成为九五，六五上升成为上六，也变成随卦；未济卦初六上升成为六二，九二下降成为初九，上九下降成为九五，六五上升成为上六，也变成随卦。这些在《周易》都全无根据，对研究《周易》也是一种干扰。

2. 占筮说：占筮是利用《周易》本身所绝对不存在的以爻的性质变化所引起的卦的变化来预测吉、凶、祸、福。用这种方法研究《周易》最早见于《左传》庄公二十二年周史为陈厉公小儿子推算未来，“遇观之否”，即观卦六四变九四，成为否卦。周史用变爻六四爻辞“观国之光，利用宾于王”，断定陈厉公小儿子和他的后代将前途远大。《左传》和《国语》常以《周易》为占筮，《易大传》的《系辞传》和《说卦传》更是推波助澜。《周易》是否在搞占筮？从三个方面看，回答都是否定的。首先蒙卦卦辞有“初筮告，再三渎，渎则不告”，比卦卦辞有“原，筮，元永贞，无咎”，似乎都可以成为《周易》在搞占筮的证明。但是除了这两个筮字以外，《周易》就再也没有提到筮。而且关于蒙卦的筮字，不少人还认为不是讲筮，而是借来作为决定和研

究的意思。例如程颐《易传》就说："筮谓占决卜度，非谓以筮龟也。"关于比卦的筮字，孔颖达《周易正义》也说："筮，决其意。"即一般地断定一件事情的意义，与占筮也无关。《周易》全书只有这两个筮字，还都不指占筮。如何能认为《周易》是占筮之书呢？其次，《周易》不但不搞占筮，还反对占筮。革卦九五"大人虎变，未占有孚"，是说君王进行改革像老虎那样变得文采斑斓，成绩显著，不占筮也很能相信。说不占筮也很能相信，就说明《周易》是不搞占筮的。由于《周易》不讲占筮，更不相信占筮，所以后来几个最伟大的学者像老子、孔子、荀子都不认为《周易》搞占筮。老子《道德经》对《周易》有全面的继承，并作出很大发展，但却没有一个字涉及《周易》与占筮的关系。有人与孔子讲起《周易》，孔子就说"不占而已矣"（《论语·子路》）。荀子也说："善为《易》者不占。"（《大略》）这些都可以作为《周易》不搞占筮的证明。再其次，最为重要的是，以《周易》为占筮大都要通过变爻变卦，如同前面所引的"遇观之否"；但通查六十四卦，三百八十四爻，再加上乾卦的"用九"和坤卦的"用六"，都找不出任何迹象，足以说明变爻变卦为《周易》所无，只能是后人的外加。《系辞上传》第十章："《易》有太极，是生两仪，两仪生四象，四象生八卦。"是历来公认为《周易》有变爻变卦的权威说法。据说两仪是阴阳，四象是老阴老阳，少阴少阳。老阴叫六，老阳叫九，少阴叫八，少阳叫七，六和九可变，八和七不可变。由于《周易》阴爻叫六，阳爻叫九，于是《周易》也就有了变爻和变卦了。其实这些说法都站不住脚，因为《周易》从来就没有不可变的少阴八和少阳七，又哪里来与之相对待而可变的老阴六和老阳九呢？以九和六为老阴老阳而可变，在逻辑上通不过，是无中生有。从以上分析可以看出，占筮是对《周易》的外加但却风靡两千多年，对我国人民的

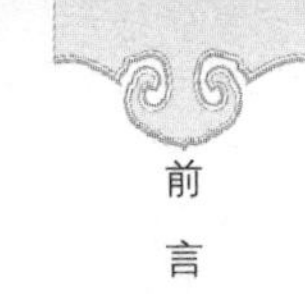

毒害是很深的。

最后还要指出，《周易》有经和传之分，六十四卦的卦爻辞是经，《彖传》、《象传》、《文言》、《系辞》、《说卦》、《序卦》和《杂卦》是传，二者有联系，但更有区别，不能混同。传有时合于经义，例如讼卦《彖传》的“上刚下险，险而健，讼”，复卦《彖传》的“复，亨，刚反”等。但不少都与经义不合，例如上面提到的爻位说和占筮说等。不过传虽然大多不能与经义相合，但有时却能正确地加以改造或发展，例如道，《周易》认为出于孚，是唯心主义，《系辞上传》第五章“一阴一阳之谓道”，就作了唯物主义改造了。再例如循环论，《周易》还只是一种事物的循环，《系辞下传》第五章“往者，屈也，来者，信也，屈信相感而利生焉”，就把矛盾纳入循环而加以发展了。

乾

䷀ 乾下乾上

乾[①] 元亨[②]，利贞[③]。

注释

①乾：卦名，意义是刚健有力，指周厉王会用这种精神去恢复王位。卦象是乾下乾上，六个爻都是阳爻，阳爻是刚健有力的。 ②元亨：大为顺利。元：大，在《周易》不单独用，与别的词合成短语。例如这里的“元亨”，坤卦六五的“元吉”等。亨：亨通，顺利。 ③利贞：利以贞的省略，即以贞而利，凭着正确得到好处。“贞”在《周易》都讲成正确，是怎样正确，随语言环境而异，例如在这里是天道循环的正确，在屯卦卦辞是以退为进和以后取先的正确等。

译文

周厉王恢复王位会大为顺利，凭着天道循环的正确得到好处。

按：“元亨，利贞”是卦辞，卦辞是一卦纲领。为什么把“贞”译成天道循环的正确？因为对本卦进行概括的“用九，见群龙无首，吉”，是说通观本卦六条阳爻，像出现一群龙，没有带头的，也没有尾随的，像这样的循环就吉利。循环能使周厉王从失位到复位，于是这个“贞”就指天道循环的正确。要全面理解《周易》的循环论，得结合泰、否、剥、复等卦看，特别是否卦。

初九[①]　潜龙，勿用[②]。

注释

①初九：《周易》用“九”字标明阳爻，用“六”字标明阴爻，用“初”“二”“三”“四”“五”“上”表示六爻的顺序，自下而上。这里第一爻是阳爻，所以叫“初九”，如果是阴爻，就叫“初六”，其余类推。　②勿：不能。用：施行，活动。

译文

初九　像一条潜伏着的龙，不能随便活动。

按：厉王当时处境恶劣，应养晦待时。我国古代用龙比君王。

九二　见龙在田[①]，利见大人[②]。

注释

①见：同现，出现。田：田野。《周易》只有这个“田”字指田野，其余“田”字全指打猎。　②见：看见。《周易》的“见”或同现，指出现，或就是看见的见，要根据不同语言环境来定。大人：在《周易》都指周厉王。

译文

九二　像出现一条龙在田野里，天下臣民都由于看见这样的大人得到好处。

按：指厉王处境会慢慢好一些。

九三　君子终日乾乾[①]，夕惕若[②]，厉[③]，无咎。

注释

①君子：在《周易》大都指周厉王。乾乾：不停地努力奋斗。　②夕：晚上。惕：提高警惕。若：语末助词，《周易》经

常用，例如离卦六五的“出涕沱若，戚嗟若”等，没有讲成“好像”的。③厉：在《周易》都是危险的意思。④无咎：没有坏处，《周易》常用的说明语。

译文

九三　周厉王整天不停地努力奋斗，到晚上仍然提高警惕，这样尽管还有危险，却没有坏处。

按：直接指出周厉王为复国而努力不懈。

九四　或跃在渊[1]，无咎。

注释

①或：无定代词，这里代替时间，即有的时候。渊：深潭。

译文

九四　周厉王有的时候像一条龙在深潭里跳跃，这没有坏处。

按：指周厉王复国到了即将胜利的时候。

九五　飞龙在天，利见大人。

译文

九五　周厉王像一条飞着的龙在天空翱翔，天下臣民都以看见这样的大人得到好处。

按：指周厉王复国会成功。

上九　亢龙[1]，有悔。

注释

①亢龙：飞得过高的龙。亢：极高。

译文

上九　飞得过高的龙，会有悔恨。

按：比喻厉王在工作中失误大，以致为国人所唾弃，为武人所取代。本卦正是希望周厉王由“亢龙”而“潜龙”，而“见龙”，而“跃龙”，而“飞龙”的。

用九[①]见群龙无首[②]，吉。

注释

①用九：汉帛书《周易》作“迵九”，是说把本卦六个阳爻总起来看。“迵”是远，这里指远看或通观。“九”指本卦的阳爻。　②见：出现。群龙：一群龙，指本卦六个阳爻。无首：无为首，即没有带头的，从而没有尾随的，指循环。《周易》有两个“无首”，另外一处是比卦上六的“比之无首”，也是说向厉王靠拢却没有带头的。

译文

把本卦六个阳爻总起来看，像出现一群龙没有带头的，这样就吉利。

按：指出天道循环，从衰到盛，会有助于周厉王复国中兴。

《彖》[①]曰：大哉乾元[②]，万物资始[③]，乃统天。云行雨施，品物流形[④]，大明终始[⑤]，六位时成[⑥]，时乘六龙以御天[⑦]。乾道变化，各正性命[⑧]，保合太和[⑨]，乃利贞。首出庶物[⑩]，万国咸宁[⑪]。

注释

①彖（tuàn）：《易大传》组成部分。对一卦主旨作出判断，“彖”的意义是判断。　②乾元：乾的杰出，即杰出的乾。

③资：依靠。始：开始，产生。 ④品物：各种的物。流形：发展成形。 ⑤大明：太阳。 ⑥六位：六个爻位，即初、二、三、四、五、上。 ⑦御天：控制天。 ⑧性命：属性和寿命。⑨太和：极端和谐。 ⑩庶物：众物。 ⑪咸宁：都安宁。

译文

《彖传》说：伟大啊杰出的乾卦，万物依靠它产生，它是统率天的。云流动着，雨降下来了，宇宙间各种东西都发展成形。太阳照射着它们的终始，象征事物变化的六个爻位应时出现，这像随时驾驭六条龙在控制天似的。乾的作用变化无穷，能使万物各自端正属性和寿命，保持极端和谐，凭着正确得到好处。乾凌驾于万物之上，使天下万国都安宁。

按：《彖传》认为乾统率天并产生万物，是以乾为道。《周易》随卦六四“有孚在，道以明”，提出了道，但乾却不能是道。

《象》[①]曰：天行健，君子以自强不息[②]。

注释

①象：象传，《易大传》组成部分。系于一卦之下，从卦象对整个卦义进行概括，也叫《大象》。 ②君子：指周厉王。

译文

《象传》说：天的运行是刚健有力的，周厉王凭着向天学习，自己奋发图强，绝不停止。

按：《大象》以乾为天，与《彖传》以乾为道不同，这说明同一卦的《彖传》和《象传》也不作于一人之手，何能同出于孔子？以乾为道或以乾为天，只是以乾为万物之首，没能指出是讲周厉王。

“潜龙，勿用”，阳在下也[①]。

“见龙在田”，德施普也。

“终日乾乾”，反复道也。

“或跃在渊”，进无咎也。

“飞龙在天”，大人造也[②]。

“亢龙，有悔”，盈不可久也[③]。

“用九”，天德不可为首也[④]。

注释

①从这一句到“天德不可为首也”是从爻象对乾卦六条爻辞和“用九”进行概括，是《易大传》组成部分，也叫《小象》。《周易》乾卦《小象》与爻辞分开，一并排列在这里，其余六十三卦《小象》都分别系于每一条爻辞下面。 ②造：达到。 ③盈：满盈，过头。 ④天德：《大象》以乾为天，用“天德”指乾的属性，是就着《大象》说。

译文

“像潜伏的龙，不能有活动”，是由于阳还在下面。

“像出现一条龙在田野里”，是大人恩德普遍施于人民。

“一天到晚努力不懈”，是大人反来复去用道提高自己。

“有时像一条龙在潭里跳跃”，是大人前进没有坏处。

“像一条龙在天上飞翔”，是大人达到最高目的。

“像飞得太高的龙，会有悔恨”，是说凡事过了头不能长久。

“通观六条阳爻”，发现乾卦虽然具备天德却不可以充当为首的。

按：六条爻辞的《象传》基本正确，只有“用九”未能用循环解释，而且错误。

《文言》[①]曰：元者善之长也[②]，亨者嘉之会也[③]，利者义之和也[④]，贞者事之干也[⑤]。君子体仁足以长人[⑥]，嘉会足以合礼[⑦]，利物足以和义[⑧]，贞固足以干事[⑨]。君子行此四德者，故曰乾：元，亨，利，贞。

注释

①《文言》：《易大传》组成部分。《周易》六十四卦只有乾卦和坤卦有《文言》，是由于乾坤两卦是基础，其余六十二卦都是派生的，所以专门写了《文言》加以解释。《文言》是解释文辞之言。 ②长（cháng）：突出。 ③会：集中。 ④和（huò）：应和。 ⑤干：主干。 ⑥体仁：体现仁。长人：做人尊长。 ⑦嘉会：把美好集中。 ⑧利物：有利于物。和义：与义应和，即与义相合。 ⑨贞固：正确要坚持。干事：办事。

译文

《文言》说："元"是善良中最突出的，"亨"是美好的集中表现，"利"是义的应和（即合于义然后有利），"贞"是作好事情的主干（即依据）。君子体现仁就能做别人的尊长，把美好集中起来就能合于礼义，有利于万物就能与义相合，把正确原则坚持下去就能办好事情。君子实践这四种德行，所以说乾卦是讲元、亨、利、贞的。

按：四德说抄自《左传》，不是《周易》原意。屯卦《象传》把"元亨，利贞"读成"大亨贞"，也是"元亨一逗，利贞一逗"。

初九曰"潜龙，勿用"，何谓也？子[①]曰：龙德而隐者也。不易乎世[②]，不成乎名[③]，遁世无闷[④]，不见是而无闷[⑤]。乐则行之，忧则违之[⑥]。确乎其不可拔[⑦]，潜龙也。

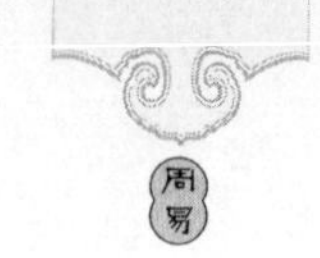

注释

①子：前人多认为指孔子。经考定，孔子并不作《易大传》，应泛指研究《周易》的学者。 ②不易乎世：不随着世人改变。易：改变。世：世人。 ③不成乎名：不要求成名。 ④遁世：逃避人世。 ⑤不见是：不被肯定。见：表被动的助词，讲成被。是：肯定。 ⑥违之：离开。确乎：肯定地。拔：改变。

译文

初九说“像潜伏着的龙，不能有活动”，是说什么？有人说：这是指具备龙的品德却隐居着的人。他不随一般人轻易改变思想，不追求成名成家，即使脱离人类社会也没有苦闷，不被肯定也没有苦闷。高兴就干，忧虑就走，肯定地不可动摇，这就是潜龙。

按：把潜龙说成避世的隐君子，与初九是说周厉王在恶劣条件下应该养晦待时的含义不合。

九二曰，“见龙在田，利见大人”，何谓也？子曰：龙德而正中者也[①]。庸言之信[②]，庸行之谨[③]。闲邪存其诚[④]，善世而不伐[⑤]，德博而化[⑥]。《易》曰：“见龙在田，利见大人。”君德也。

注释

①正中：正当中，指九二居下乾三个阳爻的正当中，是爻位说的得中说，不能用来解释《周易》。 ②庸言：一般的话。信：正确。 ③庸行：一般的行动。谨：慎重。 ④闲：防止。诚：诚心。 ⑤伐：夸张，吹嘘。 ⑥化：教化。

译文

九二说，“像出现一条龙在田野里，一般人都以能见到这样的大人得到好处”，是说什么？有人说：这是指具备龙的品德，从爻位看又居于中爻的人。他要求自己把一般的话都说得正确，把一般的行动都做得慎重，防止邪恶，保存诚心，对世界上的人做了许多好事却不自我夸张，道德广博，能教化世人。《周易》说“像出现一条龙在田野里，一般人都以能见到这样的大人得到好处”，就是指具备君王品德的人。

按：一部《论语》没有正心诚意的诚，这里说“存其诚”，也是《文言》不作于孔子的证据。

九三曰，“君子终日乾乾，夕惕若，厉，无咎”，何谓也？子曰：君子进德修业①，忠信②，所以进德也，修辞立其诚③，所以居业也④。知至至之，可与言几也⑤。知终终之，可与存义也⑥。是故居上位而不骄，在下位而不忧，故乾乾因其时而惕，虽危无咎矣。

注释

①进德：提高品德。修业：搞好事业。 ②忠：忠贞。信：信用。 ③修辞：写文章。立其诚：反映真实。 ④居业：对待事业。 ⑤几（jī）：几微，微妙。 ⑥存义：坚持原则。

译文

九三说，“君子整天努力奋斗，到晚上还提高警惕，即使危险，也没有坏处”，是说什么？有人说：君子应该提高品德，搞好事业。忠贞和信用，是提高品德，写文章反映真实，是对待事业。知道要达到什么水平就力求达到什么水平，这可以与他谈论事情的微妙。知道事情应该终了就予以了结，这可以与他谈论坚

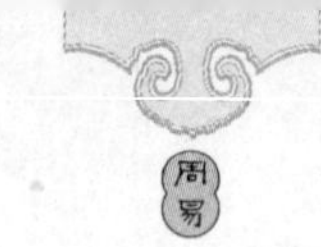

持原则。因此像这种人处于尊显地位却不骄傲，处于低下地位也不忧虑，总是努力随时提高警惕，即使危险也没有坏处。

按：把厉王艰苦奋斗说成进德修业，与经义不合。

九四曰，“或跃在渊，无咎”，何谓也？子曰：上下无常[①]，非为邪也。进退无恒[②]，非离群也。君子进德修业，欲及时也，故无咎。

注释

①上下无常：或上或下没有一定，是“或跃在渊”。 ②进退无恒：或进或退没有一定，也是“或跃在渊”。

译文

九四说，“龙有时在深潭里跳跃，没有坏处”，是说什么？有人说：龙在深潭里或跳跃向上，或跳跃向下，没有一定，但不是为了邪恶。或跳跃前进，或跳跃后退，没有一定，但不是要脱离群体。这些都是君子提高品德、搞好事业要及时，因此没有坏处。

按：与爻辞写周厉王不断努力奋斗，以求恢复王位，全不相干。

九五曰，“飞龙在天，利见大人”，何谓也？子曰：同声相应[①]，同气相求[②]，水流湿，火就燥，云从龙，风从虎，圣人作而万物睹[③]。本乎天者亲上[④]，本乎地者亲下[⑤]，则各从其类也[⑥]。

注释

①同声：同一种声音。相应：互相应和。 ②同气：同一类气味。相求：互相寻求。 ③圣人：德才很杰出的人。作：出

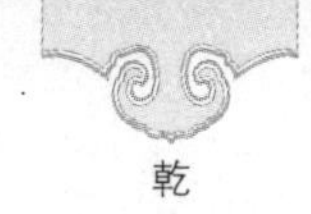

现。万物：泛指一切事物。睹（dǔ）：看，指看得清楚明白。④本乎天：以天作为根本。亲上：亲近天。 ⑤本乎地：以地作为根本。亲下：亲近地。 ⑥各从其类：各以类相从，是就着“本乎天者亲上，本乎地者亲下”说，也是就着“同声同应”到“风从虎”说。

译文

九五说，“像飞着的龙在天空翱翔，天下人都以看见这样的大人得到好处”，是说什么？有人说：同一种声音互相应和，同一类气味互相寻求，水向湿处流，火向干处烧，云跟随着龙，风跟随着虎，德才很杰出的人出现了，一切都会被看得清楚明白。把天做根本的亲近天，把地做根本的亲近地，一切事物都各以其类相从。

按：九五是设想厉王恢复了王位，《文言》认为讲“物各从其类”，是风马牛不相及。

上九曰，“亢龙，有悔”，何谓也？子曰：贵而无位，高而无民，贤人在下位而无辅，是以动而有悔也。

译文

上九说，“像飞得太高的龙，会有悔恨”，是说什么？有人说：这是说虽然尊贵却没有地位，虽然崇高却没有人民，由于贤人处于卑下地位没有人辅佐，所以一有行动就会有悔恨。

按：这里说的与爻辞所讲周厉王被逐下王位相合。

“潜龙，勿用”，下也①。“见龙在田”，时舍也②。“终日乾乾”，行事也③。“或跃在渊”，自试也④。“飞龙在天”，上治也⑤。“亢龙有悔”，穷之灾也。乾元“用九”，天下治也⑥。

注释

①下：地位处于最下。②时舍：暂时居住。时：暂时。舍：居住。③行事：做事情，干工作。④自试：自己试一下。⑤上治：居于上位治理天下。⑥天下治：天下太平。

译文

“像一条潜伏着的龙，不能有活动”，是说地位处于最下面。“像一条龙出现在田野里”，是说暂时在田野里呆着。一天到晚努力不懈，是说要干工作。“像一条龙有时候在深潭里跳跃”，是说自己试一下看是否能行。“像一条飞着的龙在天上翱翔”，是说居于上位治理天下。“像一条飞得太高的龙会有悔恨”，是说这是穷困的灾祸。杰出的乾卦提出“用九”，是说天下太平。

按：把“用九”的“群龙无首”讲成天下将要太平是对的。

“潜龙，勿用”，阳气潜藏。“见龙在田”，天下文明[①]。“终日乾乾”，与时偕行。“或跃在渊”，乾道乃革[②]。“飞龙在天”，乃位乎天德[③]。“亢龙有悔”，与时偕极。乾元“用九”，乃见天则[④]。

注释

①文明：文采辉煌，指大人事业有成就。②革：变革，指进入新阶段。③天德：很高的品德，很高的地位。④天则：自然法则，自然规律。

译文

“像潜伏着的龙，不能有活动”，是说阳气潜伏或隐藏。“像出现一条龙在田野里”，是大人事业开始有成就。“从早到晚努力不懈”，是大人随着时代前进。“龙有时候在深潭里跳跃”，是大人事业（“乾道”）进入新阶段。“像飞着的龙在天上翱翔”，是

大人有很高的品德和地位。“成为飞得过高的龙会有悔恨”，是大人随着时代发展却过了头。杰出的乾卦提出“用九”，是体现了循环的自然规律。

乾元者，始而亨者也。利贞者，性情也[1]。乾始能以美利利天下[2]，不言所利，大矣哉！大哉乾乎，刚健中正，纯粹精也[3]。六爻发挥[4]，旁通情也[5]。时乘六龙，以御天也。云行雨施，天下平也[6]。

注释

①性情：本性和实情。　②利天下：使天下人得到好处。③刚健中正纯粹精：刚强，劲健，居中，守正，纯粹而不混杂。④发挥：运动变化。　⑤旁通情：广泛贯通于一切事物。旁：广泛。通：贯通。情：实，事物。

译文

杰出的乾卦，一开始就顺利。凭着正确得到好处，是它的本性和实情。它一开始就能用美好的利益使天下人得到好处，但不说怎样让别人得到好处，真是伟大啊！伟大啊乾卦，它是刚强，劲健，居中，守正，纯粹而不混杂的。它的六爻运动变化是广泛贯通于一切事物的。这好像随时乘着六条龙去驾御天，从而云流动着，雨降下来，天下一切都好极了。

按：“六爻发挥，旁通情也”，是说《周易》有变爻变卦，可以对事物进行占筮，与《周易》实际情况不合。

君子以成德为行[1]，日可见之行也[2]。潜之为言也，隐而未见，行而未成，是以君子弗用也。

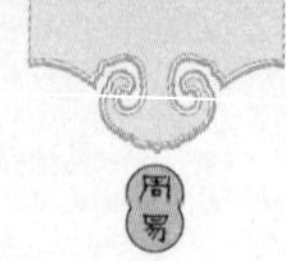

注释

①行：行动。 ②见：同现，表现。行：实践。

译文

君子把完成品德修养作为自己的行动，每天都可以表现在实践上。“潜”讲的是隐藏而没有表现，实践而没有成就，因此君子是不这样做的。

按：认为“潜龙，勿用”讲的是违反君子的成德，与爻辞意义相差太远。

君子学以聚之①，问以辩之②，宽以居之③，仁以行之④。《易》曰，“见龙在田，利见大人”，君德也。

注释

①学：学习。聚：积累。 ②问：询问。辩：同辨，辨别。③宽：宽广。居：包容。 ④仁：仁厚。行：实践。

译文

君子通过学习来积累知识，通过询问来辨别知识，以胸怀宽广来包容知识，以存心仁厚来实践知识。《周易》说，“像出现一条龙在田野里，天下人都以看见大人得到好处”，是说大人具备了君王的品德。

按：把周厉王开始有作为讲成学问之道，是一种歪曲。

九三重刚而不中①，上不在天②，下不在田③，故乾乾因其时而惕，虽危无咎矣。

注释

①重刚：指“九”这个阳爻居于”三”这个阳位。阳是刚，以阳爻居阳位，是重刚。这是一般的爻位说。不中：九三是下乾

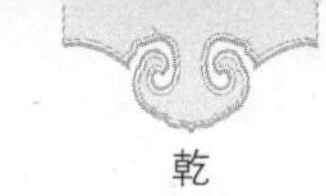

上爻，不是中爻，所以说“不中”，即不居于一个基本卦的中间。这是爻位说的得中说。 ②天：九五“飞龙在天”的天。③田：九二“见龙在田”的田。

译文

九三是重叠着的阳刚，又不是下乾中爻，向上它不是“飞龙在天”，向下它不是“见龙在田”，由于没有依傍，所以努力随时提高警惕，即使危险也没有坏处。

按：用了一般爻位说和得中说解释《周易》，对于本爻是说周厉王努力复国，更未触及。

九四重刚而不中[1]，上不在天，下不在田，中不在人[2]，故或之[3]。或之者，疑之也，故无咎。

注释

①九四是以阳爻“九”居于阴位“四”，与九三以阳爻“九”居于阳位“三”的“重刚”不同，《文言》在这里有错误。不中：指居于上乾之下，不在上乾之中。 ②人：以前讲《周易》的有认为爻位“五”和“上”是天道，爻位“三”和“四”是人道，爻位“初”和“二”是地道的。这里解释九四说“中不在人”，与一般讲法不同。 ③或：从“或之者，疑之也”看，是把这个“或”讲成犹豫不决，与经义不合。

译文

九四是重叠着的阳刚，又不是上乾中爻，向上看它不在天，向下看它不在地，向中看它不在人，真是全无依傍，所以行动犹豫不决。行动犹豫不决是有怀疑，从而一切采取慎重态度，所以没有坏处。

按：不但再一次用了一般爻位说和得中说，还对应该讲成有

的时候的"或"讲成犹豫不决。至于本爻是讲周厉王在恢复王位前的活动，更全未涉及。

夫大人者，与天地合其德，与日月合其明，与四时合其序[1]，与鬼神合其吉凶[2]，先天而天弗违，后天而奉天时。天且弗违，而况于人乎？况于鬼神乎？

注释

①四时：春、夏、秋、冬。序：前后的次序。 ②鬼神：指神妙莫测。

译文

大人啊，他的品德与天地一样，他的明智与日月一样，他工作秩然有序，与春、夏、秋、冬四时前后替代一样，他能事先发现吉凶，与神妙莫测的鬼神一样。他先于天行动，天不违背他，后于天行动，也能遵奉天时。天尚且不违背他，更何况于人？何况于鬼神呢？

按：只尽情歌颂大人，却没有触及"飞龙在天"是比喻周厉王复国中兴，因而无得于爻辞原意。

亢之为言也，知进而不知退，知存而不知亡，知得而不知丧，其惟圣人乎[1]？知进退存亡而不失其正者，其惟圣人乎？

注释

①圣人：有的本子作"愚人"，结合上面三句话看，这里的"圣人"应该是"愚人"的讹误，是衬托下文"圣人"的。

译文

亢讲的是，只知道前进却不知道后退，只知道存在却不知道消亡，只知道获得却不知道丧失，该只有愚蠢的人才这样吧？懂

得前进后退存在消亡却又不失去正确态度的，该只有圣明的人吧？

按：只抽象地讲亢不好，没有联系周厉王实际说。

坤

☷ 坤下坤上

坤[①] 元亨，利牝马之贞[②]。君子有攸往[③]，先迷，后得主，利。西南得朋，东北丧朋。安贞吉。

注释

①坤：柔顺。周厉王王后用这种品德辅佐厉王恢复王位。卦象是坤下坤上，六爻皆阴，阴爻是柔顺的。 ②牝马：母马。③君子：指厉王王后。攸：所。

译文

王后帮助周厉王恢复王位将非常顺利，像凭着母马柔顺的正确得到好处。王后有行动，如果先于厉王就会迷失方向，只有后于厉王才会得到厉王肯定，并有好处。往西南炎热地方会得到阳做朋友，去东北寒冷地方会失去阳做朋友。要安于以阴从阳的正道才是吉利的。

按：概括了厉王王后将帮助厉王复国的卦义。

《彖》曰：至哉坤元[①]，万物资生，乃顺承天。坤厚载物，德合无疆，含弘光大，品物咸亨[②]。牝马地类，行地无疆。柔顺利贞，君子攸行。先迷失道，后顺得常。西南得朋，乃与类行。东北丧朋，乃终有庆？安贞之吉，应地无疆。

注释

①坤元：坤的杰出，即杰出的坤。 ②品物：各种各样的物。

译文

《彖传》说：极端崇高啊杰出的坤，一切东西依靠它生长，是柔顺地承奉着天的。坤以厚重载万物，品德无穷美好，包含弘阔广大，各种东西都依靠它繁荣昌盛。母马是柔顺的，属于地一类，能走极远的路。它以柔顺的正确得到好处，这就是君子的行为。坤如果抢在乾的前面就迷失道路，只有在后面随顺着才正常。往西南会有阳做朋友，与它相伴随而行。往东北会失去阳这个朋友，能终于有好处吗？只有安于正道才吉利，与地的无边辽阔相适应。

按：对王后将有助于厉王基本上看到了。

《象》曰：地势坤①，君子以厚德载物。

注释

①势：情势，情况。坤：柔顺。

译文

《象传》说：地的情况是柔顺的，君子凭着这种品德容载万物。

按：厉王王后能“厚德载物”，对厉王复国自然有帮助。

初六　履霜，坚冰至。

《象》曰：履霜坚冰①，阴始凝也②。驯致其道③，至坚冰也。

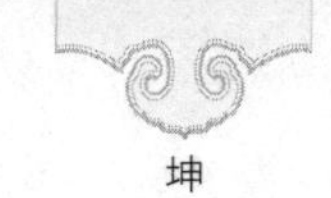

注释

①坚冰：衍文。 ②凝；凝结。 ③驯致：发展。

译文

初六　走在霜上面，坚硬的冰块就要到来了。

《象传》说：走在霜上面，是阴开始凝结。顺着这条道路发展，会出现坚硬的冰块。

按：《象传》只解释词句，未能指出本爻是比喻王后帮助厉王复国将取得很大成绩。

六二　直、方、大，不习[①]，无不利。

《象》曰：六二之动，直以方也[②]。“不习无不利”，地道光也[③]。

注释

①习：习惯。 ②以：而且。 ③光：广大。

译文

六二　王后品德端直、方正、弘大，虽然不习惯于流放，也没有不吉利的。

《象传》说：六二的行动是端直而且方正。不习惯也没有不利，是地道的广大。

按：本爻赞颂王后品德好，是厉王复国的有力助手，但《象传》未能指出。

六三　含章[①]，可贞。或从王事，无成，有终。

《象》曰，“含章，可贞”，以时发也。“或从王事”，知广大也[②]。

注释

①含：包含，具备。章：美好，指美好的品德。②知：同智，智慧。

译文

六三　具备着美好品德，可以得到使王业中兴的正确结果。尽管有时为厉王事业出力，没有成就，也一定要干到底。

《象传》说，“具备着美好的品德，可以得到使王业中兴的正确结果”，是看准了时机行动。“有时为厉王事业出力”，是智慧广大。

按：《象传》大体上只作词句解释。

六四　括囊[①]，无咎，无誉。

《象》曰“括囊，无咎”，慎不害也[②]。

注释

①括：结扎。②慎：谨慎。

译文

六四　像结扎着的口袋，不随便说话，既没有坏处，也没有称誉。

《象传》说“像结扎着的口袋，没有坏处”，是谨慎不会坏事。

按：《象传》也未能阐明本爻是说王后帮助厉王在复国即将成功时凡事谨慎小心。

六五　黄裳[①]，元吉。

《象》曰，“黄裳，元吉”，文在中也[②]。

注释

①黄裳：黄色下裙，王后穿的。古时王和王后衣服都是黄色。②文：文采。

译文

六五　王后穿着黄色下裙，非常吉利。

《象传》说“王后穿着黄色下裙，非常吉利”，是文采存在于服饰之中。

按：本爻与乾卦九五“飞龙在天”对应，是说王后辅佐厉王恢复王位会成功，《象传》未得其义。

上六　龙战于野，其血玄黄。

《象》曰“龙战于野”，其道穷也。

译文

上六　龙在野外战斗，淌着黑黄色的血。

《象传》说“龙在野外战斗”，是路子不通。

按：本爻与乾卦上九“亢龙，有悔”对应，是比喻王后也处于穷困，将转向“履霜坚冰至”，以辅佐厉王走向中兴。也用“龙”做比喻，最足以证明是讲厉王王后。《象传》空洞，未得其旨。

用六[①]　利永贞。

《象》曰：用六永贞，以大终也[②]。

注释

①用六：乾卦“用九”是通观六条阳爻，这里“用六”是通观六条阴爻。　②大终：伟大结果。

译文

通观本卦六条阴爻，都以永远随从乾卦的正确得到好处。

《象传》说：通观本卦六条阴爻都以永远随从乾卦的正确得到好处，由此会有伟大结果。

按：《象传》未能指出“用六”是说坤卦六爻也如同乾卦六爻一样，在进行着循环，并意味着帮助厉王复国定会成功。

《文言》曰：坤至柔而动也刚，至静而德方。后得主而有常，含万物而化光[①]。坤道其顺乎，承天而时行。

注释

①光：广大。

译文

《文言》说：坤非常柔顺但动起来却刚强，非常文静但品德却端方。在后面随顺着会得到主人肯定，一切正常，同时还包含万物，化育广大。坤的性质该是柔顺，它顺承着天，按时行动。

按：这段话原则上正确，但没有点明是讲周厉王王后，因而不够透彻。

积善之家，必有余庆。积不善之家，必有余殃。臣弑其君，子弑其父，非一朝一夕之故[①]，其所由来者渐矣[②]，由辩之不早辩也[③]。《易》曰“履霜，坚冰至”，盖言顺也[④]。

注释

①故：原因。　②所由来：发展的过程。渐：逐渐。③辩：同辨，辨别。　④盖：发语词，有大概的意思。顺：同慎，谨慎。

译文

积累着善良的人家，必然有多余的喜庆。积累着不善良的人家，必然有多余的祸殃。臣下杀死君主，儿子杀死父亲，不是一个早上或一个晚上的原因，它发展的过程是逐渐的，是由于要辨别却不早去辨别。《周易》说：“走在霜上面，坚硬的冰块就会到来”，大概是说人做事要小心吧。

按：“履霜，坚冰至”是说事物从微小发展到壮大，与乾卦从“潜龙”发展到“飞龙”相同。《文言》说成要防微杜渐，与爻辞意义不合。

直，其正也。方，其义也[①]。君子敬以直内[②]，义以方外[③]，敬义立而德不孤[④]。“直，方，大，不习无不利”，则不疑其所行也。

注释

①义：合理。 ②敬：认真。直内：使内心端直。 ③方外：使行为方正。 ④孤：孤陋，不好。

译文

端直是正确。方正是合理。君子认真地使内心端直，合理地使行为方正，认真与合理树立了品德就不会差。“端直，方正，弘大，不习惯也没有不好”，是对于自己的行为不怀疑。

按：只抽象讲君子修身立品，不能联系到王后辅佐厉王。

阴虽有美，含之以从王事，弗敢成也。地道也，妻道也，臣道也，地道无成而代有终也[①]。

注释

①代：代替。终：结果。

译文

阴虽然有美好品德，但具备这种美好品德去从事王的事业，却不敢把成功归于自己。这是做地的道理，做妻的道理，做臣的道理，“地道”没有成功，只是代替君王取得结果。

按：六三“无成，有终”，是说即使无成就，也会有结果，是厉王王后要支持厉王干到底，不是指具有谦让的美德。

天地变化，草木蕃[①]；天地闭，贤人隐。《易》曰：“括囊，无咎，无誉”。盖言谨也。

注释

①蕃：茂盛。

译文

天地变化，草木茂盛；天地闭塞，贤人隐退。《周易》说：“结扎着口袋，没有过失，没有称誉”。大概是说要谨慎吧。

按：能抽象说明爻辞意义。

君子黄中通理[①]，正位居体[②]，美在其中，而畅于四支[③]，发于事业[④]，美之至也。

注释

①黄中：黄其中，有美好的内心。黄在当时是最尊贵的颜色，可讲成美好。通理：通达道理。 ②正位：正确地位。居体：居于重要位置。 ③四支：同四肢，指整个身体。 ④发：表现。

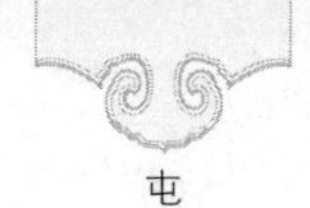

译文

君子有美好的内心并通达道理，处于正确地位并居于重要位置，美善尽在他心中，还畅通于全身，表现于事业，真是美到极点了。

按：只歌颂“君子”品质美好，地位重要，对“黄裳，元吉”是说王后正位中宫，以与“飞龙在天”的厉王复国对应，全未涉及。

阴疑于阳必战①。为其兼于阳也②，故称龙焉。犹未离其类也，故称血焉③。夫玄黄者，天地之杂也④，天玄而地黄。

注释

①疑：怀疑。战：斗争。 ②“为其兼于阳也”：通行本作“为其嫌于无阳也”，这里采用李鼎祚《周易集解》本。兼于阳：为阳所兼摄，所统率。 ③血：根据前人解释，血是阴性。④杂：相互错杂。

译文

阴对阳有怀疑必然产生斗争。由于阴被阳统率着，所以也叫做龙。由于还没有离开它的同类，所以又叫做血。青色和黄色是天地相互错杂的颜色，天是青色，地是黄色。

按：解释辞句还可取，对爻辞意义无所发明。

屯

䷂　震下坎上

屯①：元亨，利贞②。不利有攸往③，利建侯④。

注释

①屯：困难。卦象是震下坎上，震为雷，坎为水，是震雷受到坎水压抑，飞不出去，这就是困难。震雷象征厉王，坎水象征武人。当时武人强大，厉王弱小，要突破困难，恢复王位，必须以退为进，以后取先，去以柔克刚，以弱胜强。本卦开始有这些内容。 ②利贞：利以贞的省略，即凭着以退为进和以后取先的正确策略得到好处。 ③攸往：所往，指冒昧前进，不以退为进和以后取先。 ④建侯：建立一个侯国。

译文

周厉王恢复王位会很顺利，将凭着以退为进和以后取先的正确策略得到好处。不利于有冒昧前进行为，却利于先建立一个侯国。

按：为恢复王位，先建立一个侯国做根据，正是以退为进和以后取先。

《彖》曰：屯，刚柔始交而难生①，动乎险中②，大亨贞③。雷雨之动满盈④，天造草昧⑤，宜建侯而不宁⑥。

注释

①刚柔：震雷是刚，坎水是柔。始交：开始接触。 ②险：坎是水，又是险。 ③大亨贞：元亨、利贞的解释和省略。大亨解释元亨，贞是利贞的省略。从坤卦卦辞“元亨，利牝马之贞”和这里的“大亨贞”看，都说明乾卦《文言》把元亨利贞各自孤立，讲成四种品德是不恰当的。 ④雷雨：震是雷，坎是水，又是雨。 ⑤造：创造。草昧：草莱和蒙昧，指世界正在形成，即出现了新世界。 ⑥宁：安宁，指苟且偷安。

译文

《彖传》说：屯卦是表明震雷和坎水开始接触，困难就产生了。震雷在坎险之中运动将大为顺利，并凭着以退为进和以后取先的正确策略得到好处。震雷和坎雨的动荡充满宇宙，是天在创造新世界，应该乘这个时机先建立一个侯国，而不苟且偷安。

按：《彖传》有得于本卦主旨。

《象》曰：云雷屯[①]，君子以经纶[②]。

注释

①云：坎是水，是雨，又是云。 ②经纶：规划，安排。

译文

《象传》说：坎云压抑着震雷形成屯卦，君子看到这个卦象就应该去规划和安排伟大事业。

按：《象传》也有得于本卦主旨。

初九 磐桓[①]，利居贞[②]，利建侯。

《象》曰：虽磐桓，志行正也[③]。以贵下贱[④]，大得民也。

注释

①磐桓：即盘桓，同徘徊，指不孟浪冒进，要以退为进和以后取先。 ②利居贞：利以居贞的省略，即凭守住以退为进和以后取先的正确策略得到好处。居：守。 ③志行：思想和行动。④以贵下贱：以贵人下居贱位，指周厉王要先建立一个侯国，纡尊降贵，暂时屈王为侯，以利于进取。

译文

初九 徘徊不前进，凭守着以退为进和以后取先的正确策略得到好处，先去建立一个侯国是有利的。

《象》传说：虽然徘徊，但思想和行动都正确。以王的尊贵下居侯的贱位，会很得到人民的拥护。

按：《象传》能阐明爻辞内容。

六二　屯如邅如[①]，乘马班如[②]，匪寇婚媾[③]，女子贞不字[④]，十年乃字[⑤]。

《象》曰：六二之难[⑥]，乘刚也[⑦]。十年乃字，反常也。

注释

①屯：聚集，与卦名“屯”的意义不同。邅（zhān）：转弯。如：语末助词。同“啊”。　②班：同盘，即盘旋，徘徊，也指要以退为进和以后取先。　③匪寇：不是盗贼。婚媾：婚姻，指结为婚姻。　④贞：正道，指女子迟一点嫁人的正道。不字：不许嫁给人。　⑤十年：长时间。　⑥难：困难，解释“屯如”的“屯”。　⑦乘刚：指六二居于初九之上，六二是阴爻，是柔，初九是阳爻，是刚，即所谓“乘刚”。这是关系说，不能解释《周易》。

译文

六二　娶亲的人聚集起来了啊，走在路上转来转去啊，骑马的人也徘徊不进啊，这一伙人不是盗贼，是去娶亲的。但女郎却要守住迟一点嫁人的正道暂时不肯许嫁给人，要一个相当长的时间以后才会首肯。

《象传》说：“六二”的困难，是由于阴爻凌驾在初九这个阳爻之上。女郎要长时间才许嫁给人，是违反了常理。

按：爻辞是用比喻说周厉王应该去争取武人，与武人搞好关系，但是要耐心。可是《象传》却既用了关系说，又只是作了一些表面解释。

六三　即鹿无虞[①]，惟入于林中[②]。君子几不如舍[③]，往吝。

《象》曰：即鹿无虞，以从禽也[④]。君子舍之，往吝穷也[⑤]。

注释

①即鹿：捕捉野鹿，比喻争夺王位。虞：虞人，古时候掌管山林禽兽的官，比喻帮助恢复王位的贤才。②惟：只是。③几（jī）：追逐。舍：丢开。④从禽：追捕鸟兽。禽：泛指鸟兽。⑤吝：不好。

译文

六三　捕捉野鹿没有虞人帮助，只是白白走进树林里去。君王去追逐不如丢开，因为去了只有坏处。

《象传》说：捕捉野鹿没有虞人帮助也去，是由于想追捕鸟兽。君王应该丢开这件事，因为去了会有坏处。

按：本爻用比喻说周厉王与武人争夺王位，要有得力助手。《象传》只作辞句解释。

六四　乘马班如[①]，求婚媾[②]，往吉，无不利。

《象》曰：求而往，明也[③]。

注释

①班：与六二的“班”相同，都是徘徊。但“班”在六二是说厉王要以退为进和以后取先，在这里是说武人心存顾虑，迟疑不前。本爻属于上坎，上坎是象征武人的。②求婚媾：指上坎武人与下震厉王把关系搞亲密。③明：明智。

译文

六四　骑着马徘徊不前是心里有顾虑，由于是与厉王搞好亲戚般关系，去了就吉利，没有不吉利的。

《象传》说：要求与厉王搞好关系而去，是明智的行为。

按：这条《象传》发掘出了爻辞的含义。

六五　屯其膏[①]，小，贞吉[②]，大，贞凶[③]。

《象》曰："屯其膏"，施未光也[④]。

注释

①屯：聚集。膏：油，这里指雨水。前人说："坎雨称膏"。本爻属于上坎，讲的是坎水情况，也就是武人情况。"屯其膏"是把雨水聚集起来，比喻武人把力量集中起来。　②小：少，雨水聚集得少，比喻武人力量集中得少，对厉王有利，就合于正道而吉利，即所谓"贞吉"。　③大：多，雨水聚集得多，比喻武人力量集中得多，对厉王不利，这就即使合于正道也凶险，即所谓"贞凶"。　④施未光：施与不广大。光：广大。

译文

六五　把雨水聚集起来，如果聚集得少，就合于正道而吉利；如果聚集得多，就即使合于正道也凶险。

《象传》说：把雨水聚集起来，是施与不广大。

按：本爻是《周易》作者希望武人对厉王减轻压力，《象传》未得其义。

上六　乘马班如，泣血涟如[①]。

《象》曰："泣血涟如"，何可长也？

注释

①涟：像滴水一样接连不断。如：语末助词。泣血：眼睛哭出了血。

译文

上六　骑着马徘徊，眼睛哭出了血，像滴水一样接连不断。

《象传》说："眼睛哭出了血，像滴水一样接连不断"，这怎样可以长久呢？

按：本爻是《周易》作者希望武人向厉王悔过，《象传》却说即使悔过也不会长久，意义是相反的。

蒙

䷃　坎下艮上

蒙[①]：亨。"匪我求童蒙[②]，童蒙求我。初筮告[③]，再三渎[④]，渎则不告。"利贞[⑤]。

注释

①蒙：蒙昧，指周厉王恢复王位刚起步，像一个蒙昧儿童。卦象是坎下艮上，坎为水，艮为山，是有一股泉水在山下流，由于受到山的阻止，流不出去。用来比喻周厉王要恢复王位却困难重重，想通过与武人搞好关系，谋求出路，内容与屯卦基本相同。坎水象征厉王，艮山象征武人。　②我：主于武人说，是武人自我。　③筮（shì）：用蓍草占卦，向神灵询问吉凶，这里只取询问的意义。告：告诉。　④渎（dú）：渎慢，怠慢。　⑤利贞：利以贞的省略，即凭着与武人搞好关系的正确行动得到好处。

译文

周厉王恢复王位会顺利。武人说："不是我有求于周厉王这个蒙昧儿童，是蒙昧儿童来求我。第一次来询问还告诉他，再三询问是怠慢我，就不告诉他了。"武人很顽固，但周厉王还将凭着与他搞好关系的正确行动得到好处。

按：卦辞指出武人怠慢、专横，但厉王对复国却充满信心。

《彖》曰：山下有险①，险而止②，蒙。"蒙，亨"，以亨行时中也③。"匪我求童蒙，童蒙求我"，志应也④。"初筮告"，以刚中也⑤。"再三渎，渎则不告"，渎蒙也⑥。蒙以养正⑦，圣功也⑧。

注释

①山下有险：本卦卦象是坎下艮上，艮为山，坎为水，为险，是"山下有险"。 ②险而止：坎水被艮山阻止，流出去有困难。比喻厉王要恢复王位，却受阻于武人。 ③行时中：实践随时都合于中道的理论。 ④志应：志意相应，思想相通。 ⑤刚中：指下坎九二以阳爻居中位，由于阳是"刚"，所以叫"刚中"。这是爻位说的得中说，不能解释《周易》。 ⑥渎蒙：渎于蒙，为蒙昧儿童所怠慢。 ⑦养正：培养正确方向。 ⑧圣功：作圣之功，成为圣人的工作。

译文

《彖传》说：山下有一股泉水，泉水被阻止了，无法进入江河，成为一种蒙昧状态。"蒙昧能够顺利"，是由于实践了随时都合于中道的理论。"不是我有求于蒙昧儿童，是蒙昧儿童有求于我"，这是由于思想相通。"初次询问还告诉"，是由于九二以阳刚得中，"再三询问是怠慢，怠慢就不告诉"，是由于受忽视于蒙

昧儿童。当儿童处于蒙昧状态就培养正确方向，是使他们成为圣人的工作。

按：对卦象和卦义有理解，但没有讲透，还颇多支离，例如“刚中”等。

《象》曰：山下出泉，蒙。君子以果行育德①。

注释

①果行：果敢其行，使行动果敢。育德：培育品德，使品德高尚。

译文

《象传》说：山下流出一股泉水，由于受到山的阻止流不出去，便处于蒙昧状态。君子看到这种情况，就联想到应该行动果敢，品德高尚。

按：包含着要摆脱困境的内容，但不能具体到周厉王。

初六　发蒙①，利用刑人②，用说桎梏③，以往吝④。

《象》曰“利用刑人”，以正法也⑤。

注释

①发蒙：去掉蒙昧，摆脱蒙昧。　②用：以，凭着。刑人：服刑的人，即囚犯。　③用：以，由于。说：同脱。桎梏(zhìgù)：桎，脚镣；梏：手铐。　④以往：除此以外。　⑤正法：端正法制。

译文

初六　周厉王要摆脱蒙昧，凭着像囚犯由于脱掉脚镣手铐那样得到好处，此外都不好。

《象传》说：“凭着像囚犯得到好处”，是说要端正法制。

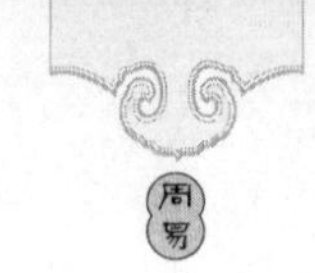

按：《象传》只从比喻本身说，没有接触实际内容。

九二　包蒙，吉[①]。纳妇，吉[②]。子克家[③]。

《象》曰“子克家”，刚柔接也[④]。

注释

①包蒙：本爻以阳爻居于下坎中间，向下包容着阴爻初六，向上包容着阴爻六三，所以说“包蒙”。这样团结紧密，如同一体，易于突破险阻，所以“吉”。　②纳妇：娶妻，是下坎要与上艮搞成亲密关系的比喻，与屯卦六二比喻下震要与上坎结为婚姻相同，都是说周厉王应该做好争取武人的工作。　③子克家：儿子能够持家，比喻与武人搞好关系后会有好的成果。克，能够。　④刚柔接：男女交接。

译文

九二　周厉王内部要团结，才能吉利，还要与武人搞好关系，会更吉利，其成果像是生下一个儿子能够持家一样。

《象传》说“生下一个儿子能够持家”，是说男女交接有成果。

按：《象传》全就比喻本身说，没有接触实际内容。

六三　勿用取女[①]。见金[②]，夫不有躬[③]，无攸利[④]。

《象》曰“勿用取女”，行不顺也[⑤]。

注释

①勿用：不要。取女：指另外去娶一个女子。取：同娶。②见金：拿出聘金。见：同现，拿出来。金：聘金。　③夫：丈夫，指要去“取女”的人。不有躬：不会有身体，指将有杀身之祸。　④攸利：所利，好处。　⑤行不顺：行为不合理。

译文

六三　不要另外去娶一个女郎。如果拿出聘金，要去另娶，这个丈夫就会有杀身之祸，没有好处。

《象传》说“不要另外去娶一个女郎”，因为行为不合理。

按：这条爻辞是要周厉王坚定地与武人搞好关系，不要三心二意。《象传》指出另外“取女”不合理是对的，只是也没有涉及实际内容。

六四　困蒙，吝。

《象》曰：困蒙之吝，独远实也[①]。

注释

①独：独自。

译文

六四　困住蒙昧儿童周厉王，这是不好的。

《象传》说：困住蒙昧儿童不好，是由于独自远离实际。

按：以上各爻都就着下坎周厉王说，本爻以下是就着上艮武人说。本爻是告诫武人，困住周厉王不好。《象传》认为独自远离实际，有得于爻辞意义，只是抽象笼统些。

六五　童蒙吉。

《象》曰：童蒙之吉，顺以巽也[①]。

注释

①顺：柔顺。巽：驯服。

译文

六五　应该让蒙昧儿童周厉王吉利。

《象传》说：蒙昧儿童吉利，是由于柔顺和驯服。

按：本爻是《周易》作者告诫武人应该让周厉王恢复王位，《象传》没有讲对。

上九　击蒙？不利为寇[①]，利御寇[②]。

《象》曰：利用御寇，上下顺也[③]。

注释

①寇：寇贼。　②御寇：抵御寇贼。御：同御，抵御。③顺：和顺。

译文

上九　要打击蒙昧儿童周厉王么？去侵犯周厉王不利，要为周厉王抵御寇贼才有利。

《象传》说：去抵御寇贼有利，是上下的关系搞好了。

按：《象传》有得于爻辞意义。

需

䷄　乾下坎上

需[①]：有孚[②]，光亨[③]，贞吉[④]，利涉大川[⑤]。

注释

①需：同须，等待。本卦卦象是乾下坎上，乾为君，象征厉王，坎为水，象征武人。从卦爻辞看，是下乾厉王要对上坎武人用兵，多次须待，步步为营，才终于取得犁庭扫穴的胜利（上六"入于穴，有不速之客三人来"）。屯卦蒙卦都要厉王与武人搞好关系，本卦则要向武人用兵，但在以退为进和以后取先这一点上是一致的。　②孚：《周易》的"孚"有三个意义，最重要的意

义是"诚"，一个人只要有了这种"孚"就一切都会取得重大成就，如坎卦卦辞"有孚维心，亨，行有尚"。"诚"的意义从"实"引申而来，因此"孚"又能讲成"实"，如讼卦卦辞"有孚窒"，就是说有了犯上作乱事实就窒碍难行。由于事实能使人相信，就还能讲成"信"，如解卦九四"朋至斯孚"，就是说朋友来了会相信你。 ③光亨：同元亨，大为顺利。 ④贞吉：凭着正确而吉利，从厉王讨伐武人说。 ⑤利涉大川：比喻能战胜困难，得到好处。涉：徒涉，即踩水过河。大川：比喻困难。

译文

周厉王由于内心有诚，复国事业会大为顺利，凭着以君王讨伐叛臣的正确而吉利，将以战胜困难得到好处。

按：能概括全卦主要内容。

《彖》曰：需，须也，险在前也①。刚健而不陷②，其义不困穷矣。"需，有孚，光亨，贞吉"，位乎天位以正中也③。"利涉大川"，往有功也。

注释

①险在前：指坎险在下乾之上。 ②刚健而不陷：指刚健的下乾不陷于坎险之中，下乾厉王不为上坎武人所困。 ③天位：指第五个爻位，由于乾卦九五有"飞龙在天"，《易大传》就把第五个爻位叫"天位"，即最显赫、最尊贵的位置。正中：指上坎"九"这个阳爻居于"五"这个阳位，是得正，在上坎当中，是得中。这些都是爻位说，不能解释《周易》。

译文

"需"是等待，是由于有险阻在前面。刚健的下乾不陷入坎险之中，从道理说不会困穷。"等待，有诚，大为顺利，合于正

道而吉利”，是说上坎的“九”居于“五”这个“天位”既得正，又得中。“凭着战胜困难得到好处”，是向前进就有功。

按：这条《彖传》先说“刚健而不陷”，是赞美下乾，斥责上坎，又说“位乎天位以正中”，是歌颂上坎，轻视下乾，是一个大矛盾。必须指出，赞美下乾合于卦义，歌颂上坎与卦义相反。

《象》曰：云上于天[①]，需。君子以饮食宴乐[②]。

注释

①云：指上坎，坎为水，为雨，为云，为险。天：指下乾，乾为天，为君。 ②饮食宴乐：饮酒享乐。“饮食”主要指“饮”，“宴”也是“乐”。

译文

云升上了天，这就是等待。君子看到这种卦象就去饮酒享乐。

按：这条《象传》令人费解。为什么“云上于天”是“需”？为什么要去饮酒享乐？都无法讲清楚。至于与周厉王要用以退为进和以后取先策略去向武人用兵这个全卦基本内容，更毫不相干。

初九　需于郊[①]，利用恒[②]，无咎。

《象》曰，“需于郊”，不犯难行也。“利用恒，无咎”，未失常也。

注释

①郊：郊野。 ②用：以，凭着。恒：经常。

译文

初九　在郊野里等待，要凭着经常等待得到好处，没有坏处。

《象传》说，“在郊野里等待”，是不冒着生命危险进军。“要凭着经常等待得到好处，没有坏处”，是没有失去常态。

按：《象传》有得于爻辞意义，能看出是要以退为进和以后取先。

九二　需于沙[①]，小有言[②]，终吉。

《象》曰，“需于沙”，衍在中也[③]。虽“小有言”，以吉终也。

注释

①需于沙：在沙滩上等待。沙：沙滩。敌人在河的对岸，部队推进到沙滩，是快要接近敌人。到了沙滩又驻扎下来，还是以退为进和以后取先。　②小有言：指上坎武人对下乾厉王部队的推进有所议论，表示不满。　③衍：平坦，指沙滩。

译文

九二　部队在沙滩上等待，被对河敌人发现，因而有所议论，但终将是吉利的。

《象传》说，“部队在沙滩上等待”，沙滩是平坦的。即使敌人有议论，但终将以吉利告终。

按：《象传》指出沙滩平坦，意味着在沙滩上可以驻扎等待，也是对以退为进和以后取先的肯定，有得于爻辞意义。

九三　需于泥，致寇至[①]。

《象》曰，“需于泥”，灾在外也[②]。自我致寇，敬慎不

败也[③]。

注释

①致：招致，引来。 ②灾在外：灾祸就在外面，指敌人就在对面河岸上。 ③敬慎：认真、谨慎。

译文

九三 在河边泥泞地里驻扎，把寇贼引过来了。

《象传》说，“在河边泥泞地里驻扎”，是敌人就在对面河岸上。尽管由我把寇贼引过来，但认真、谨慎就不会失败。

按：《象传》懂得爻辞是说要把敌人引过来加以歼灭的思想。

六四 需于血[①]，出自穴[②]。

《象》曰“需于血”，顺以听也[③]？

注释

①血：血泊，指危险。 ②穴：窟穴，指武人的根据地。 ③顺：顺从。听：听话。

译文

六四 武人在极端危险的处境当中等待着历王讨伐，并将倾巢出动。

《象传》说“武人在极端危险处境中等待着历王讨伐”，能顺从并且听话吗？

按：《象传》说武人不会顺从、听话，是发挥“出自穴”的内涵。

九五 需于酒食[①]，贞吉。

《象》曰，“酒食贞吉”，以中正也[②]。

注释

①酒食：指筵席。 ②中正：阳爻“九”在上坎当中，是得中，居于阳位“五”，是得正。爻位说不能解释《周易》。

译文

九五 武人只能在筵席前等待厉王，才合于正道而吉利。

《象传》说，“在筵席前等待厉王就合于正道而吉利”，是由于既得中，又得正。

按：对爻辞是要武人迎降厉王的内容没有看到，反而用了爻位说。

上六 入于穴，有不速之客三人来[①]，敬之，终吉。

《象》曰，“不速之客来，敬之，终吉”，虽不当位[②]，未大失也。

注释

①有不速之客三人来：指厉王部队将进入武人根据地，一定会全歼武人。不速之客：不请自来的客人。三人：指下乾三个阳爻，表示周厉王部队。 ②不当位：所处的位置不恰当，指“上六”以阴爻居于阳位。但从爻位说看，“上六”是以阴爻居于阴位，《象传》在运用爻位说时还犯了错误。

译文

上六 逃进了窟穴，可是却有不请自来的三个客人跟踪追进来，只有好好款待，才会终于吉利。

《象传》说，“没有经过邀请的客人来了，只有好好款待，才会终于吉利”，是说本爻虽然所处位置不当，还没有大的失误。

按：由于错误地用了爻位说，对爻辞是要武人俯首投降的含义就全未看到。

讼

䷅ 坎下乾上

讼[1] 有孚[2]，窒[3]，惕，中吉。终凶。利见大人[4]，不利涉大川。

注释

①讼：争讼或战争。卦象是坎下乾上，坎为水，象征武人，乾为天，象征厉王。这样成为战争，是水向着天冲击，比喻武人向厉王反扑。要一洗“入其穴”之耻。 ②孚：实，犯上作乱的事实。 ③窒：窒碍，行不通。 ④利见大人：指武人应去朝见厉王。

译文

武人有了进犯厉王的事实，这会行不通。只有引起警惕，改正错误，才能中途吉利。如果一竟孤行，将终于凶险。武人应该去朝见厉王得到好处，冒着大的危险是不会有好处的。

按：告诫武人不能犯上作乱，只能向厉王投降。

《彖》曰：讼，上刚下险，险而健，讼。“讼，有孚，窒，惕，中吉”，刚来而得中也[1]。“终凶”，讼不可成也。“利见大人”，尚中正也[2]。“不利涉大川”，入于渊也。

注释

①刚来而得中：是用卦变说，指遁卦九三下降居二，六二上升居三，就成了讼卦。九三是阳爻，是刚，二是中，九三下降居

二是“刚来而得中”。《周易》没有这种卦变，因而用卦变不能解释《周易》。 ②中正：指上乾九五。在上乾正中，是得中，以阳爻居于五这个阳位，是得正。这些都是爻位说。

译文

《象传》说：战争啊，上面是刚健的乾卦，下面是凶险的坎卦，凶险的坎卦冲击刚健的乾卦，就形成了战争。“战争啊，有了犯上作乱的事实，会行不通，只有引起警惕，改正错误，才能中途吉利”，这些是说阳爻九三下降居二得了中位。“终于会凶险”，是说这场战争打不赢。“去朝见大人得到好处”，是把居中得正的上乾九五看得很尊贵。“徒涉过大河不利”，是说将要陷入深潭之中。

按：“险而健，讼”，明确战争是下坎挑起的，很正确。“讼不可成”和“入于渊”也指责下坎，都可取。但卦变说和爻位说则都是错误的。

《象》曰：天与水违行[①]，讼。君子以作事谋始。

注释

①违行：相互乖违而行，彼此向着相反的方向发展。

译文

《象传》说：上乾的天与下坎的水各自向着相反方向发展就出现了战争。君子看到这种卦象做事在刚开始的时候就要慎重考虑。

按：未能指出战争是由武人挑起来的，就没有抓住本卦基本内容。

初六　不永所事[①]，小有言，终吉。

《象》曰，“不永所事”，讼不可长也。虽“小有言”，其辩明也[2]。

注释

①永：长，指长时期。 ②辩：同辨，辨别。

译文

初六 武人部属不追随武人把进犯厉王的事长时期干下去，尽管武人对他们有一些责骂，但终将是吉利的。

《象传》说，“武人部属不追随武人把进犯厉王的事长时期干下去”，说明这种战争不可长久进行。即使“武人对他们有一些责骂”，但一般是能辨别是非的。

按：这条《象传》站在厉王立场看问题，很可取。

九二 不克讼，归而逋[1]，其邑人三百户无眚[2]。

《象》曰，“不克讼”，归逋窜也。自下讼上，患至掇也[3]。

注释

①逋（bū）：逃走。 ②邑人：武人采邑中的人。三百户：泛言多。眚（shěng）：灾祸。 ③掇（duō）：拾取，指容易得到。

译文

九二 打不赢这场战争，回去就逃走了，可是他采邑中的许多家人却没有灾祸。

《象传》说，“打不赢这场战争”，回去就逃窜了。从下面去攻打上面，祸患的到来会像拾取一样。

按：训释辞句可取，但没有指出“不克讼”的是武人，“其邑人三百户无眚”是周厉王实行宽大政策，不惩办胁从者。

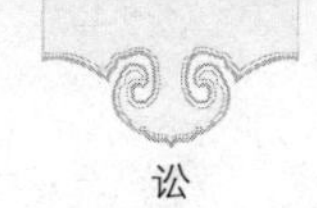

六三　食旧德[①]，贞厉，终吉。或从王事[②]，无成。

《象》曰“食旧德”，从上吉也[③]。

注释

①食：“食言”的食，背弃的意思。　②或：如果。　③上：指上乾。

译文

六三　背弃武人的所谓旧恩德，虽然正确，却也危险，但终将吉利。如果跟着武人从事于反对厉王的事，会一事无成。

《象传》说“背弃武人的所谓旧恩德”，要顺从上乾才吉利。

按：这条爻辞是说武人部属会忘掉武人小恩小惠，一心奔向厉王，是《周易》作者要厉王策反，《象传》很有得于爻辞意义。

九四　不克讼，复即命[①]，渝[②]，安贞吉。

《象》曰“复即命，渝，安贞吉”，不失也[③]。

注释

①复：回去。即命：接受指示。　②渝：改变。　③失：失误。

译文

九四　厉王部下与武人队伍交兵没取得胜利，回去接受厉王指示，改变了原来的错误打法，就以安于作战的正道而吉利了。

《象传》说，“回去接受指示，改变原来打法，就以安于作战的正道而吉利”，是不再犯错误了。

按：《象传》基本正确，就是不太具体。

九五　讼，元吉。

《象》曰，“讼，元吉”，以中正也[①]。

注释

①中正：上乾九五居于五上乾当中是得中，以阳爻居于五这个阳位是得正。这些都是爻位说，不能用来解释《周易》。

译文

九五　战斗，大吉大利。

《象传》说，“战斗，大吉大利”，是本爻既得中又得正。

按：本爻是《周易》作者认为厉王如果与武人进行战斗，必将取得全胜，可是《象传》却用了爻位说加以淆乱。

上九　或锡之鞶带[①]，终朝三褫之[②]。

《象》曰：以讼受服，亦不足敬也。

注释

①锡：赐与。鞶带：牛皮大带，用来佩玉，是所谓命服的一部分。　②终朝：一个早上，极言时间短。三：几次。褫(chī)：夺掉。

译文

上九　有时候厉王对有功部属赐给牛皮大带作为奖励，但由于接连犯错误，在极短时间内大带又被几次褫夺。

《象传》说：凭着战斗立功受到命服赏赐，也是不能敬佩的。

按：本爻是《周易》作者叫厉王在未来与武人的战斗中要严明赏罚，“以讼受服”，实为可敬，《象传》与爻辞意义相反。

师

䷆　坎下坤上

师[①] 贞，丈人吉[②]，无咎。

注释

①师：部队，指厉王派出部队，讨伐武人。讼卦是武人向厉王挑起战争，本卦是厉王反击武人。卦象是坎下坤上，坎为水，象征厉王；坤为地，象征武人。是水要冲开地面流出去，比喻厉王讨伐武人会取得胜利。这当然只是《周易》作者的设想。②丈人：老成持重的人，厉王派出去统兵的。

译文

出兵讨伐武人是正确的，派老成持重的人当统帅是吉利的，没有坏处。

按：概括了本卦主旨。

《彖》曰：师，众也。贞，正也。能以众正，可以王矣。刚中而应[①]，行险而顺[②]，以此毒天下而民从之[③]，吉又何咎矣？

注释

①刚中而应：九是阳爻，是刚。居于二，是中。“刚中”指九二。根据相应说，二与五相应，“刚中而应”是下坎九二与上坤六五相应。从本卦看，是下坎冲击上坤，彼此矛盾，九二又怎么会与六五相应呢？ ②行险而顺：坎险而坤顺，是说通过险阻，达到顺利。但这里坎与坤是矛盾，如何能说通过险阻，达到顺利呢？ ③毒天下：平定天下。

译文

《彖传》说：师是大众。贞是正确。能统率大众使天下归于正确的人，可以做君王。下坎九二以阳刚居于中位，与上坤六五相应，通过下坎的险阻达到上坤的顺利，凭着这些就能平定天下，使人民顺从，这是吉利，还有什么坏处？

按：提出“可以王”，有得于经义。但接连出现错误，令人难以信从。至于以“众”训“师”也不妥当，“师”在本卦是出兵。

《象》曰：地中有水，师，君子以容民畜众[①]。

注释

①容民畜众：即容畜民众，保护和养活民众，是错综成文。

译文

《象传》说：地里面有水构成师卦。君子看到这个卦象就去保护和养活民众。

按：“容民畜众”与本卦的讨伐武人无关。

初六　师出以律[①]，否臧凶[②]

《象》曰“师出以律”，失律凶也[③]。

注释

①律：纪律。　②否（pǐ）：不。臧（zāng）：好。否臧：不好，这里指纪律差。　③失律：失于律，在纪律上有失误。

译文

初六　部队出动要有纪律，纪律不好是危险的。

《象传》说“部队出动要有纪律”，在纪律上有失误是危险的。

按：“师出以律”是《周易》作者对厉王的勉励，是用兵取得胜利的保证，是千古名言。《象传》能申明爻辞意义。

九二　在师中吉，无咎，王三锡命[①]。

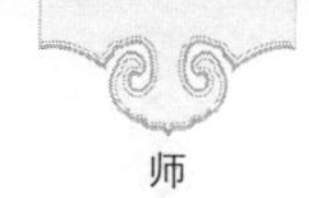

《象》曰“在师中吉”，承天宠也[②]，“王三锡命”，怀万邦也[③]。

注释

①王：周厉王。三：多次。锡命：颁发嘉奖令。 ②天：指厉王。 ③怀万邦：怀柔万邦，使天下各国归顺。

译文

九二 “丈人”在部队中当统帅吉利，没有坏处，厉王对他多次颁发嘉奖令。

《象传》说“‘丈人’在部队中当统帅吉利”，是得到君王宠信。“君王多次颁发嘉奖令”，是要使天下各国归顺。

按：“承天宠”和“怀万邦”对爻辞意义都有正确发挥。

六三 师或舆尸[①]，凶。

《象》曰“师或舆尸”，大无功也。

注释

①或：有的时候。舆尸：用车子拉尸体。

译文

六三 部队有的时候用车子拉尸体，可凶险。

《象传》说“部队有的时候用车子拉尸体”，是很没有战功。

按：六三接近上坤，短兵相接，难免不遭杀伤，因此有的时候用车子拉尸体，并不是打了大败仗，不然为什么会“王三锡命”？《象传》的“大无功”与爻辞意义不合。

六四 师左次[①]，无咎。

《象》曰：左次无咎，未失常也。

注释

①师：指武人部队，本爻属于上坤，上坤象征武人。左：部队向后退。次：驻扎。

译文

六四　武人部队向后面撤退，再驻扎下来，这没有坏处。

《象传》说：把部队向后面撤退，再驻扎下来，没有坏处，是由于没有失去以臣对君的正常道理。

按：《象传》能阐明爻辞意义。

六五　田有禽[①]，利执，言，无咎。长子帅师，弟子舆尸[②]，贞凶。

《象》曰："长子帅师"，以中行也[③]。"弟子舆尸"，使不当也。

注释

①田：打猎。禽：泛指鸟兽。　②弟子：次子，第二个儿子。　③中行：合乎中道的行为，即正确行为。

译文

六五　打猎有许多鸟兽，捕获了会得到好处，即使别人有议论，也没有坏处。现在派大儿子统兵，接着二儿子用车子拉尸体回来，即使正确也凶险。

《象传》说："大儿子统兵"，是正确行为。"二儿子用车子拉尸体回来"，是用人不当。

按：这条《象传》不正确。抗击厉王不能是正确行为，用车子拉尸体也不能归咎于二儿子。至于爻辞所包含的打猎可以而抗击厉王不行的这些隐微意义，更没有能揭示出来。

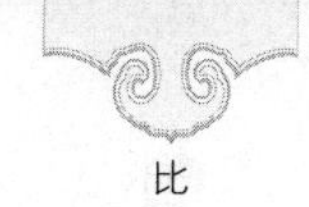

上六　大君有命[1]："开国承家[2]，小人勿用[3]。"

《象》曰"大君有命"，以正功也[4]。"小人勿用"，必乱邦也。

注释

①大君：天子，指周厉王。　②开国：开国的人，指诸侯。承家：承家的人，指大夫。诸侯有国，大夫有家。　③小人：德才都差的人。　④正功：正确对待有功劳的人。

译文

上六　君王有命令："无论是开国，或者是承家，小人都不能用。"

《象传》说"君王有命令"，是要正确对待有功劳的人。"德才都差的人不能用"，是因为这些人一定会搞乱国家。

按：《象传》能说明爻辞意义。

比

䷇　坤下坎上

比[1]　吉。原、筮[2]，元永贞[3]，无咎。不宁方来[4]，后夫凶[5]。

注释

①比：亲比，搞好关系。卦象是坤下坎上，坤为地，坎为水，是水在地面上流，地与之亲密无间，以比喻周厉王要与武人搞好关系。讼卦和师卦都是周厉王与武人斗争，是武的一手，本卦是周厉王与武人亲比，是文的一手。《周易》作者希望周厉王两手并用，解决武人问题。　②原、筮：由于《周易》作者不相

信占筮，在革卦九五说：“未占有孚”（不占筮也很能相信），加上《周易》没有变爻变卦，因此用《周易》为占筮是后人的外加，从而这里的“原筮”不能讲成占筮。根据孔颖达《周易正义》：“原”是研究，“筮”是断定。 ③元永贞：发扬光大永远正确的品德。元，大，发扬光大。永贞：永远正确的品德，指“孚”。 ④不宁方来：不安宁的国家来朝，指武人接受怀柔，来朝见周厉王。宁：安宁。方：邦，国家，指武人国家。 ⑤后夫：来朝而后到的武人。

译文

与武人搞好关系是吉利的。研究情况作出判断以后，必须发扬光大“孚”这个永远正确的品德去亲比武人，才没有坏处。这样犯上作乱的武人将来朝见厉王，后到的便会受到诛戮。

按：揭示出本卦核心是厉王要以“孚”亲比武人，使之来归。

《彖》曰：比，吉也。比，辅也①，下顺从也②。“原、筮，元永贞，无咎”，以刚中也③。“不宁方来”，上下应也④。“后夫凶”，其道穷也⑤。

注释

①辅：辅佐。 ②下顺从：指下坤顺从上坎。 ③刚中：上坎九五以阳刚之爻居于中间位置。 ④上下应：全卦上下共五个阴爻都顺应上坎九五。 ⑤其道穷：处境穷困，没有出路。

译文

《彖传》说：亲比就吉利。亲比是辅佐，是下坤顺从上坎。说“研究判断，发扬光大永远正确的品德，没有坏处”，是由于阳爻“九”居于“五”这个中间位置。说“不安宁的国家将来

朝”，是上下卦五个阴爻都顺应九五这个阳爻。说“后到的人凶险”，是这些人没有出路。

按：《彖传》认为下坤顺从上坎，上坎中爻九五是一卦之主，这些都与卦义相反。说五阴顺应一阳，则是相应说。

《象》曰：地上有水，比。先王以建万国，亲诸侯。

译文

《象传》说：地面上有水，是地与水亲比。先王像地与水亲比那样去建立万国，安抚诸侯。

按：《象传》认为是下坤亲比上坎，是下坤为主，上坎为辅，很有可取。《彖传》全非经义，《象传》有得于经义，说明同一个卦的《彖传》和《象传》也不同出于一人。

初六　有孚比之，无咎。有孚盈缶[①]，终来有它吉。

《象》曰：比之初六，有它吉也。

注释

①盈缶：装满一个瓦罐子，比喻孚很充分。缶（fǒu）：瓦罐子。

译文

初六　厉王有诚心去与武人亲比，没有坏处。有诚心像装满一个瓦罐子那样充分，到头来还会有别的好处。

《象传》说：比卦初六，是说还有别的好处。

按：只重复爻辞的“有它吉”，对“孚”是卦辞“元永贞”的具体化没有见及。

六二　比之自内[①]，贞吉。

《象》曰："比之自内"，不自失也。

注释

①内：朝廷之内，指厉王。

译文

六二　厉王从朝廷之内去与武人亲比，是合于正道而吉利的。

《象传》说"从朝廷之内去与武人亲比"，是自己不犯错误。

按：认为厉王亲比武人，只是希望不犯错误，对亲比的重要意义肯定不够。

六三　比之匪人[1]。

《象》曰"比之匪人"，不亦伤乎？

注释

①匪人：非其人，不是应该亲比的人，指武人。

译文

六三　与不应该亲比的人亲比。

《象传》说"与不应该亲比的人亲比"，不正是一种悲哀吗？

按：与武人亲比是一种策略，是两手中的一手，所以厉王要与不应该亲比的人亲比。《象传》看成悲哀，与爻辞意义相反。

六四　外比之，贞吉。

《象》曰：外比于贤，以从上也[1]。

注释

①上：君上，指周厉王。

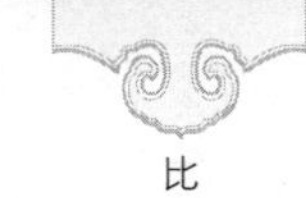

译文

六四　从朝廷之外来与厉王亲比，就合于正道而吉利。

《象传》说：从朝廷之外去与贤者亲比，这是顺从君上。

按：本爻属于上坎，是就着武人说。为了鼓励武人归顺，肯定他们如果从朝廷之外来与厉王亲比，就合于正道而吉利。《象传》与贤者亲比和顺从君上之说，有得于爻辞意义。

九五　显比①，王用三驱②，失前禽③。邑人不诫④，吉。

《象》曰：显比之吉，位正中也⑤。舍逆取顺⑥，失前禽也。“邑人不诫”，上使中也⑦。

注释

①显比：明显地亲比，表面上亲比。　②王：周厉王。三驱：多次追求。　③前禽：前面的禽兽。　④邑人：采邑中的人，武人部属，与讼卦九二的“邑人”相同。诫：责备。　⑤位正中：指上坎九五，以阳爻在五这个阳位，是得正，居于上坎中间，是得中。　⑥舍逆取顺：以前有一种说法，天子打猎，舍弃逆者，取其顺者，即向着天子相反方向逃走的禽兽就不追，迎着天子来的禽兽就捕。　⑦上使中：上面用人合于中道。

译文

九五　武人表面上与厉王亲比，以致厉王多次追求达不到目的。武人要不责备部属，这才吉利。

《象传》说：“显比”的吉利，是由于九五得正得中。天子“舍逆取顺”，以致失掉前面禽兽。“对部属不责备”，是上面用人合于中道。

按：本爻是要武人老老实实与厉王亲比，《象传》却用了爻位说。爻辞“失前禽”是比喻达不到目的，《象传》却用“舍逆

取顺”解释。“邑人不诫”是要武人不委过部下，说成“上使中”也不对。

上六　比之无首[①]，凶。

《象》曰“比之无首”，无所终也。

注释

①无首：没有为首的或带头的，与乾卦“用九，见群龙无首”的“无首”意思一样，但乾卦是讲循环，这里不是。《周易》一共只有这两个“无首”。

译文

上六　与厉王亲比却没有带头的，这就凶险。

《象传》说：亲比却没有带头的，这就不会有结果。

按：《象传》与爻辞意义相合。

小 畜

☰ 乾下巽上

小畜[①]　亨，密云不雨，自我西郊。

注释

①小畜：小有畜养。小有收获。周厉王与武人亲比，武人由于陷溺太深，一时难彻底回头，周厉王的收获就小而不大，但毕竟有了收获，而且收获还会从小变大。卦象是乾下巽上，乾为天，巽为风，是天上正在刮风，有了风就会起云，有了云就会下雨，从目前“密云不雨”会变成滂沱大雨，所以上九爻辞说“既雨”（已经下雨）。本卦上接比卦，是对周厉王与武人亲比效果的

说明，卦与卦之间的联系是紧密的。

译文

中兴复国事业会顺利进行，就像浓密云层从西方郊外涌来，暂时不下雨，终归会下起大雨一样。

按：用比喻概括出全卦主旨。

《彖》曰：小畜，柔得位而上下应之[①]，曰小畜。健而巽[②]，刚中[③]而志行，乃亨。“密云不雨”，尚往也。“自我西郊”，施未行也。

注释

①柔得位：指上巽六四以阴爻居阴位。上下应之：指全卦上下五个阳爻都顺应着六四这个阴爻。这些是爻位说和相应说，不能解释《周易》。②健而巽：健指下乾，巽指上巽。③刚中：指下乾九二。

译文

《彖传》说：小畜是六四这个阴爻居于正位，上下卦五个阳爻都顺应着它。由于阴是小，阳是大，这是以小畜大，所以叫小畜。下乾是健，上巽是顺，下乾九二以阳刚得中，志向会实现，于是就亨通了。“密云不雨”，是要再过一段时间。“自我西郊”，是雨还没有下起来。

按：小畜是天畜风，是厉王畜武人，成果将由小变大，《彖传》以上巽六四畜五阳为小畜，适得其反。还说“刚中而志行，乃亨”，则又以下乾畜上巽，自相矛盾。

《象》曰：风行天上，小畜。君子以懿文德[①]。

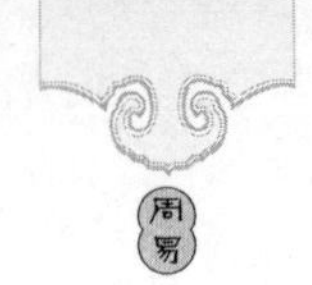

注释

①懿文德：使文章和品德美好。懿：美好。

译文

《象传》说：风在天上吹，叫小畜。君子看到这个卦象就要使自己的文章和品德美好。

按：与卦义全不相干。

初九　复自道[①]，何其咎？吉。

《象》曰“复自道”，其义吉也。

注释

①复自道：指本卦初九是从履卦上九以循环向下变来。履卦卦象是䷉（兑下乾上），本卦卦象是䷈（乾下巽上），履卦上九循环向下成为初九就是本卦。履卦上九爻辞“其旋元吉”是说这一爻将回头向下，于是本卦初九就“复自道”了。“复”是复卦的“复”，“道”是“反复其道”的“道”，“复自道”是说履卦上九从循环道路回来，成为本卦初九。从《周易》古经看，只有以爻的循环而变卦，后人用来搞占筮的以变爻而变卦是没有的。

译文

初九　从循环的道路回来，有什么坏处？很吉利嘛。

《象传》说“从循环的道路回来”，按道理说是吉利的。

按：只重复一下爻辞，没作出解释。

九二　牵复[①]，吉。

《象》曰：牵复在中[②]，亦不自失也。

注释

①牵复：相牵连而复。由于履卦上九转成小畜初九，履卦初九相应地转成小畜九二，这是相牵连而复，所以说“牵复”。②在中：指履卦初九转成本卦九二，在下乾正中，这是得中说，不能用来解释《周易》。

译文

九二　相牵连着回来，这也吉利。

《象传》说：相牵连着回来，在下乾的正中，这不会使自己受损失。

按：用了得中说。

九三　车说輹[①]，夫妻反目[②]。

《象》曰“夫妻反目”，不能正室也[③]。

注释

①车说輹：通行本作“舆说辐”，这里用李鼎祚《周易集解》本。“輹”是一个木钩子，又叫伏兔，用来连接车身和车轴，脱掉则车身与车轴分开，相互背离，正好做下文“夫妻反目”的起兴。“辐”是车轮的辐条，即使脱掉，也不会使车身与车轴不相连接，不能作为“夫妻反目”的起兴。说：同脱。　②夫妻反目：夫妻由于发生冲突，眼睛都不向对方看，而是各自朝着相反方向看。　③正室：端正家庭关系，搞好家庭关系。

译文

九三　车子脱掉伏兔，车身和车轴朝相反方向分开，像夫妻有了争吵，各自朝相反方向看。

《象传》说：夫妻各自朝相反方向看，不能搞好家庭关系。

按：只随文生训，没看出本爻是说在前面两爻都吉利的情况

下，应该警惕有可能发生不愉快的事情。一定要排除这种可能，使所畜者小较快地转化为所畜者大。

六四　有孚，血去①，惕出②，无咎。

《象》曰“有孚，惕出”，上合志也③。

注释

①血去：从血泊中离去，指武人应该放弃反对厉王的危险立场。　②惕：警惕，小心。出：离开。　③合志：同心。

译文

六四　武人归顺厉王要有诚心，应该放弃反对厉王的危险立场，才能小心地脱离危险，没有坏处。

《象传》说“具备诚心，警惕地脱离危险”，这是要与君王同心。

按：能看出本爻是要求武人与厉王同心，使厉王从所畜者小转化为所畜者大，完全正确。

九五　有孚挛如①，富以其邻②。

《象》曰“有孚挛如”，不独富也③。

注释

①挛如：像绳子连绵不绝，指孚的加强。挛（luán）：连绵不绝。如：语末助词。　②富以其邻：由于相邻者的帮助而富裕，指本爻“有孚挛如”是受到六四“有孚”的良好影响。③不独富：不单独富裕，意思是还要对厉王有好处，使他从所畜者小转化为所畜者大。

译文

九五　有了诚心还不断加强，是由于相邻的六四帮助。

《象传》说“有了诚心还不断加强”，是不愿意单独富裕。

按：认为武人在厉王感召下还会有助于厉王，对卦义有发挥。

上九　既雨既处[①]，尚德载[②]。妇贞厉[③]，月几望[④]，君子征凶[⑤]。

《象》曰：“既雨既处”，德积载也。“君子征凶”，有所疑也。

注释

①既雨：已经下了雨，指小畜转化成为大畜。既处：雨又停止了，指大畜难于持续。　②尚：还是。德载：用柔顺之德承奉。　③妇：比喻武人。贞厉：即使正确也有危险，指有反复。　④几（jī）望：快到旧历十五，阴气又盛，指武人还会不老实。　⑤君子：指周厉王。征凶：发展下去有危险。征：行，发展。

译文

上九　已经下雨了，雨又已经停止了，是大畜达成了却难以持续，但武人还是应该用柔顺之德去承奉厉王。武人像妇人一样尽管暂时正确，终归危险，到了不老实的时候，厉王又会糟糕了。

《象传》说：“已经下雨了，又已经停止了”，是说柔顺的品德应该积累去承奉君王。“君子发展下去凶险”，是对事情有怀疑。

按：这条《象传》语意不清，姑且作以上翻译。

履

☱ 兑下乾上

〔履〕[①] 履虎尾[②]，不咥人[③]，亨。

注释

①履：以下接卦辞“履虎尾”脱去，今补上。履：用脚踩。卦象是兑下乾上，兑为泽，乾为天，是泽水上击天空，象征武人干犯厉王。六三“武人为于大君”，是武人共伯和取代厉王为王，是“履”的最终结果。 ②履虎尾：不是踩老虎尾巴，是老虎尾巴被踩着。虎比喻厉王。“履虎尾”指厉王受到武人干犯。③不咥（dié）人：不咬人，承接前面的“虎”说。是要厉王受到篡夺，暂时不反击，然后再运用以退为进和以后取先的策略去恢复王位。

译文

像老虎尾巴被踩着却不去咬人，这样事情就会顺利。

按：用比喻指出对武人要运用以退为进和以后取先的策略进行反击，突出了本卦中心。

《彖》曰：履，柔履刚也[①]。说而应乎乾[②]，是以“履虎尾，不咥人，亨”。刚中正[③]，履帝位而不咎[④]，光明也。

注释

①柔履刚：下兑是柔，上乾是刚，兑下乾上是“柔履刚”。②说而应乎乾：下兑与上乾相呼应。说：同悦，指下兑。 ③刚

中正：阳爻是刚，在上乾当中是得中，以阳爻居王这个阳位是得正，“刚中正”指上乾九五。④帝位：《彖传》作者认为上乾中爻是“帝位”，是帝王的位置。

译文

《彖传》说：踩，是下兑踩上乾。和悦地与上乾相呼应，因此“踩了老虎尾巴，老虎也不咬人，而且事业还会顺利”。阳爻居上乾中间的阳位，是阳刚之爻得中得正，这就是登上了帝王的位置而没有坏处，前途是光明的。

按：这条《彖传》自相矛盾，因为是“柔履刚”，就不能“说而应乎乾”。至于“刚中正，履帝位而不咎”，则是爻位说。

《象》曰：上天下泽，履。君子以辨上下，定民志。

译文

《象传》说：上卦是乾天，下卦是兑泽，构成履卦。君子看到这个卦象就去辨明上下，稳定人民思想。

按：与本卦是讲武人篡夺厉王王位，厉王应该用以退为进和以后取先策略去恢复王位的主旨全不相干。

初九　素履[1]，往无咎。

《象》曰：素履之往，独行愿也。

注释

①素履：照平常那样走，指下兑不去干犯上乾，武人未去夺厉王王位。素：平素，平常。

译文

初九　照平常那样走，发展下去没有坏处。

《象传》说：照平常走那样走，是要单独实现自己的愿望。

按：爻辞要武人像平常那样安分守己，《象传》却说成要单独实现自己的愿望，不能解释爻辞。

九二　履道坦坦[1]，幽人贞吉[2]。

《象》曰："幽人贞吉"，中不自乱也[3]。

注释

①道：随卦九四"有孚在，道以明"的"道"，是精致客观唯心主义本体，能"生天生地"（《庄子·大宗师》），作用无穷。坦坦：非常平坦，指"道"是平正通达的。　②幽人：幽囚的人，即囚犯。　③中：内心。

译文

九二　走在非常平正通达的大道上（指与大道相合），即使囚犯也会合于正道而吉利。

《象传》说："即使囚犯也会合于正道而吉利"，指内心不被自己搞乱。

按：本爻是《周易》作者要武人以道自勉，谨守臣节，《象传》"中不自乱"，未得其旨。

六三　眇能视[1]，跛能履[2]，履虎尾，咥人，凶。武人为于大君。

《象》曰："眇能视"，不足以有明也。"跛能履"，不足以与行也。咥人之凶，位不当也[3]。"武人为于大君"，志刚也[4]。

注释

①眇：瞎了眼。　②跛：瘸了脚。　③位不当：指本爻以阴爻"六"居于阳位"三"，是所处的位置不恰当，也就是所谓失位，是爻位说。　④志刚：指本爻以阴爻居阳位，从而意志

刚强。

译文

六三　眼睛瞎了却要能看见，脚瘸了却要能行走，怀着非分之想去踩老虎尾巴，老虎会咬人，这很凶险。武人做了君王，情况正是这样。

《象传》说："眼睛瞎了却要能看见"，殊不知已经没有视力。"脚瘸了却要能行走"，殊不知已经不能行走。有咬人的凶险，是阴爻"六"居于阳位"三"，位置不恰当。"武人做了君王"，是阴爻"六"居于阳位"三"，意志刚强。

按：对"眇能视，跛能履"未能指出是谴责武人怀着非分之想，其余用了爻位说。

九四　履虎尾，愬愬[①]，终吉。

《象》曰：愬愬终吉，志行也。

注释

①愬愬（suó suó）：小心谨慎的样子，指厉王受到武人侵犯，应有这种态度，这也是以退为进和以后取先。

译文

九四　厉王受到武人干犯像老虎尾巴被踩着，要小心谨慎，不立即反击，才会终于吉利。

《象传》说：小心谨慎，终于吉利，是希望意志实现。

按：未能指出爻辞是要周厉王以退为进和以后取先。

九五　夬履[①]，贞厉。

《象》曰："夬履，贞厉"，位正当也[②]。

注释

①夬（kuài）：碎裂。履：履者，踩老虎尾巴的人。 ②位正当：指本爻以阳爻“九”居于阳位“五”，位置正好恰当，是爻位说。

译文

九五　如果把踩老虎尾巴的人撕得碎裂，即使正确也危险。

《象传》说：“把踩老虎尾巴的人撕得碎裂，即使正确也危险”，是说阳爻“九”居于阳位“五”，位置正好恰当。

按：对爻辞是要厉王暂时容忍再徐图恢复的意思全无理解，却用了爻位说。而且既然是爻位恰当，为什么又有危险，是把爻位说也弄混乱了。

上九　视履考祥[①]，其旋元吉[②]。

《象》曰：元吉在上，大有庆也[③]。

注释

①考祥：研究好的办法。考：研究。祥：好，指好的办法。②旋：回头向下。

译文

上九　看着有人来踩，研究好的对付办法，得出的结论是要回过头折而向下，才大为吉利。

《象传》说：大为吉利在最上面（指上九爻辞有“元吉”，上九是最上面一爻），是大有喜庆的。

按：只孤立抽象地解释“元吉”，对“其旋元吉”是说要以退为进和以后取先没有理解。

泰

☷☰ 乾下坤上

泰[1] 小往大来[2]，吉，亨。

注释

①泰：通泰，顺利，妥帖，凡事如意。《周易》作者愿周厉王能够如此，从失去王位的否塞，变成恢复王位的通泰。卦象是乾下坤上，乾为天，坤为地，是天在下，地在上，一切颠倒错乱，否塞不通。其所以是泰，是从内外卦相伴随着循环说，卦辞是作了清楚交代的。 ②小往大来：在《周易》，用“小”指阴，用“大”指阳，这条卦辞“小”指上坤，“大”指下乾。“小往”是上坤离开原来上卦位置去到下卦，“大来”是下乾离开原来下卦位置来到上卦，通过循环，乾下坤上转成乾上坤下，天在下、地在上，转成天在上、地在下，于是否塞就变成通泰，周厉王就从失国变成复国。《周易》循环论在政治上是为周厉王服务的。

译文

上坤离开原来上卦位置去到下卦，下乾离开原来下卦位置来到上卦，天地恢复了本来样子，否塞变成通泰，于是一切都吉利、亨通了。

按：对本卦主旨是将从否变泰作了明确交代。

《彖》曰：“泰，小往大来，吉，亨”，则是天地交而万物通也，上下交而其志同也。内阳而外阴，内健而外顺，内君子而外小人，君子道长，小人道消也。

译文

《彖传》说："泰卦说，小往大来，吉利，亨通"，这是天地相交，万物相通，上下相交，其志相同。本卦内卦是乾阳，外卦是坤阴，内卦是乾卦的刚健，外卦是坤卦的柔顺，内卦乾卦是君子，外卦坤卦是小人，君子正气在上长，小人邪气在消亡。

按：这条《彖传》主要立足点是"天地交"，即所谓天气上升，地气下降，从而天地交感，成为通泰。殊不知"小"已经"往"了，"大"却才"来"，彼此碰不上，如何能相交呢？这是把"小"和"大"在进行循环讲错了。

《象》曰：天地交，泰。后以财成天地之道[①]，辅相天地之宜[②]，以左右民[③]。

注释

①后：君王。财成：调节。财：同裁。 ②辅相：帮助。③左右：同佐佑，保护。

译文

《象传》说：天和地相交，成为通泰。君王看到这种卦象就去调节自然规律，帮助自然演化，并保护人民。

按：《象传》也认为"天地交"是本卦基本点，失误与《彖传》相同。由于基本点弄错了，所有发挥都与卦义无关。

初九 拔茅茹以其汇[①]，征吉[②]。

《象》曰：拔茅征吉，志在外也。

注释

①茹：茅草根相互牵连的样子。汇：类，指同类的茅草。②征：行，指茅草被拔动向上，离开地面。

译文

初九　拔起了茅草，由于根相互牵连就牵动了同类，茅草被拔动离开地面向上是吉利的。

《象传》说：拔动茅草离开地面向上吉利，是志趣在外面。

按：本爻是下乾初爻，它升而向上进行循环，影响到九二、九三也升而向上进行循环，有拔茅连茹之象。《象传》“志在外”仿佛得之，但不明确。

九二　包荒①，用冯河②，不遐遗朋③，亡得④，尚于中行⑤。

《象》曰：包荒，得尚于中行，以光大也⑥。

注释

①包荒：包容宽广。本爻下包初九，上包九三，像蒙卦九二的“包蒙”是下包初六，上包六三一样。　②用冯河：以冯河，去徒涉过河。　③遐：远。遗：丢开。朋：朋友，指初九、九三，本爻九二与它们是同类朋友。　④亡得：没有收获。亡：同无。　⑤尚于中行：以合于中行被看重。尚：看重。于：以。中行：不偏不倚，恰到好处。中行在《周易》一共用了五次，后来子思“中庸”即本于此。　⑥光大：广大。

译文

九二　包容着初九和九三，一起去徒涉过河，不把两个朋友远远丢开，即使没有收获，也将以行为合于中行，被人看重。

《象传》说：包容宽广，能以中行为人看重，德才是杰出的。

按：爻辞是说九二包容初九和九三一起向上运动，进入循环，用“冯河”做比喻。“亡得，尚于中行”，是极言向上运动，进入循环有重大意义，因为将从否到泰。《象传》说法模糊，把

“亡得”的“得”连接“尚于中行”读，也是错误的。

九三　无平不陂[①]，无往不复，艰贞无咎。勿恤其孚[②]，于食有福。[③]

《象》曰“无往不复”，天地际也[④]。

注释

①陂（bēi）：斜坡。　②恤：忧虑，担心。孚：实，指循环的事实。　③于：往，去。食：得到。有福：大福。古汉语“有”用在名词前可以讲成“大”，如“有周”是大周，“有唐”是大唐。　④际：交接。

译文

九三　没有平地不变成斜坡，没有去了却不回头，只要艰苦遵循循环的正道就没有坏处。不要担心循环的事实，循环会得到大福。

《象传》说，“没有去了却不回头”，是说天和地相交接。

按：本爻用“无平不陂，无往不复”指出事物在循环，用“于食有福”指出循环的好处极大，因为本卦的循环是变否为泰的。《象传》还是在说“天地交”。

六四　翩翩[①]，不富以其邻；不戒以孚[②]。

《象》曰：翩翩不富，皆失实也。“不戒以孚”，中心愿也。

注释

①翩翩（piān piān）：鸟飞翔的样子。　②戒：停止。孚：实，指循环的事实。

译文

六四　像鸟那样翩翩飞翔，折而向下，是自己的自觉行动，不是由于邻人帮助；不因为有了循环事实就停止循环，而是要循环下去。

《象传》说：翩翩飞翔，不要帮助，这些都与事实不合。“不因为有了循环事实停止循环”，这是内心的愿望。

按：说“不戒以孚”，“中心愿也”，有得于爻辞意义。说“翩翩不富，皆失实也”，与爻辞意义相反。

六五　帝乙归妹以祉[①]，元吉。

《象》曰：以祉元吉，中以行愿也[②]。

注释

①帝乙：殷纣王父亲。归妹：嫁女。帝乙嫁女给周文王见于《诗经·大雅·大明》。以祉：有福。以，有。祉，福。　②中：内心。行：实现。愿：愿望。

译文

六五　殷帝乙把女儿嫁给周文王很有福气，非常吉利。

《象传》说：有福气非常吉利，是实现了内心的愿望。

按：爻辞是用比喻说，本爻以循环折而向下，进入下卦，好像是女郎嫁到夫家，吉利非常，这是对本爻进行循环的肯定。《象传》的“中以行愿”接触到这些内容。

上六　城复于隍[①]，勿用师[②]。自邑告命[③]，贞吝。

《象》曰：“城复于隍”，其命乱也。

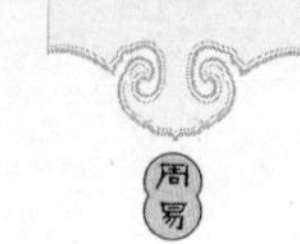

注释

①复：回复。隍：干涸的护城河。先秦筑城用土，原来取土的地方成了干涸的护城河。“城复于隍”是说筑城的土回到原处，比喻本爻循环向下，是回到故处，合于循环的规律。 ②师：众，许多人。 ③邑：都邑。告命：传下命令。

译文

上六　筑城墙的土回到干涸的护城河是回到原处，不必动员许多人去加以改变。如果从都邑传下命令，要改变这种状况，即使正确也不好。

《象传》说：“要把筑城墙的土倾回到干涸的护城河里去”，是命令错乱。

按：《象传》反对“城复于隍”，与爻辞意义相反。

否

☷ 坤下乾上

〔否〕[①]　否之匪人[②]，不利君子贞，大往小来[③]。

注释

①否（pǐ）：否塞，不通泰，不顺利，凡事不如意。卦象是坤下乾上，地在下，天在上，一切顺当合理，应该是泰不是否。其所以是否，是由于上下卦进行循环，上乾折而向下，下坤升而向上，从而变成天在下，地在上，就上下颠倒错乱，否塞不通了。卦名“否”由于卦辞“否之匪人”第一个字是“否”而脱去，今补上。 ②否之匪人：对于不应该否的人都去否。之：于，对于。匪人：非其人，不是应该否的人。 ③大往：上乾折

而向下。小来：下坤升而向上。

译文

对于不应该否的人却让他否，这不利于君子的正道，上乾往下去，下坤向上来。

按：隐约指出了厉王不应该被篡夺，不应该从泰到否。

《彖》曰："否之匪人，不利君子贞，大往小来"，则是天地不交而万物不通也，上下不交而天下无邦也。内阴而外阳，内柔而外刚，内小人而外君子，小人道长，君子道消也。

译文

《彖传》说："对于不应该否的人却让他否，这不利于君子的正道，大的去了，小的来了"，于是就天地不相交，万物不相通，上下不相交，天下没有邦。内卦是阴，外卦是阳，内卦是柔顺，外卦是刚强，内卦是小人，外卦是君子，是小人邪气上升，君子正道消亡。

按：这条《彖传》的基本点是"天地不交"，即上乾的天气上升，下坤的地气下降，以天和地的不相交导致否塞。殊不知"大往小来"是上乾折而向下，下坤升而向上，进行循环，使卦象从天在上地在下的通泰，变成地在上，天在下的否塞，不是"天地不交"的问题。

《象》曰：天地不交，否。君子以俭德辟难[①]，不可荣以禄。

注释

①俭德：节俭的品德。辟难：逃避灾难。辟：同避。

译文

《象传》说：天和地不相交通，成为否塞。君子看到这种卦象就想到要具备节俭的品德去逃避灾难，不接受俸禄的光荣。

按：《象传》也持“天地不交”之说，失误与《彖传》相同。“俭德辟难，不可荣以禄”，更与卦义是讲当前厉王正从泰到否，还将从否到泰，全不相关。

初六　拔茅茹以其汇，贞吉，亨。

《象》曰：拔茅贞吉，志在君也。

译文

初六　拔起茅草连着根，从而拔起了它的同类，这合于正道而吉利，事情将会是顺利的。

《象传》说：拔起茅草合于正道而吉利，是因为志向在于君王。

按：本卦是说周厉王目前虽然是从泰到否，发展下去还将从否到泰，《象传》对于这一点有所见及，因此说“拔茅”是“志在君”。本爻拔茅连茹是从泰向否转化，其所以还“贞吉，亨”，是立足于否还会转化为泰，所以上九说“先否，后喜”。

六二　包承，小人吉，大人否。亨。

《象》曰：“大人否，亨”，不乱群也。

译文

六二　本爻向下包容着承奉于下的初六，向上包容着承奉于上的六三，一起升而向上，进行循环，从天在上、地在下的泰，转化成地在上、天在下的否，于是小人吉利，大人否塞。但由于否还将转化为泰，并凝定而不移（参看本卦九五），因此大人终

将是顺利的。

《象传》说：大人否塞了还会顺利，是不搞乱群体。

按：能见到大人终将顺利，具有卓识。以“不乱群”为大人还会从否到泰的原因，也有道理。

六三　包羞。

《象》曰：包羞，位不当也[①]。

注释

①位不当：指阴爻六居于阳位三。

译文

六三　包含着羞耻。

《象传》说：六三包含着羞耻，是所处的爻位不当。

按：爻位说不能说明问题。六三之所以“包羞”，是因为居于下坤最上，首先进入由泰到否的循环。

九四　有命[①]，无咎，畴离祉[②]。

《象》曰：“有命，无咎”，志行也[③]。

注释

①有命：有天命，指有天命保佑。《周易》作者宇宙观的核心是“孚”，也就是“诚”，但在一定程度上仍然相信天命。除了这里的“有命”以外，还有大有上九的“自天祐之”等。

②畴：畴匹，同类，指九五和上九。离祉：受福，得到好处。

③志行：志向实现。

译文

九四　有天命保佑，没有坏处，同类的人还会得到好处。

《象传》说：“有天命保佑，没有坏处”，是志向实现了。

按：《象传》的“志行”是看到从目前的否即将转化为泰，从而大人意志得行，是正确的。

九五　休否[1]！大人吉。其亡？其亡[2]？系于苞桑[3]。

《象》曰：大人之吉，位正当也[4]。

注释

①休否：美好的否。休，美好。否之所以美好　是否将变成泰，否是泰的先导。　②其亡：难道会失去。其：表示反诘语气的副词，相当于现代汉语的“难道”。亡：失去，指泰失去。③系：拴住。苞桑：一丛桑树。桑树根牢固，一丛桑树根更牢固，极言其拔不动，指否变为泰后就不再转化。　④位正当：本爻是阳爻九居于阳位五。

译文

九五　多么美好的否！由于否将变成泰，所以对于大人是吉利的。在否变为泰以后，难道还会失去？难道还会失去？像拴在一丛桑树根上那样牢固。

《象传》说：大人的吉利，是由于爻位正好恰当。

按：《象传》用爻位说解释本爻，对于本爻说从否变泰以后就不再变，从而凝定于泰而不移的专门为周厉王政治服务的半截子循环论完全没有认识。

上九　倾否[1]，先否，后喜。

《象》曰：否终则倾，何可长也？

注释

①倾否：毁掉否，使它永远不存在，于是周厉王从否变泰以后再也不会否了。

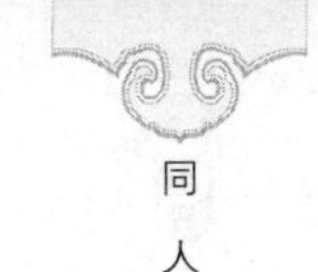

译文

上九　把否给毁掉，从而先是否，随后就是喜了。

《象传》说：否到最后就毁掉了，哪能长久呢？

按：《象传》认为否不能长久，只有泰能长久，有得于爻辞意义。

同人

☰☲ 离下乾上

〔同人〕① 同人于野②，亨，利涉大川，利君子贞。

注释

①同人：集合人。同：齐，集合。本卦是《周易》作者要周厉王动员广大群众，去击灭武人，取得胜利，正是否卦上九所讲的“先否后喜”。卦象是离下乾上，离为火，乾为日，是皎日的光辉照黯淡爝火，厉王的威势压倒了武人，这些都是作者的愿望。上乾象征厉王，下离象征武人，从而卦辞和上乾的三个“同人”都是讲周厉王集合人众，打击武人，下离的两个“同人”则是讲武人动员同党，进行顽抗，应辨别清楚。卦名《同人》由于卦辞前两个字是“同人”而脱去，今补上。　②野：原野，指“同人”的范围广大。

译文

在广大原野上集合人去打击武人，周厉王中兴复国会顺利，还将以战胜困难得到好处，从而有利于他的正当事业。

按：明确交代了本卦主旨。

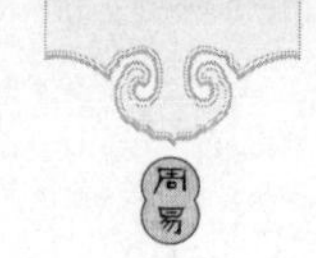

《彖》曰：同人，柔得位得中而应乎乾[①]，曰同人。同人曰："同人于野，亨，利涉大川"，乾行也[②]。文明以健[③]，中正而应[④]，君子正也。唯君子为能通天下之志。

注释

①柔得位得中：下离六二是阴爻六居于二这个阴位，并在下离中间，是柔得位得中。应乎乾：指下离六二与上乾九五相应。②乾行：乾的行为。 ③文明：指下离，离为火，为明。健：指上乾，乾的性质是刚健。 ④中正而应：指下离六二得中得正，上应上乾九五。

译文

《彖传》说：集合人，阴爻六居于下离第二个爻位是得位，在下离中间是得中，这样与上乾九五相呼应，叫做"同人"，"同人"说："在广大原野集合人事业会顺利，还将以战胜困难得到好处。"这是上乾的行为。离的文明加上乾的刚健，六二得正得中加上与九五呼应，都表现了君子的正道。只有君子能够通晓天下人的志愿。

按：以"同人于野，亨，利涉大川"为上乾的行为，即周厉王的行为，这还正确。用爻位说、得中说解释"同人"都不正确，更没有揭示出"同人"的辞义。说"乾行"，是以下乾为主。说"柔得位得中而应乎乾"，又以下离为主，是一个大矛盾。

《象》曰：天与火同人。君子以类族辨物[①]。

注释

①类族：对许多事物进行分类。类：分类。族：许多事物。

译文

《象传》说：上乾的天与下离的火形成同人卦。君子看到这个卦象就去分门别类地把事物的相同或相异辨别清楚。

按：“类族辨物”与本卦卦义无关。

初九　同人于门[①]，无咎。

《象》曰：出门同人，又谁咎也？

注释

①门：大门，大门以内，一家之内。

译文

初九　只在一家之内动员人，成不了大气候，因此没有坏处。

《象传》说：在一家的范围之外去动员人，又能把坏处归于谁呢？

按：爻辞是“同人于门”，《象传》讲成“出门同人”，大失原意。“同人于门”，还无咎。“出门同人”，会有咎。本爻属于下离，“同人”指武人集合人，要进犯周厉王。

六二　同人于宗[①]，吝。

《象》曰：“同人于宗”，吝道也。

注释

①宗：宗族，范围比一家大得多。

译文

六二　在一个宗族之内集合人，加强了犯上作乱力量，这不好。

《象传》说：“在一个宗族之内集合人”，是不好的。

按：《象传》只重复爻辞，爻辞有得于卦义。

九三　伏戎于莽[1]，升其高陵[2]，三岁不兴[3]。

《象》曰："伏戎于莽"，敌刚也[4]。"三岁不兴，"安行也[5]？

注释

①戎：部队。莽：草莽，深草丛中。　②升：登。高陵：高山。　③三岁：多年。兴，起事，指干起反对厉王的事。　④敌刚：与刚为敌，指与上乾为敌。　⑤安行：如何能行，指进犯厉王的事不可行。安：何，表疑问的代词。

译文

九三　武人把部队埋伏在深草丛中，还登上高山了望，却好多年不敢起来反对厉王。

《象传》说："把部队埋伏在深草丛中"，是要与刚健的上乾为敌。"多年不敢起来反对厉王"，是因为这样的事不能行。

按：《象传》有得于爻辞意义。

九四　乘其墉[1]，弗克攻[2]，吉。

《象》曰："乘其墉"，义弗克也。其吉，则困而反则也[3]。

注释

①乘：登上。墉：城墙。　②弗克攻：不能攻下。弗，不。克：能。　③反则：回过头来研究事物的规律。则：法则，规律。

译文

九四　厉王大军登上武人城墙，暂时没能攻下，但终将吉利。

《象传》说：只说“登上城墙”，是从道理上讲还不能攻下。其所以吉利，是碰上困难以后却去研究事物的规律。

按：认为“乘其墉”是“义弗克”，理由没讲清楚。“困而反则”，却有道理。

九五　同人，先号咷而后笑[①]，大师克相遇[②]。

《象》曰：同人之先，以中直也[③]。大师相遇，言相克也[④]。

注释

①号咷：放声大哭。　②大师：广大群众。　③中直：内心正直。　④相克：战胜武人。相：偏指，代替武人。克：战胜，与上面两个“克”讲成“能”不同。

译文

九五　集合人，先放声大哭，后来才笑，因为开始虽然不理想，后来还能与广大群众结合。

《象传》说：集合人的开始，凭着内心的正直。与广大群众结合，是说将要战胜武人。

按：《象传》能阐明爻辞意义。

上九　同人于郊[①]，无悔。

《象》曰：“同人于郊”，志未得也[②]。

注释

①郊：郊外，即原野，与卦辞的“野”相呼应。②得：能。

译文

上九　在郊外广大原野集合人，没有悔恨。

《象传》说："在郊外广大原野集合人"，是志趣没能实现。

按："同人于野"，"同人于郊"都是厉王能在广大范围内动员人民，因而将能夺取胜利，没有悔恨。《象传》说志趣没能实现，适得其反。

大 有

☲☰　乾下离上

大有[①]　元亨。

注释

①大有：一切都有。指周厉王荡平武人，重新登上王位，一切都在控制之下，是"同人，先号咷而后笑，大师克相遇"的结果。卦象是乾下离上，乾为天，离为日，是日在天上，无所不照，以象征厉王复位，无所不有。同人卦离在乾下，成为光天化日之下的爝火，本卦离在乾上，成为照耀长空的皎日。《周易》八个经卦所象征的事物基本上有一定，但随着环境不同，也可以不同，不过不能远离基本卦象，例如离为火，引申为日，也与火有关。

译文

由于打垮了武人，厉王一切都将大为顺利。

按：指出了"大有"的内涵。

《彖》曰：大有，柔得尊位大中而上下应之[①]，曰大有。

其德刚健而文明[2]，应乎天而时行[3]，是以元亨。

注释

①柔：指本卦唯一的一个阴爻六五。尊位：指第五个爻位。大中，伟大的中间。上下应之：指上离两个阳爻和下乾三个阳爻都与六五相应。 ②刚健：指上乾。文明：指上离。 ③应乎天：指上离与下乾相应。时行：按时运行。

译文

《彖传》说：无所不有，是柔顺的阴爻“六”得到了爻位“五”这个尊贵的位置，并在伟大的中间，上下卦五个阳爻都与它相应，这就叫无所不有。下乾的品德刚健，上离的品德文明，上离顺应着下乾而按时运行，所以一切都很顺利。

按：用爻位说，得中说和相应说解释“大有”，与“大有”的本义无关。

《象》曰：火在天上大有。君子以遏恶扬善[1]，顺天休命[2]。

注释

①遏恶：制止罪恶的事情。扬善：发扬善良的行为。 ②顺天：顺着天意。休命：求得命运美好。休，美好。命，命运。

译文

《象传》说：上离的火在下乾的天之上形成大有卦。君子看到这个卦象就去制止罪恶的事情，发扬善良的行为，顺着天意，求得命运美好。

按：《象传》所说与卦义无关。

初九　无交害[1]，匪咎[2]，艰则无咎。

《象》曰：大有初九，无交害也。

注释

①无：同勿，不要。交害：相害。相用为偏指，指上离，上离象征厉王。 ②匪咎：不是过错。匪，不是。咎，过错。

译文

初九　不要去损害上离厉王，才不是过错，要艰苦保持做臣下的正道，才没有过错。

《象传》说：大有卦的初九一爻，讲的是不要去损害别人。

按：《象传》能作出抽象解释。

九二　大车以载，有攸往，无咎。

《象》曰：大车以载，积中不败也[①]。

注释

①败：败坏，损失。

译文

九二　用大车子装着东西，这样去，没有坏处。

《象传》说：用大车子装着东西，东西堆积在车子里不会损失。

按：本爻是《周易》作者用比喻要武人把一切献给厉王，《象传》只说到比喻本身，对爻辞原意不理解。

九三　公用亨于天子[①]，小人弗克[②]。

《象》曰："公用亨于天子，"小人害也[③]。

注释

①公：武人中诚心归降的大头目。亨：同享，宴享。天子：周厉王。 ②小人：武人中顽抗到底的人。弗克：不能。指小人

不能受到天子宴享。 ③害：没有好结果。

译文

九三 武人中诚心归降的大头目以投降受到周厉王宴享，那些顽抗到底的小人不能有这种待遇。

《象传》说："武人中诚心归降的大头目以投降受到周厉王宴享，"那些顽抗到底的小人不会有好结果。

按：《象传》能说明爻辞。

九四 匪其彭[①]，无咎。

《象》曰："匪其彭，无咎"，明辨晢也[②]。

注释

①彭：盛气凌人的样子。晢（zhé）：明智。

译文

九四 不是那么盛气凌人，没有坏处。

《象传》说："不是那么盛气凌人，没有坏处"，是明白地辨析问题达到了明智的程度。

按：本爻属于上离，是就厉王说。是《周易》作者要厉王在接受武人投降后不流于骄傲，《象传》对这一点没有认识。

六五 厥孚交如威如[①]，吉。

《象》曰："厥孚交如"，信以发志也。威如之吉，易而无备也。

注释

①厥：他的。孚：诚，《中庸》"惟天下至诚为能化"的诚。交如：充分。交：交织，充分。如：语末助词。威如：威严。

译文

六五　他内心的诚充分，而且威严，这是吉利的。

《象传》说："他内心的诚充分"，是有信在激发志气。威严吉利，是轻易而没有准备。

按：《象传》把"厥孚交如威如，吉"拆开讲，已很不恰当，以"信"训"诚"，更无其旨。而"信以发志"，尤其是"易而无备"，都讲得诘曲难通。

上九　自天祐之，吉无不利。

《象》曰：大有上吉，自天祐也。

译文

上九　由于天来保佑他，就吉利而没有不吉利的。

《象传》说：大有卦上爻吉利，是由于有天来保佑。

按：本爻是说周厉王之所以能降服武人，是由于有天的保佑，表现了《周易》作者头脑中还有天命论。《象传》对爻辞有所说明。

谦

䷎　艮下坤上

谦[1]　亨，君子有终[2]。

注释

①谦：一般指谦让谦退或谦虚，本卦的谦也有这些内容，但必须指出的是带上了浓厚的权术色彩，例如六五"利用侵伐，无不利"，上六"利用行师，征邑国"，都很明显地是要用谦做幌子

去侵伐和征邑国的。从《周易》整个思想体系看，这些军事行动是针对着武人的，因此，在本卦“谦”更多地是具有以退为进和以后取先的性质，是《周易》作者赋矛厉王常用策略的体现。卦象是艮下坤上，艮为山，坤为地，山本来在地之上，现在却处在地之下，是谦的象征。 ②终：指好的结果。

译文

由于精心地运用了以退为进和以后取先的策略，厉王中兴事业将非常顺利，“君子”是会有好结果的。

按：通过谦，君子可以亨通而有好结果，暗示着谦具有以退为进和以后取先的性质，有得于卦义。

《彖》曰：谦，亨。天道下济而光明[①]，地道卑而上行[②]。天道亏盈而益谦，地道变盈而流谦[③]，鬼神害盈而福谦，人道恶盈而好谦。谦尊而光，卑而不可逾，君子之终也。

注释

①下济：向下帮助万物成长。济：帮助。 ②上行：向上发展，去补天道之不足。 ③流谦：使谦退流传。

译文

《彖传》说：谦退能使事业顺利。属于天的规律是向下使万物成长，大地一片光明，属于地的规律是虽然卑下却向上发展，去补天的规律的不足。天的规律是使满盈受到亏损，使谦退得到好处，地的规律是改变满盈现状，使谦退流传，鬼神是损害满盈而降福谦退的，人们是厌恶满盈而爱好谦退的。谦退是尊显光荣的，要说卑下却是不可逾越的，是君子的归宿。

按：只尽情歌颂谦，而无见于谦在本卦的以退为进和以后取先的权术性质，是对本卦并不理解。

《象》曰：地中有山，谦。君子以裒多益寡[1]，称物平施[2]。

注释

①裒（pōu）多：取多，取有余。益寡：添少，补不足。②称（chèng）物：权衡事物。称：权衡。平施：公平施与。

译文

《象传》说：地里面有山，是谦退的象征。君子见到这个卦象就去取有余，补不足，权衡事物，公平施与。

按：也是就谦退发挥，没有认识到谦在本卦主要是一种权术。

初六　谦谦君子，用涉大川[1]，吉。

《象》曰："谦谦君子"，卑以自牧也[2]。

注释

①用：以，凭着，凭着谦退。涉大川：战胜巨大困难。②自牧：控制自己。牧：守，控制。

译文

初六，谦退又谦退的君子，凭着谦退战胜困难，是吉利的。

《象传》说："谦退又谦退的君子"，用卑下来控制自己。

按：也只用谦的一般含义解释，没接触其权术性质。

六二　鸣谦[1]，贞吉。

《象》曰："鸣谦，贞吉"，中心得也[2]。

注释

①鸣谦：鸣以谦，以谦而鸣，用谦退来宣扬自己，以掩盖其为权术。　②中心：内心。得：自得，高兴。

译文

六二　用谦退宣扬自己，合于正道而吉利。

《象传》说："用谦退宣扬自己，合于正道而吉利"，内心是高兴的。

按：爻辞说"贞吉"，是鼓吹以退为进和以后取先的策略。《象传》看不到这一点，认为是说用谦虚宣扬自己内心会高兴。

九三　劳谦[①]，君子有终，吉。

《象》曰："劳谦君子"，万民服也。

注释

①劳谦：劳以谦，因谦退为劳累，是坚持以退为进和以后取先的极度表现。

译文

九三　因谦退而劳累，君子会有好结果，是吉利的。

《象传》说：因谦退而劳累的君子，所有的人都会服从他。

按：也是就谦退说，无见于其为以退为进和以后取先的实质。

六四　无不利，㧑谦[①]。

《象》曰："无不利，㧑谦"，不违则也[②]。

注释

①㧑（huī）谦：指挥大家一起装作谦退的样子。㧑：同挥，指挥。　②则：原则，规律。

译文

六四　没有不吉利，叫大家都装作谦退的样子。

《象传》说："没有不吉利，叫大家都装作谦退的样子"，这

不违背原则。

按："扮谦"之所以"无不利"，是麻痹武人，以便于"侵伐"和"征邑国"。《象传》对"扮谦"作了高度评价，是正确的。

六五　不富以其邻[1]，利用侵伐，无不利。

《象》曰："利用侵伐"，征不服也。

注释

①不富以其邻：不以其邻富，不凭着相邻的六四和上六的帮助有力量，即不借助别人，厉王凭自己运用以退为进和以后取先策略就能击败武人。

译文

六五　不依靠别人帮助就有力量，厉王凭着以退为进和以后取先策略就能击败武人，得到好处，没有任何不好。

《象传》说："凭着侵伐得到好处"，是征讨不服从的国家。

按：《象传》的"征不服"，接触到讨伐武人。

上六　鸣谦，利用行师征邑国。

《象》曰："鸣谦"，志未得也。可用行师，征邑国也。

译文

上六　用谦退宣扬自己，凭着这样就可以出兵讨伐武人的都邑和国家，得到好处。

《象传》说："用谦退宣扬自己"，是志向没有能够实现。可以用兵，去征讨都邑和国家。

按："鸣谦"为什么"是志未得"，使人费解，而"可用行师征邑国"，则又只是重复爻辞。

豫

☷☳ 坤下震上

豫① 利建侯行师②。

注释

①豫：快乐。卦象是坤下震上，坤为地，震为雷，是雷已经突破地面，在空中自在飞腾，象征厉王摆脱武人囚禁，重新得到自由，恢复王位，君临天下。本卦上接谦卦，谦卦上六“利用行师征邑国”，是要周厉王消灭武人，本卦雷破地而出，是打击武人得手，两个卦的联系是紧凑的。 ②利建侯：与屯卦“利建虞”相同，都是先建立一个诸侯国作为恢复王朝的根据地。行师：派兵出征。

译文

利于先建立一个诸侯国作为恢复王朝的根据地，然后派兵去消灭武人。

按：“行师”是厉王当务之急，本卦又着重提出。

《彖》曰：豫刚应而志行①，顺以动②，豫。豫顺以动，故天地如之③，而况建侯行师乎？天地以顺动，故日月不过而四时不忒④，圣人以顺动，则刑罚清而民服⑤，豫之时义大矣哉⑥！

注释

①刚应：指九四与初六相应，是阳刚之爻与阴柔之爻相应。

志行：志趣能够实现。 ②顺以动：下坤是顺，上震是动，是以内外卦的性质解释卦义。 ③天地如之：天地像豫卦的“顺以动”一样，是对“顺以动”极度赞扬。如：像。 ④忒：差错。⑤刑罚清：刑罚清明。 ⑥豫之时：在豫卦的时候，即在研究豫卦的时候。

译文

《彖传》说：快乐是由于九四这个阳爻与初六这个阴爻相应，因而志趣能够实现。顺着情理去动，于是就快乐了。快乐是顺着情理动，因此天地也像这样，何况是建立侯国派兵出征呢？天地由于顺着情理动，所以日月没有过失，四时不会发生差错，圣人由于顺着情理动，因而刑罚清明，人民服从。在研究豫卦的时候意义可重大啊！

按：先用相应说，然后就着“顺以动”发挥，与本卦是讲周厉王以突破武人禁锢得到自由从而豫乐的卦义都不相关。

《象》曰：雷出地奋[①]，豫。先王以作乐崇德[②]，殷荐之上帝[③]，以配祖考[④]。

注释

①奋：很有力量。 ②作乐：制作乐曲。崇德：尊崇道德。③殷：隆重。荐：献。 ④配祖考：以祖考相配。指以祖考配享上帝。

译文

雷从地底下冲出去很有力量，这构成了豫卦。先王看见这个卦就去制作乐曲，尊崇道德，隆重地献于上帝，还请祖考来配合上帝一起享受。

按：与本卦是说厉王将战胜武人，因而豫乐的意义也不

相关。

初六　鸣豫[1]，凶。

《象》曰：初六鸣豫，志穷凶也[2]。

注释

①鸣豫：以快乐自鸣得意。　②志穷凶：志意穷极，必有凶险。

译文

初六　以快乐自鸣得意，必有凶险。

《象传》说：初六讲以快乐自鸣得意，是志意穷极，必有凶险。

按：本爻属于下坤，是就武人而说。《象传》认为武人在遭受厉王“侵伐”和“征邑国”后应该有所收敛，但反而以快乐自鸣得意，是志意穷极，必有凶险，这些都很有得于卦义。

六二　介于石[1]，不终日，贞吉。

《象》曰：“不终日，贞吉”，以中正也[2]。

注释

①介于石：被石块夹住。介：夹住。　②中正：阴爻六居于下坤中间，是得中，在偶次二，是得正，“中正”是爻位说。

译文

六二　武人要像被石块夹住那样老老实实，不乱说乱动，在不太长的时间内，就会以合于正道而吉利，是因为既得中，又得正。

按：爻位说不能说明问题。

六三　盱豫[1]，悔；迟，有悔。

《象》曰：盱豫，有悔，位不当也[2]。

注释

①盱豫：以豫乐而张大眼睛，傲慢自得。盱：张大眼睛。②位不当：指以阴爻六居于阳位三。

译文

六三　武人如果不老老实实，还傲慢放肆，就会有悔恨；如果再迟迟不改正，更会有悔恨。

《象传》说：以豫乐而张大眼睛，傲慢自得，以致有悔恨，是本爻所处的地位不恰当。

按：又用了爻位说。

九四　由豫大有得，勿疑朋盍簪[1]。

《象》曰："由豫大有得"，志大行也。

注释

①朋：朋友。盍：同合，聚集。簪：急速。

译文

九四：从快乐中大有收获，不要怀疑朋友会聚集拢来很快地帮助你。

《象传》说："从快乐中大有收获"，是志趣在很大程度上实现了。

按：本爻属于上震，是讲周厉王能使武人听命，并欢迎他们来归。《象传》"志大行"得其仿佛。

六五　贞疾[1]，恒不死。

《象》曰：六五贞疾，乘刚也[2]。"恒不死"，中未亡也[3]。

注释

①贞疾：以正致疾，指周厉王为维护王权，暂时受到挫折。②乘刚：居于阳爻上面，指本爻六五在九四之上，是关系说。③中未亡：本爻在上震中间，不会死亡，是用爻位说解释“恒不死”。

译文

六五　周厉王即使为了维护王权受挫折，永远不会死去。

《象传》说：“六五以正致疾，是以阴爻居于阳爻上面。”其所以经常不会死，是由于得中才没有死亡。

按：《象传》分别用了关系说和得中说。

上六　冥豫[1]，成有渝[2]，无咎。

《象》曰：冥豫在上，何可长也？

注释

①冥豫：使豫冥，快乐让别人看不出来，是善于自我控制。冥，昏暗，看不清楚。　②成：成就。有渝：有变化。

译文

上六　快乐不让别人看出来，即使成就有变化，也没有坏处。

《象传》说：尽管快乐不让人看出来，但居于上位，又如何能长久呢？

按：爻辞说善于自我控制，没有坏处，《象传》说这样不能长久，完全相反。

随

䷐ 震下兑上

随① 元亨，利贞②，无咎。

注释

①随：追求。指周厉王要冲破困难，获得自由。卦象是震下兑上，震为雷，兑为泽，是雷被压抑在泽下，与屯卦雷被压抑在水下相同，两个卦可以合起来看。屯卦下震比喻周厉王，本卦下震也比喻周厉王。屯卦上坎比喻武人，本卦上兑也比喻武人。周厉王力量弱小，武人力量强大，周厉王要摆脱压抑，必须以退为进，以后取先，因此屯卦初九强调“盘桓”，本卦初九要求“官有渝”，这样才可以取得胜利。 ②元亨，利贞：本卦《象传》用“大亨贞”解释，可见乾卦《文言》的四德说难以成立。

译文

要中兴事业大为亨通，只有运用正确策略才能得到好处，没有坏处。

按：正确策略指以退为进和以后取先，也就是初九的“官有渝”。

《彖》曰：随，刚来而下柔，动而说①，随。大亨贞无咎而天下随时，随时之义大矣哉！

注释

①说：同悦。

译文

《彖传》说：随卦是震卦的阳刚来居于阴柔的兑卦下面，震卦运动，兑卦以和悦随从，这就是随卦。随卦凭着正确大为亨通，没有过失，天下人都顺着这种时机，顺着这种时机的意义很重大啊。

按：从爻辞“随有求，得”和“随有获，贞凶”看，本卦的“随”都是追求，《彖传》讲成随从或随顺，不正确，因而无得于卦义。再则“刚来而下柔”，是下震服从上兑，“动而说”，是下震支配上兑，这里也存在着矛盾。

《象》曰：泽中有雷，随。君子以向晦入宴息[①]。

注释

①向晦：到了傍晚时候。入宴息：回家休息。

译文

《象传》说：湖泊中有雷潜伏着，这构成了随卦。君子看到这个卦象，到傍晚时候就回到家里休息。

按：“泽中有雷”为什么是“随”，没有说明。“君子以向晦入宴息”也许是从雷伏处泽中所得到的启发，但与周厉王要追求自由的卦义全不相干。

初九　官有渝[①]，贞吉，出门交有功[②]。

《象》曰：“官有渝”，从正吉也。“出门交有功”，不失也。

注释

①官：功能、性质。本爻是阳爻，性质是阳刚。有渝，有变化，指从阳刚变为阴柔，从取先变为取后。　②交：都。

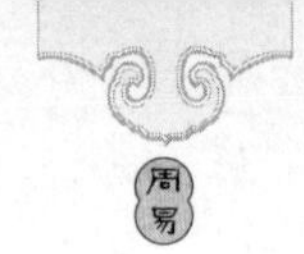

译文

初九　功能要有变化，才合于正道而吉利，出去以后一切都会有成就。

《象传》说："功能要有变化"，才合于正道而吉利。"出去以后一切都会有成就"，是没有过失。

按：本爻指出下震周厉王要从阳刚变为阴柔，从取先变为取后，才会一切顺利。《象传》基本正确。

六二　系小子[①]，失丈夫[②]？

《象》曰："系小子"，弗兼与也[③]。

注释

①系小子：拴住小孩。指所得者小。　②失丈夫：失去大人。指所失者大。　③弗兼与：不能兼有，即只能得到一个。

译文

六二　是拴住小孩，失去大人吗？

《象传》说："拴住小孩"，是不能大人和小孩同时得到，所得到的只能是小孩。

按：爻辞用了反诘句，似乎内容不能肯定，但从六三"系丈夫，失小子"看，应该是指拴住大人，失去小孩，《象传》与爻辞意义相反。

六三　系丈夫，失小子。随有求得[①]，利居贞。

《象》曰："系丈夫"，志舍下也[②]。

注释

①随有求得：追逐着去求就会得到。　②下：指小子。

译文

六三　是拴住大人，失去小孩。只要追逐着去求就会得到，凭着合于以退为进和以后取先的正确策略得到好处。

《象传》说："拴住大人"目的是要丢掉小孩。

按：有得于爻辞得大失小之义。

九四　随有获，贞凶。有孚在，道以明，何咎[①]？

《象》曰："随有获"，其义凶也。"有孚在道"，明功也。

注释

①有孚在，道以明，何咎：从《象传》以下，历来读成"有孚在道，以明何咎"，由于断句错误，使句子不通顺。正确读法应该是："有孚在，道以明，何咎"，意思是有了孚的存在，道就因之彰明，这还有什么坏处。是说作为主观唯心主义本体的孚，可以产生精致客观唯心主义本体的道。要从孚生道，才能化除"随有获"的"贞凶"。

译文

九四　追逐着有了收获，即使正确也凶险。要有孚存在于内心，大道才会彰明，这还有什么坏处？

《象传》说："追逐而有收获"，从道理看是凶险的。"有孚存在于道路上"，会使成功显得明确。

按：《象传》用"贞凶"断定"随有获"，是正确的，因为"随有获"的是武人，本爻属于上兑，是就着武人说。至于"有孚在道，以明何咎"，则断句错误，理解别扭，译文不能从。

九五　孚于嘉[①]，吉。

《象》曰："孚于嘉，吉"，位正中也[②]。

注释

①于嘉：被嘉许，被表扬。于：表被动的助词。 ②位正中：九五以阳爻居阳位，是得正，在上兑中间，是得中。这些都是爻位说。

译文

九五　武人有归顺诚心的，被厉王表扬，这就吉利。

《象传》说：“有诚心被表扬，就吉利”，是本爻既得正，又得中。

按：爻位说模糊了本爻内容。

上六　拘系之[①]，乃从维之[②]，王用亨于西山[③]。

《象》曰：“拘系之”，上穷也。

注释

①拘系之：抓住捆起来。主语是厉王，“之”指代武人。②乃从维之：又随着捆了几转。维：与系同，都是捆。 ③王：周厉王。亨：同享，祭享。西山：岐山，以在镐京西边，又叫西山。

译文

上六　周厉王把武人首领抓住捆起来，又随着捆了几转，于是大功告成，到岐山去祭祀神灵。

《象传》说：“抓住捆起来”，是处于上位而穷困。

按：《象传》认为本爻以处于上位而穷困，也是爻位说。

蛊

䷑　巽下艮上

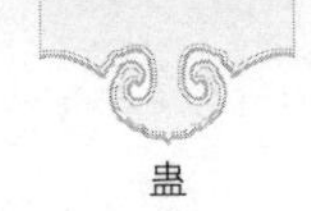

蛊[①] 元亨，利涉大川，先甲三日，后甲三日[②]。

注释

①蛊（gǔ）：错误。卦象是巽下艮上，巽为风，艮为山。是风朝着山上吹，吹掉一些枯枝败叶，使山保持完美；用来比喻刚直不阿的大臣帮助厉王改正错误，使之盛德常新。随卦写了周厉王控制武人，要保泰持盈。必须不犯错误，于是本卦就接着提出来了。 ②先甲三日，后甲三日：指“七日来复”的自然规律。“先甲三日”是辛，“后甲三日”是丁，再加上甲，一共七天。从辛到丁，“终则有始”，不断循环，盛了会衰，衰了会盛，于是周厉王的复国就很自然，何况否卦还指出，周厉王将凝定于盛而不衰呢？

译文

厉王中兴复国事业会大为顺利，凭着战胜困难得到好处，这符合“七日来复”的自然规律。

按：再一次把循环论用于厉王复国。

《彖》曰：蛊，刚上而柔下[①]，巽而止[②]，蛊。蛊元亨而天下治也。“利涉大川”，往有事也。“先甲三日，后甲三日”，终则有始，天行也[③]。

注释

①刚上：本卦上卦是艮，艮是阳刚的卦。柔下：本卦下卦是巽，巽是阴柔的卦。 ②巽：柔顺。止：艮为山，以巍然不动，意味着“止”。 ③天行：自然规律。

译文

《彖传》说：蛊卦，是阳刚的艮卦在上面，阴柔的巽卦在下面，柔顺而静止，就是蛊卦。蛊卦是能使事业大为顺利而天下得

到治理的。“凭着战胜困难得到好处”，是向前会有收获。“先甲三日，后甲三日”，是结束了又开始，这是自然规律。

按：用卦德说明卦的构成，没有涉及卦义。说循环是自然规律，隐约指出周厉王复周将会成功。

《象》曰：山下有风，蛊。君子以振民育德[1]。

注释

①振民：教育人民。育德：培养德行。

译文

《象传》说：艮山下面有风吹来，形成蛊卦。君子看到这个卦象就去教育人民，培养他们德行。

按：认为本卦的“蛊”针对人民，是弄错了方向。

初六　干父之蛊[1]，有子，考无咎[2]。厉，终吉。

《象》曰：“干父之蛊”，意承考也。

注释

①干：干掉的干，除去的意思。　②考：父亲。

译文

初六　去掉父亲的错误，有好儿子，父亲没有坏处。即使暂时有危险，也终归吉利。

《象传》说：“去掉父亲的错误”，意思是要继承父亲的事业。

按：本爻用比喻说明刚直不阿的大臣力图去掉厉王的错误。《象传》“意承考”只就比喻本身说。

九二　干母之蛊，不可贞。

《象》曰：“干母之蛊”，得中道也[1]。

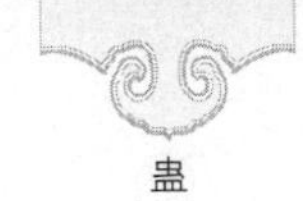

注释

①中道：指本爻在下巽中间。是得中说。

译文

九二　去掉母亲的错误，不可以算是正确。

《象传》说："去掉母亲的错误"，是合于"中道"的。

按：爻辞说去掉母亲的错误不可以算是正确，《象传》说去掉母亲的错误合于"中道"，恰好相反，而且用了得中说。

九三　干父之蛊，小有悔，无大咎。

《象》曰："干父之蛊"，终无咎也。

译文

九三　去掉父亲的错误，会小有悔恨，但没有大坏处。

《象传》说："去掉父亲的错误"，终归没有坏处。

按：爻辞说"无大咎"，《象传》说"终无咎"，是大同小异。

六四　裕父之蛊[1]，往见吝[2]。

《象》曰："裕父之蛊"，往未得也。

注释

①裕：富裕，丰富，发展。　②见吝：遭受不幸。见，遭受。吝，不幸。

译文

六四　父亲发展了自己的错误，往后会遭到不幸。

《象传》说："发展了父亲的错误"，往后不会得到什么。

按：本爻属于上艮，是就父说，是就厉王说，从而"裕父之蛊"就是父自裕其蛊。《象传》与爻辞意义不合。

六五　干父之蛊，用誉[①]。

《象》曰：干父用誉，承以德也。

注释

①用誉：以干父之蛊受到称誉。用：以。

译文

六五　父亲把自己错误去掉了，会以此受到称誉。

《象传》说，去掉父亲错误而得到称誉，是用良好品德继承父亲。

按：本爻“干父之蛊”句式与“裕父之蛊相同”，是父亲自己去掉错误，不是儿子去掉父亲错误。《象传》“干父用誉，承以德也”，认为是儿子去掉父亲错误，不正确。

上九　不事王侯[①]，高尚其事。

《象》曰：“不事王侯”，志可则也[②]。

注释

①不事王侯：不去从事王侯的工作。　②则：法则。

译文

上九　不去从事王侯的工作，还认为这种事是高尚的。

《象传》说：“不去从事王侯的工作”，是志趣可以作为法则。

按：爻辞批评“不事王侯”，《象传》肯定“不事王侯”，《象传》与爻辞完全相反。后人几乎都把本爻看成是赞扬隐者。其实本卦讲“干蛊”，何至于去赞扬隐者？《周易》作者是把“不事王侯”看成一种“蛊”，希望厉王复位以后一定要把王侯分内之事做好，不能再不过问国家大事。

临

☷☱ 兑下坤上

临[①] 元亨，利贞。至于八月有凶[②]。

注释

①临：治理，指君王治理人民。卦象是兑下坤上，兑为泽，坤为地，是一大片土地面临着一个湖泊，以高临下，比喻君王对人民的治理。下兑是说人民如何对待君王治理，上坤是说君王如何治理人民。上坤象征周厉王，下兑指广大人民。蛊卦讲贤臣能去掉厉王错误，本卦讲厉王能治理人民，联系是紧密的。 ②至于八月有凶：是用比喻说明不能对人民施行暴政。周历八月是夏历六月，正是骄阳似火的时候，用来比喻残暴政治是恰当的。《周易》作者是反对暴政，主张德治的。

译文

中兴事业将大为顺利，凭着德治的正确得到好处。如果像夏日炎炎似火烧那样施行暴政就会有凶险。

按：本卦强调对人民应该进行德治，是对厉王搞得人民道路以目的强烈反对。

《彖》曰：临，刚浸而长[①]，说而顺[②]，刚中而应[③]，大亨以正，天之道也。"至于八月有凶"，消不久也。

注释

①刚浸而长：指下兑初九和九二两个阳爻在逐步向上长。爻

能长，在《周易》从未见过，是《象传》的杜撰。 ②说而顺：下兑为悦，上坤为顺，指用和悦顺理的态度治理人民。说同“悦”。 ③刚中而应：指九二以阳爻居中，与六五相应，是相应说。

译文

《彖传》说：临卦，是下兑的两个阳爻在逐步向上长，态度和悦而合理，九二这个阳爻居于下兑中间与上坤六五这个阴爻呼应，凭着正确治理使事业大为亨通，是自然规律。“到了八月有凶”，是暴政的消亡不会长久。

按：“刚浸而长”和“刚中而应”都不可信，反对暴政可取。

《象》曰：泽上有地，临。君子以教思无穷[①]，容保民无疆[②]。

注释

①教思无穷：对人民进行教育的思想是永恒的。 ②容保民无疆：对人民加以包容和保护也是永恒的。

译文

《象传》说：湖泊上有一片广大土地，构成临卦。君子看到这个卦象就想到对人民进行教育的思想是永恒的，对人民加以包容和保护也是永恒的。

按：《象传》强调德治，能阐明卦义。

初九　咸临[①]，贞吉。

《象》曰：“咸临，贞吉”，志行正也[②]。

注释

①咸临：广大人民感觉到厉王在治理他们，是对厉王产生了好感。咸：同感。 ②志行正：思想和行为都正确。

译文

初九　广大人民感觉到厉王在治理他们，这合于正道而吉利。

《象传》说："感觉到厉王在治理，合于正道而吉利"，说明人民的思想和行为都正确。

按：能发挥爻辞意义。

九二　咸临，吉，无不利。

《象》曰："咸临，吉，无不利"，未顺命也。

译文

九二　人民感觉到厉王在治理他们，这就吉利，没有不吉利的。

《象传》说："人民感觉到厉王在治理他们，这就吉利，没有不吉利的"，是说不顺从上面的命令。

按：人民欢迎厉王治理，《象传》却说是不顺从上面命令，恰好相反。

六三　甘临①，无攸利。既忧之，无咎。

《象》曰："甘临"，位不当也②。"既忧之"，咎不长也。

注释

①甘临：以临为甘，即只说厉王的治理好。 ②位不当：指六三是阴爻在阳位。

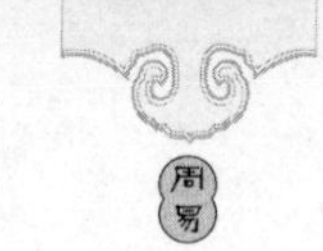

译文

六三　只一味赞美厉王的治理好，这没有好处。到了已经替厉王的治理担忧，才没有坏处。

《象传》说："只一味赞美治理好"，是六这个阴爻居于三这个阳位而位置不当。"已经替治理担忧"，就坏不到那里去。

按：爻位说不能信从。"咎不长"不等于"无咎"。

六四　至临，无咎。

《象》曰："至临，无咎"，位当也[①]。

注释

①位当：指阴爻六居于阴位四。

译文

六四　周厉王亲自到朝堂上去受理政事，没有坏处。

《象传》说："亲自到朝堂上去受理政事，没有坏处"。是六这个阴爻居于阴位四，位置恰当。

按：爻位说不能说明问题。从本爻到上六，都是对周厉王临民的歌颂，但《象传》并不理解。

六五　知临[①]，大君之宜，吉。

《象》曰："大君之宜"，行中之谓也[②]。

注释

①知临：运用智慧去治理人民。知：同智。　②行中：走在中间，指阴爻六居于上坤中间，是得中说。

译文

六五　运用智慧去治理人民，是天子应该做的，这样就吉利。

《象传》说："天子应该做的事"，是指阴爻居于上坤中间。

按：得中说不能说《易》。

上六　敦临[①]，吉，无咎。

《象》曰：敦临之吉，志在内也[②]。

注释

①敦临：忠厚老实地治理人民，即对人民进行德治。　②志在内：指与下兑的初九和九二相应，也是一种相应说。

译文

上六　对人民进行德治，就吉利，没有坏处。

《象传》说：德治的吉利，是本爻在思想上注意着内卦下兑的两个阳爻初九和九。

按：变态的相应说也不能说《易》。

观

䷓　坤上巽上

观[①]　盥而不荐[②]，有孚颙若[③]。

注释

①观：观察。卦象是坤下巽上，坤为地，巽为风，是有一阵风正在对着地面上吹，以扬去其尘埃，使之归于干净。如同臣对进谏，以除去其惑乱，使之达到清明，以便更深刻地观察天下国家大事，并免"童观"和"窥观"。蛊卦是刚直不阿大臣犯颜直谏，使厉王不犯错误，卦内容与之相近。　②盥（guàn）：在宗庙助祭先洗干净手。荐：奉上祭神的食品。　③孚：诚心。颙

(yóng)：严肃认真。若：语末助词。

译文

在宗庙帮助祭祀先洗干净手，可奉上祭神食品不奉上，表现为很有诚心和严肃认真的样子。

按：这条卦辞是用比喻说明，大臣帮助周厉王观察问题是慎之又慎，严肃认真。

《象》曰：大观在上，顺而巽[①]，中正以观天下[②]。观，“盥而不荐，有孚颙若”，下观而化也[③]。观天之神道而四时不忒[④]，圣人以神道设教而天下服矣。

注释

①顺而巽：下坤是顺，上巽也是顺，是顺而又顺。 ②中正：指六二以阴爻居于二这个阴位，并在下坤中间，是得正得中，五以阳爻居于五这个阳位，并在上巽中间，也是得正得中。这些是爻位说和得中说。 ③下观而化：下面的人看到这条卦辞会受到深刻教育。 ④忒（tè）：差错。

译文

《象传》说：伟大的观卦在上面，它的性质是顺而又顺，六二和九五都以居中得正观察天下。观卦卦辞“盥而不荐，有孚颙若”，是说下面的人看到这条卦辞会受到深刻教育。看到天的神秘规律从而春、夏、秋、冬四时的次序不会发生差错，圣人用神秘规律建立教化，天下人都服从。

按：既用爻位说和得中说，又把用来比喻大臣帮助厉王必须严肃认真观察问题的卦辞看成是下面的人会受到深刻教育，更不知如何扯到“神道设教”，这条《象传》无一可取。

《象》曰：风行地上，观。先王以省方，观民，设教[①]。

注释

①省方：巡视各国。方：邦，国。观民：了解民情。设教：建立教化。

译文

《象传》说：风吹在地面上构成观卦，先王看这个卦象就去巡视各国，了解民情，建立教化。

按：本卦绝无如《象传》所说的这些内容。

初六，童观，小人无咎，君子吝。

《象》曰：初六童观，小人道也。

译文

初六　像儿童那样观察问题，狭隘，肤浅，片面，对小人说还没有坏处，对君子说就不好了。

《象传》说：初六讲的“童观”，是小人观察问题的那一套。

按：本爻属于下坤，是就周厉王说。《周易》作者希望厉王观察问题能得其大、远者，应是君子之观，不能是童蒙之观。《象传》以“童观”为“小人道”是正确的。

六二　窥观，利女贞。

《象》曰：窥观女贞，亦可丑也。

译文

六二　像从缝隙中观察，视野狭小，只有利于女的正道。

《象传》说：像从缝隙中观察，只合于妇女的正道，是可丑的事。

按：《象传》否定窥观，与爻辞一致。

六三　观我生，进退。

《象》曰："观我生，进退"，未失道也。

译文

六三　观察我这一辈子，为了前进就得后退。

《象传》说："观察我这一辈子，为了前进就得后退"，这不会犯原则错误。

按：《象传》肯定了爻辞的"观我生，进退"。《周易》作者把周厉王观察问引到以退为进和以后取先这一重大策略上来。

六四　观国之光①，利用宾于王②。

《象》曰："观国之光"，尚宾也③。

注释

①观国之光：观察国家大事。光：广，大，指事。　②利用宾于王：利以宾于王，以在王那里做客人得到好处。用：以。③尚宾：王的宾客。尚：同上，指王。

译文

六四，能观察国家大事，以在王那里做宾客得到好处。

《象传》说："能观察国家大事"，成为厉王的宾客。

按：本爻属于上巽，指帮助厉王观察问题的大臣。《象传》"尚宾"是对"利宾于王"的正确解释。

九五　观我生，君子无咎。

《象》曰："观我生"，观民也。

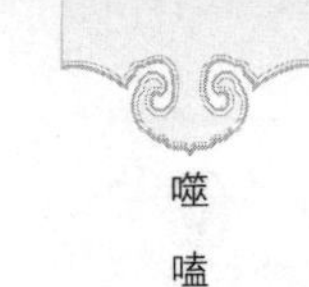

译文

九五　观察我这一辈子，作为一个帮助厉王观察问题的君子，没有坏处。

《象传》：“观察我这一辈子”，是在观察人民。

按：本爻是帮助厉王观察问题的大臣的自白，《象传》以“观我生”为“观民”，不正确。

上九　观其生，君子无咎。

《象》曰：“观其生”，志未平也。

译文

上九　观察周厉王这一辈子，作为一个君子没坏处。

《象传》说：“观察他这一辈子”，可说壮志未酬。

按：本爻是帮助厉王观察问题的大臣对厉王的评价，“君子无咎”是对厉王的评定。

噬嗑

䷔　震下离上

噬嗑[①]　亨，利用狱。

注释

①噬嗑（shìhè）：噬是咀嚼东西，嗑是嘴巴合拢。嘴巴合拢正是为了要咀嚼东西，因此噬嗑就是要咀嚼东西把嘴巴合拢。从本卦卦爻辞看，特别是从标明一卦之义的卦辞看，明明白白地是说卦是讲治狱，于是噬嗑就成了治狱的比喻，是要把犯罪分子予以粉碎的。尽管要求严厉治狱，却也不主张过火，上九“何校灭

耳，凶”，说明了这一点。卦象是震下离上，震为雷，离为火，既打雷，又闪电，真是威严得很，因此来比喻治狱。

译文

中兴事业会顺利，以治狱得到好处。

按：《周易》讲治狱的仅此一卦，表现了作者希望厉王在平定武人以后，严肃法纪，搞好善后工作。

《彖》曰：颐中有物曰噬嗑。噬嗑而亨，刚柔分①，动而明②，雷电合而章③，柔得中而上行④，虽不当位⑤，利用狱也。

注释

①刚柔分：刚指下震，柔指上离。 ②动而明：动指下震的雷，明指上离的火。 ③雷电合而章：下震上离合起来是既打雷又闪电，很灿烂辉煌。 ④柔得中而上行：指六二向上运动变成六五。 ⑤不当位：指六五是阴爻居阳位。

译文

《彖传》说：口里有东西在咀嚼叫噬嗑。噬嗑亨通的道理，下震的刚和上离的柔是分开的，下震运动，上离光明，下震的雷和上离的电合起来很灿烂辉煌，六二居下震中间，向上运动成为六五，虽然不当位，却会以治狱得到好处。

按：解释噬嗑还说得过去，但也没讲清楚为什么用来比喻治狱。最可议的是用爻位说和卦变说作为本卦是讲治狱的理论根据。

《象》曰：雷电噬嗑。先王以明罚敕法①。

注释

①明罚：修明赏罚。敕法：严格刑法。

译文

《象传》说：震下离上构成噬嗑卦。先王看到这个卦象就去修明赏罚，严格刑法。

按："雷电噬嗑"或应作"电雷噬嗑"，因为《象传》表明卦象的通例都是上卦名在前，下卦卦名在后。这条《象传》指出了本卦的重要内容。

初九　屦校灭趾[①]，无咎。

《象》曰："屦校灭趾"，不行也。

注释

①屦（jù）校：在鞋子上面套上木枷。屦：鞋子。校：木枷。灭趾：遮住脚趾。

译文

初九　在鞋子上面套上木枷，遮住脚趾，没有坏处。

《象传》说："在鞋子上面套上木枷，遮住脚趾"，不能行走。

按：在鞋子上面套上木枷，遮住脚趾，没有坏处，只能指缓缓而行，不是不能行走，《象传》与爻辞意义不合。爻辞用"屦校灭趾，无咎"说明治狱应该宽缓，不能刻深，要猛而济之以宽，是以退为进和以后取先策略在治狱时的体现。

六二　噬肤灭鼻[①]，无咎。

《象》曰："噬肤灭鼻"，乘刚也[②]。

注释

①肤：《周易》以肤为肉。灭：指遮住。 ②刚：六二以阴爻凌驾于初九这个阳爻之上，是关系说。

译文

六二　吃肉遮住了鼻子，没有坏处。

《象传》说："吃肉遮住了鼻子"，是凌驾于阳爻上面。

按："噬肤灭鼻"是指肉吃得多，堆在面前简直要遮住鼻子，比喻治狱办的案子多。其所以"无咎"，是由于猛而济之以宽。关系说不能说明问题。

六三　噬腊肉遇毒，小吝，无咎。

《象》曰："遇毒"，位不当也①。

注释

①位不当：指阴爻六居于阳位三，是爻位说。

译文

六三　吃干肉碰上了毒，是小问题，没有坏处。

《象传》说："碰上毒"，是阴爻居阳位，位置不当。

按："噬腊肉遇毒"是比喻治狱碰上严重问题，但由于宽缓不刻深，因此只有小问题，没有坏处。《象传》用了爻位说。

九四　噬干胏①，得金矢②，利艰贞，吉。

《象》曰：利艰贞，吉，未光也③。

注释

①干胏（zī）：带骨头的干肉，比一般腊肉还难咬动。 ②金矢：黄铜箭头。干胏里有打猎时遗留的黄铜箭头，吃起来有更大危险。 ③未光：没抓住大问题。光：大，指大问题。

译文

九四　吃带着骨头的干肉，碰上里面有黄铜箭头，要艰苦坚持正道才有好处，还会吉利。

《象传》说："要艰苦坚持正道才有好处，还会吉利"，是没有抓住大问题。

按：本爻是治狱碰上问题越来越严重，但只要艰苦坚持猛而济之以宽的正道，仍然吉利。这是抓住了治狱的重大原则，《象传》说没抓住大问题，适得其反。

六五　噬干肉，得黄金[①]，贞厉，无咎。

《象》曰："贞厉，无咎"，得当也。

注释

①黄金：指黄铜颗粒，由于数目多，比黄铜箭头更难防备，危险性也更大。

译文

六五　吃干肉，碰上许多黄铜颗粒，尽管正确，却也危险，但终归没有坏处。

《象传》说："尽管正确，却也危险，但终归没有坏处"，是由于处理得当。

按：治狱难处越来越大，其所以终归没有坏处，仍然是由于坚持了猛而济之以宽的原则。《象传》"得当"之说与爻辞意义相合。

上九　何校灭耳[①]，凶。

《象》曰："何校灭耳"，聪不明也[②]。

注释

①何校：在颈子上戴着木枷。何：同荷，指在颈子上面担着。灭耳：遮住了耳朵，指枷大，用刑严酷。②聪：听觉。不：不清楚。

译文

上九　戴着木枷遮住耳朵，这是凶险的。

《象传》说："戴着木枷遮住耳朵"，使听觉不清楚。

按："何校灭耳"是刑罚严酷，比喻治狱不宽缓。以上五爻都说治狱要宽大，本爻则说治狱不能严酷，正反两面结合，使本卦宽猛相济的中心思想更加突出。《象传》的"聪不明"是沾滞于比喻本身。

贲

☶☲　离下艮上

贲[①]亨，小利有攸往。

注释

①贲（bì）：用五颜六色进行文饰。就人事说，就是用花言巧语迷乱别人，卦象是离下艮上，离为火，艮为山，是火向山上烧，其势熊熊，陆离璀璨，这就是文饰。这里艮山是比喻周厉王，离火是比喻佞臣，意味着有佞臣在惑乱周厉王，与蛊卦是相反的。既然设想可能有佞臣惑乱，为什么卦辞还说"亨，小利有攸往"呢？这是由于佞臣虽然力求得逞，却受到厉王抑制，上九"白贲，无咎"，就是厉王在向佞臣警告，要他们停止一切惑乱行为，于是事业就还会亨通，而且小得其利了。

译文

事业会顺利，发展下去还将有些小的好处。

按：概括了佞臣惑乱却不能得逞的一卦重点。

《彖》曰：贲，亨。柔来而文刚[①]，故亨。分刚上而文柔[②]，故小利有攸往。刚柔交错[③]，天文也。文明以止[④]，人文也。观乎天文以察时变，观乎人文以化成天下。

注释

①柔来而文刚：指本卦由泰卦变来，泰卦上六取代九二变成六二，是柔来而文刚。 ②分刚上而文柔：泰卦九二取代上六变成上九，是分刚上而文柔。 ③刚柔交错：上艮是刚，下离是柔，由艮和离组成本卦，是刚柔交错。 ④文明以止：离火是文明，艮山是静止，由离和艮组成本卦，是“文明以止”。

译文

《彖传》说：文饰，有亨通的可能。泰卦上六的柔向下来取代下乾九二，成为六二，以文饰下乾这个刚卦，所以亨通。分出泰卦九二的刚向上去取代上六，成为上九，以文饰上坤这个柔卦，所以发展下去小有好处。上艮的刚和下离的柔交错在一起，这是天文。下离的文明遇着上艮的静止，这是人文。观看天文去察觉时代变化，观看人文去教化天下。

按：这条《彖传》主要用了卦变说，又机械地把所谓有卦德（性质）与天文、人文相比附，以至于可以察时变而化成天下，都与卦义全不相干。

《象》曰：山下有火，贲。君子以明庶政[①]，无敢折狱[②]。

注释

①庶政：一般的政事。②折狱：治狱。

译文

《象传》说：艮山下面有离火，这构成了包含文饰意义的贲卦。君子看到这个卦象就去处理好一般政事，但不敢治狱。

按：与本卦是说有佞臣惑乱厉王毫不相干。

初九　贲其趾，舍车而徒[①]。

《象》曰："舍车而徒"，义弗乘也。

注释

①徒：步行。

译文

初九　把脚趾打扮得漂漂亮亮，丢掉车子去步行。

《象传》说："丢掉车子去步行"，是从道理上说不应该坐车。

按："贲其趾"是佞臣把自己打扮一番，以便对厉王进行惑乱。"舍车而徒"是佞臣为了表现自己漂亮，以便更好对厉王进行惑乱。《象传》的"义弗乘"与爻辞意义相反。

六二　贲其须。

《象》曰："贲其须"，与上兴也。

译文

六二　把胡须修饰一番。

《象传》说：把胡须修饰一番，是"与上兴也"。

按：本爻仍然是讲佞臣在乔装打扮，以便惑乱周厉王。《象传》的"与上兴也"语意不清楚。

九三　贲如，濡如[①]，永贞吉。

《象》曰：永贞之吉，终莫之陵也[②]。

注释

①濡（rú）如：用水洗干净，如是语末助词。　②莫之陵：莫陵之，没有人超过。

译文

九三　修饰啊！用水洗干净啊，这才永远合于正道而吉利。

《象传》说："永远合于正道的吉利"，是没有人超过的。

按：本爻是《周易》的作者对佞臣所发出的禁戒，他们虽然已经乔装打扮（"贲如"），却必须完全扫除，像用水洗干净一样（"濡如"）。佞臣的惑乱是必须制止的。《象传》的"终莫之陵"是说佞臣如果能去掉文饰，也会形象高大，还讲得过去。

六四　贲如皤如[①]，白马翰如[②]，匪寇婚媾。

《象》曰：六四，当位疑也[③]。"匪寇婚媾"，终无尤也[④]。

注释

①皤如：一片纯白的样子。　②翰如：一片纯白的样子。③当位疑：本爻是阴爻六居于阴位于阴位四，是所谓当位。为什么"当位疑"？待考。　④尤：过错。

译文

六四：先打扮得花花绿绿啊，但必须洗成一片纯白啊，像白马那样一片纯白啊，这样才不是来为寇贼，而是来结为婚姻。

《象传》说：六四，既当位，又可疑。"不是来为寇贼，而是来结为婚姻"，会终于没有过错。

按：本爻属于上艮，是讲周厉王要佞臣对他不再惑乱。"当位疑"无法解释，"终无尤"等于没有讲，《象传》对本爻是不

得其解的。

六五　贲于丘园[①]，束帛戋戋[②]，吝，终吉。

《象》曰：六五之吉，有喜也。

注释

①丘园：山坡上的园子。山坡指上艮，丘园比喻周厉王。②戋戋：少的样子。

译文

六五　对山坡上的园子进行文饰，但只用了很少的几束帛，这样也不好，但终于吉利。

《象传》说：六五的吉利，是由于有喜庆的事。

按：本爻用比喻说明，佞臣对周厉王进行惑乱，少而不多，这样也不好，但终于吉利。《象传》的“有喜”只是对爻辞的“吉”作了抽象解释。

上九　白贲，无咎。

《象》曰：“白贲，无咎。”上得志也。

译文

上九　把文饰洗成一片素白，才没有坏处。

《象传》说“把文饰洗成一片素白，才没有坏处”，是说君王会如意称心。

按：本爻是周厉王要制止佞臣惑乱，《象传》看到了这一点。

剥

☶☷　坤下艮上

剥[①]，不利有攸往。

注释

①剥：击，打击。本卦卦象是坤下艮上，坤为地，艮为山，是广阔无边的大地在吞没山，用来比喻武人在包围周厉王，是贲卦武人要惑乱周厉王的发展。对于本卦，前人多认为是下面五个阴爻冲击最上面那一个阳爻，并最后消灭它。这既是把下坤和上艮混杂在一起，又对于上九的“硕果不食”无法解释，因而是不正确的。

译文

打击，不利于有所前进。

按：这条卦辞是说下坤冲击上艮不好，比喻武人进犯周厉王不会有好下场。

《彖》曰：剥，剥也，柔变刚也[①]。“不利有攸往”，小人长也。顺而止之[②]，观象也。君子尚消息盈虚[③]，天行也。

注释

①柔变刚：指下坤要改变上艮性质，下坤是柔，上艮是刚，比喻武人要消灭周厉王。 ②顺而止之：下坤是顺，上艮是止，坤下艮上是“顺而止之”，是要顺着道理停止下来，不要去胡乱冲击。 ③尚消息盈虚：重视事物的消灭，生长，满盈，空虚，即注意事物的变化情况。

译文

《彖传》说：剥是打击，是下坤的柔要改变上艮的刚的性质。“有所前进就不利”，是由于小人在成长。一定要顺着道理停止下来，不去胡作非为，才算是看准了本卦卦象。君子重视事物的消灭，生长，满盈，空虚，因为这是自然规律。

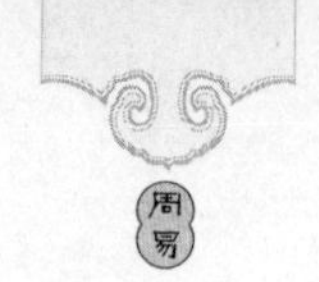

按：这条《彖传》对卦义有认识，知道本卦是下坤冲击上艮，而下坤冲击上艮是不好的。

《象》曰：山附于地，剥。上以厚下安宅[①]。

注释

①上：指君王。厚下：厚待人民。安宅：安定国家。

译文

《象传》说：山附着在地面上构成剥卦。君王看到这个卦象就去厚待人民，安定国家。

按："山附于地"应稳妥平安，是上艮下坤，相得益彰，与《彖传》认定下坤与上艮矛盾尖锐相反。从卦名和卦爻辞看，《彖传》是正确的，《象传》是错误的。这也证明即使是同一个卦的《易大传》也不出于一人之手。

初六　剥床以足[①]，蔑贞[②]，凶。

《象》曰："剥床以足"，以灭下也[③]。

注释

①床：车床。从上九"君子得舆"看，本卦的床应是车床，即舆的车厢主体。　②蔑贞：没有正道，不合乎正道。　③灭下：灭于下，从下面去消灭上面。

译文

初六　用脚去踢车床，不合于正道，是凶险的。

《象传》说："用脚去踢车床"，是从下面去消灭上面。

按：本爻是用比喻说武人向厉王进攻，《象传》的"灭下"有得于爻辞意义。

六二　剥床以辨[①]，蔑贞，凶。

《象》曰：“剥床以辨”，未有与也[②]。

注释

①辨：分，指小腿和大腿相分的地方，即膝头。　②与：帮助。

译文

六二　用膝头去撞击车床，不合于正道，是凶险的。

《象传》说：“用膝头去撞击车床”，是由于没有人帮助。

按：由于没有人帮助，才一个人狠狠地用膝头去撞击，《象传》有得于爻辞意义。

六三　剥之，无咎？

《象》曰：“剥之，无咎”，失上下也。

译文

六三　去进行撞击，能没有坏处吗？

《象传》说：“进行撞击，没有坏处”，是失去上下相处的原则。

按：本爻是反诘句，意思是武人犯上，必然有咎，不能无咎。《象传》的“失上下”对这些都认识到了。

六四　剥床以肤[①]，凶。

《象》曰：“剥床以肤”，切近灾也。

注释

①肤：《周易》以肤为肉，这里指身体。

译文

六四　用身体去撞击车床，是凶险的。

《象传》说：“用身体去撞击车床”，与灾难是切近的。

按：本爻属于上艮，是就周厉王说。“剥床以肤，凶”，是说周厉王如果自己去动摇王位，就会有凶险。《象传》的“切近灾”是正确解释。

六五　贯鱼以宫人宠[①]，无不利。

《象》曰：“以宫人宠”，终无尤也[②]。

注释

①贯鱼：像一群鱼连贯而行。宫人：王宫中听候役使的人。②尤：错误。

译文

六五　带着宫人去接受厉王宠幸，像一群鱼连贯而行，没有不利的。

《象传》说：“带着宫人去接受宠幸”，终归没有错误。

按：本爻是明显地维护周厉王，前人五阴剥一阳之说不攻自破。《象传》的“终无尤”能说出本爻内容。

上九　硕果不食[①]，君子得舆，小人剥庐[②]。

《象》曰：“君子得舆”，民所载也。“小人剥庐”，终不可用也。

注释

①硕果：大果子。　②剥庐：毁掉草房子。

译文

上九　像一个大果子不被吃掉，君子得到车子，小人毁掉草房子。

《象传》说："君子得到车子"，是老百姓要乘坐的。"小人毁掉草房子"，是终归不会有用的。

按：尽管受到下坤三阴冲击，但上九孤阳仍巍然独存，而武人则心劳日拙，于是就"君子得舆，小人剥庐"了。《象传》"民所载也"不妥，因为是君子的舆。"终不可用"还说得过去，因为武人是没有前途的。

复

䷗　震下坤上

复[①]　亨。出入无疾[②]，朋来无咎[③]，反复其道[④]，七日来复[⑤]，利有攸往。

注释

①复：回复，恢复。卦象是震下坤上，震为雷，坤为地，下震初九由剥卦上九以循环回来，所以卦名叫做复，也就是回复。这种复同时指周厉王将要复国，于是也就是恢复。　②出入无疾：指本卦唯一的一个阳爻出于剥卦入于复卦没有任何毛病。③朋来无咎：指孤阳在循环时依次与五个阴爻交换位置，与五阴成为朋友，其来如朋友之来，因而无咎。　④反复其道：指孤阳在循环道路上反复不停地运行。　⑤七日来复：从初到上，再到初，是一度循环，共经历七个爻位，形象地说就是"七日来复"。

译文

恢复王位将是顺利的。王位的恢复像孤阳的出于剥卦入于本卦，没有毛病，像朋友的相互聚会，没有坏处，像有循环道路上反复运行，只要不多的时间就能回到原处，前途是美好的。

按：对周厉王复国充满信心，可与乾卦“见群龙无首，吉”合看。

《彖》曰：复，亨，刚反①。动而以顺行②，是以“出入无疾，朋来无咎，反复其道，七日来复”，天行也③。“利有攸往”，刚长也④。复其见天地之心乎⑤？

注释

①刚反：指孤阳从剥卦上九回到复卦初九。反：同返，回来。 ②动而以顺行：下震是动，上坤是顺，“动而以顺行”，指循环运动是合理的。 ③天行：自然规律。 ④刚长：阳爻向前运行。 ⑤天地之心：大自然的倾向。

译文

《彖传》说：回来是顺利的，阳爻从剥卦的上回到本卦的初。循环运动是合理的，因此阳爻出于剥卦入于本卦没有毛病，像朋友的来没有坏处，反来复去在循环道路上运行，每一次循环经历七个爻位，这些都合乎自然规律。“前途是美好的”，是阳爻在向前运行。从本卦该看出大自然的倾向吧？

按：这条《彖传》很有得于卦义，特别是“复其见天地之心”，是对周厉王复国的高度肯定。

《象》曰：雷在地中，复。先王以至日闭关①，商旅不行，后不省方②。

注释

①至日：冬至日。闭关：关闭城门。 ②后：君王。不省方：不视察各诸侯国。省：视察。方：邦，指各诸侯国。

译文

《象传》说："雷隐藏在地下面构成复卦。先王看到这个卦象就在冬至那一天关闭城门，不让商贾旅客通行，君王也不去巡视各邦。

按：这条《象传》充满迷信，与卦义全不相干。本卦《彖传》正确，深刻而科学，《象传》错误，肤浅而迷信，成为鲜明对比，这也是《易大传》不作于一人的有力佐证之一。

初九 不远复，无祇悔[①]，无咎。

《象》曰：不远之复[②]，以修身也。

注释

①祇：当为"祇"（zhǐ）之误，灾祸。 ②之：就，关系副词。

译文

初九 出去不远就回来了，不会有灾祸和悔恨，更没有坏处。

《象传》说：出去不远就回来了，是由于能够修身。

按：本爻是说孤阳从这里循环，后经各个爻位，又回到这里，用来比喻周厉王目前尽管被流放，但不久还会回来为王。《象传》"不远之复，以修身也"，说流放不久就回来是由于能够修身，与爻辞的肯定厉王是一致的。

六二 休复[①]，吉。

《象》曰：休复之吉，以下仁也。

注释

①休：美好。

译文

六二　美好的复，是吉利的。

《象传》说：美好的复之所以吉利，是由于愿意处在仁者的下面。

按：复是周厉王向着恢复王位前进，因此是美好而且吉利的。《象传》的“下仁”，与此无关。

六三　频复[①]，厉？无咎。

《象》曰：频复之厉？义无咎也。

注释

①频：频频，接连不断。

译文

六三　接连不断地复，会有危险吗？回答是没有坏处。

《象传》说：接连不断地复会有危险吗？从道理上看是没有坏处的。

按：“频复”是不断向复国道路前进。当时武人强大，似乎有危险，但其实绝对没有坏处。《象传》有得于爻辞意义。

六四　中行[①]，独复。

《象》曰：“中行，独复”，以从道也[②]。

注释

①中行：中道，即没有过与不及，完全合理。　②从道：顺从道理，合于道理。

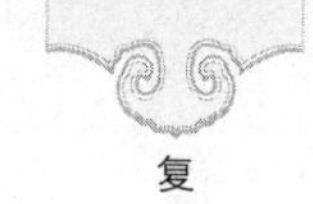

译文

六四　完全合理，孤阳单个儿在复。

《象传》说：“完全合理，孤阳单个儿在复”，是由于合乎道理。

按：本爻以孤阳独复为合于不偏不倚的真理，是对复的最高肯定，也就是对厉王复国的无比赞美。《象传》的“从道”讲对了。

六五　敦复[①]，无悔。

《象》曰：“敦复，无悔”，中以自考也[②]。

注释

①敦复：重视复。敦：笃，有重视的意思。　②中：内心。自考：自己研究。

译文

六五　重视复，没有悔恨。

《象传》说：“重视复，没有悔恨”，是自己在内心研究问题。

按：在赞美“独复”之后继之以“敦复”，是对复进一步加以赞美。《象传》能发挥爻辞内容。

上六　迷复[①]，凶，有灾眚[②]，用行师终有大败[③]，以其国君凶，至于十年不克征[④]。

《象》曰：迷复之凶，反君道也。

注释

①迷复，迷于复，不继续复下去。　②灾眚（shěng）：灾祸。　③行师：出兵打仗。　④十年不克征：长期不能出征。

译文

上六　如果不继续复下去，就会有灾祸，在这种情况下出兵打仗一定会有大的失败，使国君遭到凶险，以至于长期不能出征。

《象传》说：不继续复的凶险，是由于违反了做君的道理。

按：本爻极言不继续复的危险，以衬托复的势在必行。《象传》的“反君道”能指出如果“迷复”，就对周厉王不利。

无妄

䷘　震下乾上

无妄[①]　元亨，利贞。其匪正有眚[②]，不利有攸往。

注释

①无妄：没有虚妄，指孚而言。孚是后来子思和孟轲的诚，是主观唯心主义本体。孚是上天对人的赋予，如益卦九五“有孚惠心”。人有孚就无往不利。如坎卦卦辞“有孚维心，亨，行有尚”。孚还能化及异类，如中孚卦辞“豚鱼吉”。孚更能产生“生天生地”的道，如随卦九四“有孚在，道以明”。孚在《周易》作者用本卦和中孚卦进行概括，目的都是要突出周厉王是有孚而无不利的。　②匪正：不正，与孚相反。

译文

周厉王中兴复国事业会十分顺利，凭着有孚的正确得到好处。如果不正确而与孚相反就会有灾祸，不利于复国。

按：《周易》作者一心只想周厉王有孚，作为复国的伟大力量，所以用无妄卦接上复卦。

《彖》曰：无妄，刚自外来而为主于内[①]，动而健[②]，刚中而应[③]，大亨以正，天之命也。“其匪正有眚，不利有攸往”。无妄之往何之矣[④]？天命不祐，行矣哉！

注释

①刚自外来而为主于内：卦变论者认为本卦下震初九是从讼卦九二变来。讼卦卦象是䷅，本卦卦象是䷘，讼卦的九从二到初，成为初九，就是本卦。九是刚，二在初之外，九从二到初就是“刚自外来”。由于初九是下震主爻，于是就“为主于内”了。②动而健：下震是动，上乾是健。 ③刚中而应：上乾九五以阳爻居中，与下震六二相应。 ④何之：之何，往哪里去。之：动词，到的意思。何：哪里，是疑问代词，用在动词“之”的前面。

译文

《彖传》说：无妄卦是阳爻九从讼卦的二来到本卦的初，是从外到内，并成为内震的主爻，无妄卦是运动而健行的，共上乾九五以刚居中，与下震六二相应，这样事业会凭着正确大为顺利，也是天的意志。如果不合于正道就有灾祸，不利于事业向前发展。“无妄”会离开，是到哪里去呢？天命不保佑无妄，无妄离开算了吧？

按：用了卦变说、得中说和相应说，还认为天命不保佑无妄，无妄将不存在于人世，这些都是不正确的。

《象》曰：天下雷行，物与无妄[①]。先王以茂对时[②]，育万物。

注释

①物与无妄：凡物而与之以无妄，即把无妄赋予所有的物，首先是人。　②茂对时：用美好思想对待时代。茂，美，指美好思想。对：对待。

译文

《象传》说：天的下面有雷在运行，象征着把无妄赋予所有的物。先王看见这个卦象就用美好思想对待时代，抚育万物。

按：这条《象传》很能发掘卦义，与《彖传》全为谬说大不相同，可见同属于一个卦的《易大传》也不出于一人之手。

初九　无妄[①]，往吉。

《象》曰：无妄之往，得志也。

注释

①无妄：指无妄的人，即内心有孚或有诚的人。

译文

初九　有诚的人，到哪里去都吉利。

《象传》说：有诚的人出去，会达到目的。

按：《象传》与爻辞意义相合。

六二　不耕获，不菑畲[①]，则利有攸往[②]？

《象》曰：不耕获，未富也。

注释

①菑（zī）：开荒。畲（yú）：熟地。　②则：其，难道，表反诘语气的副词。利有攸往：利于有所往，指有好的前途。

译文

六二　不耕种就要有收获，不开荒就要有熟地，难道真有这种好事情吗？

《象传》说："不通过耕种的收获"，是不能致富的。

按：本爻力求虚妄，言虚妄不会有任何好结果，借以突出无妄的可贵。《象传》虚妄不能致富之说，与爻辞意义相合。

六三　无妄之灾：或系之牛①，行人之得，邑人之灾。

《象》曰：行人得牛，邑人灾也。

注释

①或：某一个人，无定代词。系：拴着。

译文

六三　有孚或有诚的人的灾祸是：有一个人拴着一头牛，被过路人牵走了，却成为某一个城里人的灾祸。

《象传》说：过路的人牵走了牛，却成为某一个城里人的灾祸。

按：本爻是说无妄的人不会有灾祸。要说有灾祸，也是别人的事，与无妄的人是全无关系的。《象传》只重复一下部分爻辞，没有加以解释。

九四　可贞，无咎。

《象》曰："可贞，无咎。"固有之也。

译文

九四　无妄的人可以合于正道，没有坏处。

《象传》说："可以合于正道，没有坏处。"是无妄或有孚有诚的人本来就如此的。

按：这条《象传》讲得好。

九五　无妄之疾，勿药有喜①。

《象》曰：无妄之药，不可试了。

注释

①有喜：有喜庆的事，《周易》用来指病好了。

译文

九五　没有任何虚妄的人生了病，不吃药也会好。

《象传》说：对于无妄的人下药，是不可以轻易尝试的。

按：《象传》言外之意，是无妄的人即使有病，不服药也会好，与爻辞意义相合。

上九　无妄行有眚①？无攸利？

《象》曰：无妄之行，穷之灾也。

注释

①行：将会，可能。

译文

上九　无妄的人将会有灾祸吗？没有任何好处吗？

《象传》说：没有任何虚妄的人的行动，是穷困的灾祸。

按：本爻连用两个反诘句，说明无妄的人不会有灾祸，只会有好处，是把无妄在最大程度上突出起来。《象传》先把应该讲成将会有的行动说成行动，又把“穷之灾”归于无妄的行动，都与爻辞意义相反。

大畜

☶ 乾下艮上

大畜[1]　利贞。不家食吉[2]，利涉大川。

注释

①大畜：本卦卦象是巍峨的高山（上艮）在广阔无垠的天宇（下乾）包容之中，天的所畜者大，所以叫《大畜》，与《小畜》是暂时所畜者小，要以后才发展到所畜者大不同。上艮象征武人，下乾象征周厉王，是武人在周厉王的包容之中，控制之下，上承无所往而不利的《无妄》是恰当的。要怎样才能“大畜”，下乾三条爻辞有明确交代。“大畜”以后，武人就会象“童牛”（六四）“豮豕”（六五）那样老实听话了。　②不家食吉：指武人应该食禄于朝，做勤勉忠顺之臣，而不是放恣于自己的家门之内。

译文

要凭着为厉王服务的正确行动得到好处，是食禄于朝，而不是享用于家就吉利，这样才有利于度过困难。

按：卦辞是要武人老实听话，以免有灭顶之灾。

《彖》曰：大畜，刚健，笃实，辉光，日新其德[1]。刚上而尚贤，能止健，大正也[2]。“不家食吉”，养贤也[3]“利涉大川”，应乎天也[4]。

注释

①刚健，笃实，辉光，日新其德：是歌颂下乾的品德。②刚上而尚贤，能止健，大正也：是指上艮对下乾进行控制。③“不家食吉”，养贤也：泛指以俸禄供养贤人。 ④“利涉大川”，应乎天也：泛指战胜困难合于无道。

译文

《彖传》说：大畜卦的下乾是刚健，笃实，辉光，并且一天天在提高品德。大畜卦的上艮是以刚强居于上，好像贤人受到尊重，还能控制下乾的刚健，因而是伟大正确的。“不在家里吃饭就吉利”，这是说明要供养贤人。“战胜困难就有利”，这是合于天道的。

按：这条《彖传》虽然肯定了下乾周厉王，但更歌颂了上艮武人对周厉王的控制，是违反卦义的。至于以“不家食吉”为“养贤”，也不切合要武人老实供职于朝廷的意思，而以“利涉大川”为合于天道，也没有指出武人只有忠顺才能免灭顶之灾。

《象》曰：天在山中，大畜。君子以多识前言往行①，以畜其德。

注释

①识（zhì）：记住。 ②畜：培养，提高。

译文

《象传》说：天藏在山中，构成大畜卦。君子看到这个卦象就要多多记住前人的格言和卓越的行为，来培养、提高他的品德。

按：大畜是天包容山，是山在天中，不是“天在山中”，《象传》与卦义相反。至于认为本卦是说“君子以多识前言往行，以

畜其德”，与本卦是说周厉王应该控制武人，武人应该接受周厉王控制，也完全无关。

初九　有厉，利已。

《象》曰：“有厉，利已”，不犯灾也。

译文

初九　控制武人是一件有危险的事，不能一往直前，而利于有停顿，有节制。

《象传》说：“有危险，利于有停顿”，是要不犯灾祸。

按：《周易》作者一贯认为对待武人必须以退为进，以后取先，这条爻辞正是这种意思。《象传》“不犯灾”之说正确，但只看到消极的一面，没看到要这样才能制服武人的积极一面。

九二　舆说輹[①]。

《象》曰：“舆说輹”，中无尤也[②]。

注释

①说輹：脱掉了勾住车箱的木勾子。说：同脱。輹：从车轴去勾住车箱的木勾子。　②中：指本爻九二居于下乾中间。无尤，没有过失。

译文

九二　车子脱掉了从车轴去勾住车箱的木勾子，车子会翻掉。

《象传》说：“车子脱掉了从车轴去勾住车箱的木勾子”，是由于本爻居于下乾中间没有过失。

按：本爻极言控制武人有危险，像大车没有驾驭好会翻掉，因此必须以退为进，以后取先，进一步强调初九的思想。《象传》

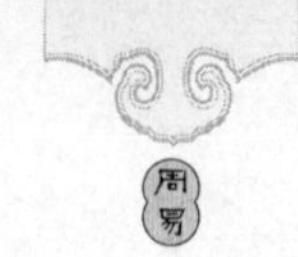

用了得中说。

九三　良马逐，利艰贞，曰闲舆卫[1]，利有攸往。

《象》曰："利有攸往"，上合志也[2]。

注释

①曰：发语助词。闲：整顿。舆卫：车队的护队。　②上合志：与上九志同道合，即与上九相应，是相应说。但本爻是阳，上九也是阳爻，是敌应，不是顺应，不能是"上合志"。

译文

九三　用好马驾着车子去追击，以艰苦保持正道取得胜利，一定要整顿好车队的护卫队，这样去追击才会有利。

《象传》说："发展下去有好处"，是由于与上九志同道合。

按：本爻是说要有强大力量，控制武人才有可能，可见以退为进和以后取先要有充足力量为后盾，不能徒托空言。《象传》用了相应说。

六四　童牛之牿[1]，元吉。

《象》曰：六四元吉，有喜也。

注释

①童牛：小牛。牿（gù）：角。

译文

六四　要像小牛的角稚嫩不伤人，才大为吉利。

《象传》说：六四说大吉，是由于有喜庆的事。

按：本爻属于上艮，是就着武人说。要武人像小牛的角稚嫩不伤人，是指武人接受厉王控制后不再狂暴横行。《象传》的"有喜"抽象地与爻辞意义相合。

六五　豮豕之牙[1]，吉。

《象》曰：六五之吉，有庆也。

注释

①豮（fén）豕：阉割了的公猪，性情变温和。

译文

六五　要像被阉割公猪的牙齿不咬人，这才吉利。

《象传》说：六五说吉利，是由于有喜庆的事。

按：本爻进一步指出，武人在接受厉王控制后会变得温顺起来，不再伤害人。"有庆"就是"有喜"。

上九　何天之衢[1]，亨。

《象》曰："何天之衢"，道大行也。

注释

①之：这么，指示词。衢（qú）：四通八达的路，指广阔无边。

译文

上九　为什么天空这么辽阔，一派兴旺发达气象。

《象传》说："为什么天空这么辽阔"，是说道理、原则在很大程度上得到实行。

按：本爻是武人在接受厉王控制以后，对厉王政绩交口赞誉，天指下乾，就是厉王。《象传》"道大行"说得过去。

颐

䷚　震下艮上

颐[①] 贞吉，观颐，自求口实[②]。

注释

①颐（yí）：口的两边，也叫腮帮子。本卦用口在嚼东西牵动两腮，引出一个人要自力更生去求得食物，来比喻周厉王复国应该依靠自己的力量，不能寄希望于别人。这是一种可贵的思想。卦象是震下艮上，震为雷，艮为山，是巨雷要破山而出，必须凭自己努力，象征厉王要排除万难，也只有自力更生。大畜卦表明周厉王有力量对付武人，本卦进一步明确要完全依靠自己的力量，对大畜卦是一个重要补充。 ②口实：口里的食物。"自求口实"比喻厉王应该用自己的力量恢复王位。

译文

其所以合于正道而吉利，是看到一个人腮帮子在动，口里食物是自己找来的。

按：提出"自求口实"，要厉王自力更生，恢复王位，是全卦中心。

《彖》曰："颐，贞吉"，养正则吉也。"观颐"，观其所养也。"自求口实"，观其自养也。天地养万物，圣人养贤以及万民，颐之时大矣哉！

译文

《彖传》说："腮帮子动起来，合于正道而吉利"，是用正道养活自己就吉利。"看腮帮子动"，是看他养的情况。"自己找食物"，是看他自己养活自己。天地养活万物，圣人养活贤人和万民，养的意义是重大的。

按：只拘泥于字面，且讲得很琐碎，说明对卦义不得其解。本卦主旨是周厉王复国应该力求于己，不求于人，《彖传》对此

完全没有认识，只抓住一个“养”字做文章，与卦义全不相干。

《象》曰：山下有雷，颐。君子以慎言语，节饮食。

译文

《象传》说：艮山下面有震雷，构成了颐卦。君子看到这个卦象就要谨慎言语，节制饮食。

按：从颐说“节饮食”可以讲，与“慎言语”有什么相干？而且对于“自求口实”之为比喻厉王复国应该依靠自己力量全未涉及。

初九　舍尔灵龟[①]，观我朵颐[②]，凶。

《象》曰：“观我朵颐”，亦不足贵也。

注释

①灵龟：美味的乌龟肉。　②朵颐：隆起的腮子。朵：隆起的样子，显示出口里在咀嚼食物。

译文

初九　丢掉你自己美味的乌龟肉不吃，却来看着我因咀嚼食物而隆起的腮帮子，这样舍己从人是凶险的。

《象传》说：“看着我隆起的腮帮子”，是不可取的。

按：本爻是说把自己力量弃置不顾，却去寄希望于别人，与“自求口实”相反，是从反面突出正面，以见周厉王要复国非自力更生是不行的。《象传》“不足贵”对不自力更生作了批评，与爻辞相合。

六二　颠颐拂经[①]，于丘颐[②]，征凶。

《象》曰：六二征凶，行失类也[③]。

注释

①颠颐拂经：是颠拂颐经的错综。颠拂：颠倒和违反。颐经：求食的常道。②于丘颐：到山坡上去寻求食物。于：往。③类：原则。

译文

六二　颠倒和违反了求食的常道，以至到山坡去寻求食物，这样下去是凶险的。

《象传》说：六二这一爻之所以发展下去有凶险，是因为所作所为失去了原则。

按：丘是山坡，指上艮，也就是武人。复国不自力更生，反而寄希望于武人，是更大的错误，所以用“颠颐拂经”予以批评。《象传》认为这是失去原则，与爻辞相合。

六三　拂颐，贞凶，十年勿用[①]，无攸利。

《象》曰：“十年勿用”，道大悖也[②]。

注释

①十年勿用：永远不能这么办。十年，指很长时间。②道大悖：与道大悖，与原则完全违反。道：原则。悖（bèi）：违反。

译文

六三　违反自力更生寻求食物的常道，即使正确也凶险，永远不能这么办，因为是没有好处的。

《象传》说：“之所以永远不能这么办”，是由于与原则完全违反。

按：本爻再一次指出违反自力更生原则去复国的严重后果，叫周厉王再莫寄希望于别人，特别是对武人不能有幻想。《象传》

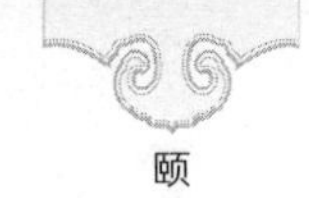

用“道大悖”说明不自力更生是不正确的。

六四　颠颐，吉。虎视眈眈[①]，其欲逐逐[②]，无咎。

《象》曰：颠颐之吉，上施光也[③]。

注释

①眈眈（dāndān）：注意看的样子。　②逐逐：接连不断。③施：教育。光：广，泛。

译文

六四　颠倒求食的常道就吉利。而求食即使像老虎看得那么聚精会神，而且欲望无穷，也没有坏处。

《象传》说：颠倒求食的常道之所以吉利，是由于上面教育的广泛。

按：本爻属于上艮，是就武人说。武人求食常道是侵夺厉王，因此要颠倒过来才吉利。“虎视眈眈，其欲逐逐，无咎”，是说除了厉王，对别人都可施以凶残，这种看法是错误的。《象传》认为武人之所以能“颠颐”，是上面教育的结果，可以自成一义。

六五　拂经，居贞吉，不可涉大川。

《象》曰：居贞之吉，顺以从上也。

译文

六五　违反求食常道，合于正道而吉利，但还不能克服大困难。

《象传》说：其所以合于正道而吉利，是由于驯顺地服从着上面。

按：本爻再一次提出武人必须“拂经”，即一反掠夺厉王的一贯行为，是对六四内容的加强。其所以“不可涉大川”，是由

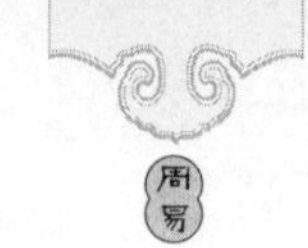

于初入正途，还不能战胜艰难。《象传》的“顺以从上”讲得很好，因为正是本爻对武人的要求。

上九　由颐，厉，吉，利涉大川。

《象》曰：“由颐，厉，吉”，大有庆也。

译文

上九　顺着臣下求食的常道，即使有危险，也会终于吉利，而且还可以战胜困难，得到好处。

《象传》说：“顺着臣下求食的常道，即使有危险，也会终于吉利”，是说大有喜庆的事。

按：本爻继续从武人说，是要求武人恪守臣节，以“利涉大川”。《象传》的“大有庆”是说武人就范以后，一切都会好起来，是有道理的。

大过

䷛　巽下兑上

大过[①]　栋桡[②]，利有攸往，亨。

注释

①大过：本卦卦象是巽下兑上。巽为木，兑为泽，是汪洋大水压在一根木头上，把木头压弯，真是太过分了，因此卦名叫“大过”。从卦辞看，这根木头不是一般的木头，而是“栋”，是屋梁，以作为西周王朝的比喻。大水把屋梁压弯，是武人把周厉王压得透不过气来。大畜卦和颐卦说周厉王争取武人，成绩显著，看来只不过是一种设想，本卦又回到当时的现实。　②栋桡：屋梁被压弯。阮元《十三经校勘记》：“挠各本皆作桡，是挠

字误也。”今改“挠”作“桡”。曲木叫桡，木曲也叫桡。

译文

屋梁被压弯，发展下去有好处，中兴事业会顺利达成。

按：既然已经“栋桡”，为什么还“利有攸往，亨”呢？这要结合爻辞考察。初六“藉用白茅，无咎”，是说西周王朝有良好基础，九四“栋隆，吉”，是西周王朝终将繁荣昌盛，于是尽管暂时栋桡，终必“利有攸往，亨”了。

《彖》曰：大过，大者过也①。栋桡，本末弱也。刚过而中③，巽而说④，行，利有攸往，乃亨。大过之时大矣哉！

注释

①大者过：大指卦中的阳爻，由于是四个，所以说“过”。②本末弱：本指初爻，末指上爻，弱指阴爻，由于阴爻居于初和上，所以说“本末弱”。 ③刚过而中：阳爻有四个，是“刚过”。“中”指九二和九五都以阳爻居中，是得中说。 ④巽而说：逊顺而悦乐。逊顺是下巽的性质，悦（说）乐是上兑的性质。

译文

《彖传》说：“大过”，是号称为“大”的阳爻多了。“栋桡”，是号称为“弱”的阴爻一居于本，一居于末。阳爻太多而得中，下巽逊顺而上兑悦乐，动起来，发展下去有好处，事业会顺利，“大过”的意义是重大的。

按：分析卦义，应掌握内外卦的矛盾冲突。这条《彖传》的“大者过”和“本末弱”都把内外卦杂糅起来，还用了得中说，因而不可取。至于“巽而说”，“乃亨”，虽然能就着内外卦性质讲，但空洞抽象，不得要领。

《象》曰：泽灭木[①]，大过。君子以独立不惧，遁世无闷。

注释

①灭：消灭，指淹没。

译文

《象传》说：大湖泊淹没了木头，这太过分了。君子看到这个卦象就要独立于人世而不惧怕，甚至遁逃于人世之外也没有苦闷。

按：《象传》认为本卦是歌颂隐君子，离《周易》作者希望周厉王能从武人压迫下解脱出来的本义太远了。

初六　藉用白茅[①]，无咎。

《象》曰："藉用白茅"，柔在下也。

注释

①藉：祭祀时的铺垫。祭祀是国家大事，因此藉就用来指国家基础。白茅：白色的茅草，美好的事物。

译文

初六　祭祀的铺垫用了白茅草，没有坏处。

《象传》说："祭祀的铺垫用了白茅草"，是说柔软的东西铺在下面。

按："藉用白茅"比喻西周王朝基础好，武人要取代厉王并不容易，因而"无咎"。《象传》"柔在下"，没有触及比喻意义。

九二　枯杨生稊[①]，老夫得其女妻[②]，无不利。

《象》曰：老夫女妻，过以相与也[③]。

注释

①稊（tí）：柔嫩的叶子。 ②女妻：年轻的妻子。 ③过以相与：错误地相结合。过：错误。与：结合。

译文

九二 枯槁的杨树长出了柔嫩的叶子，年老的丈夫得到了年轻的妻子，这没有不好的。

《象传》说：年老的丈夫和年轻的妻子，是错误地相结合。

按："枯杨生稊"是已濒临衰老的东西又生机勃勃，比喻西周王朝虽然传世已久，但仍然有生命力。"老夫得其女妻"比喻西周王朝会有美好前景，武人要取代周厉王是不可能的。《象传》认为"老夫女妻"是"过以相与"，与爻辞意义相反。

九三 栋桡？凶？

《象》曰：栋桡之凶，不可以有辅也[①]。

注释

①有辅：有一根作为辅助的木头支撑着。

译文

九三 屋梁会弯曲吗？有凶险吗？

《象传》说：屋梁弯曲的凶险，是由于不可以有一根作为辅助的木头支撑着。

按：前两爻都极言西周王朝和周厉王必然吉利，有美好前途，本爻不能截然相反，因此是反诘句，从反面加强正面，以言必无栋桡之凶，可以与九四的"栋隆，吉"相联系。《象传》"不可以有辅"，是肯定"栋桡，凶"，与爻辞意义相反。

九四 栋隆[①]，吉，有它，吝。

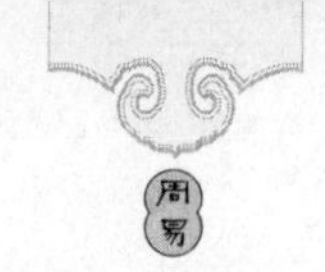

《象》曰：栋隆之吉，不桡乎下也。

注释

①隆：高，升高。

译文

九四　把屋梁升高就吉利，有别的搞法都不好。

《象传》说：屋梁升高之所以吉利，是由于不变直为曲去俯就下面。

按：本爻属于上兑，是就武人说。“栋隆”是把屋梁升高，比喻武人扶助厉王，于是就吉。如果仍然迫害厉王，就会吝。《象传》“不桡乎下”是“栋隆”的正确说明。

九五　枯杨生华[①]，老妇得其士夫[②]，无咎，无誉。

《象》曰：“枯杨生华”，何可久也？“老妇士夫”，亦可丑也。

注释

①华：古花字。　②士夫：年轻的丈夫。

译文

九五　枯槁的杨树生出了花朵，年老的妇人得到年轻的丈夫，既没有坏处，也没有称誉。

《象传》说：“枯槁的杨树生出了花朵”，如何可以长久？“年老的妇人配上年轻的丈夫”，这也可说是一件丑事。

按：本爻承上爻而来。上爻写武人应该有助于厉王，本爻写如果有助于厉王就有好的报答。《象传》只看到枯杨生华不可久，没看到也是繁荣昌盛，只看老妇士夫可丑，没看到也是幸福欢乐。爻辞以肯定为主，《象传》以否定为主。

上六　过涉灭顶[1]，凶；无咎。

《象》曰：过涉之凶，不可咎也。

注释

①灭顶：水淹没头顶，指人被水淹死。

译文

上六　过河因徒涉被水淹没，凶险；如果改弦易辙，就没有坏处。

《象传》说：过河因徒涉遭到凶险，不可以认为是坏处。

按：本爻是《周易》作者警告武人，如果继续迫害厉王，就会像徒涉过河而灭顶；只有幡然改图，使厉王有“栋隆”之“吉”，才能“无咎”。《象传》说不能认为过河因徒涉灭顶是坏处，是违反常理的。

坎

䷜　坎下坎上

习坎[1]　有孚维心[2]，亨，行有尚[3]。

注释

①习坎：重重叠叠的坎，一个坑接着一个坑。坎是坑，能陷人，因此意义又是险。坑里经常积水，因此又象征水。习是重叠，本卦下卦是坎，上卦也是坎，因此叫“习坎”。《周易》作者用本卦表明周厉王处于极端危险之中，但只要内心有孚，就可以化除，是把孚用于政治并起到立竿见影作用。　②维：语助词。③尚：很高的成就。尚：高。

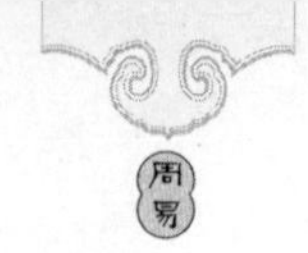

译文

只要有诚存在于内心，中兴事业就会顺利，所作所为都会有很高成就。

按：孚的作用在这里从政治上得到充分表现。

《彖》曰：习坎，重险也。水流而不盈，行险而不失其信①。“维心，亨”②，乃以刚中也③。“行有尚”，往有功也。天险，不可升也④。地险，山川丘陵也。王公设险以守其国。险之时用大矣哉！

注释

①信：《彖传》用“信”解释本卦的“孚”，不正确。本卦的“孚”应该是“诚”，是主观唯心主义本体，有化险为夷的作用。 ②维心，亨：卦辞本来是“有孚维心，亨”，这里割裂卦辞，以致不通。 ③刚中：下坎和上坎的中爻都是阳爻，是得中说。 ④升：同登，攀登。

译文

《彖传》说：习坎是重重叠叠的险。水在流动却不满盈，通过险阻却不失去信用。心啊，事业顺利啊，是由于阳刚之爻居于上下卦的中间。“所作所为有很高成就”，是发展下去有成绩。天险是不可攀登的。地险是山川丘陵。王公设立险阻来防守他们的国家。险的作用是很大的。

按：以“习坎”为“重险”，以“行有尚”为“往有功”，都正确。但只大做险字的文章，还不能指出本卦是要周厉王以内心的孚去化除重重险阻。

《象》曰：水洊至①，习坎。君子以常德行，习教事。

注释

①水洊至：水再至，指本卦下卦是坎，上卦也是坎。洊(jiàn)：再。

译文

《象传》说：水再至，构成了“习坎”卦。君子看到这个卦象就要经常保持美好德行，学习教诲人的事。

按：《象传》是说碰上危险要进德修业，可自成一义。

初六　习坎，入于坎窞[①]，凶。

《象》曰：习坎，入坎，失道凶也。

注释

①窞（dàn）：坑。

译文

初六　重重叠叠的坑，跌进了一个坑又跌进了一个坑，是凶险的。

《象传》说：重重叠叠的坑，不断跌进坑，是由于没有看清道路遇到凶险。

按：本爻是用比喻说周厉王不断遭到危险，要用孚才能化除。《象传》没有接触到这些。

九二　坎有险，求小得。

《象》曰：“求小得”，未出中也[①]。

注释

①未出中：指本爻是下坎中爻，是得中说。

译文

九二　坑里有危险，但进行追求还是会小有所得。

《象传》说："追求会小有所得"，是由于没有越出中爻的位置。

按：其所以碰上坑坎还会小有所得，是孚在起作用。《象传》用了得中说。

六三　来之坎[①]，坎险且枕[②]。入于坎窞，勿用。

《象》曰：来之坎坎，终无功也。

注释

①之：到，动词。　②枕：枕叠，重叠。

译文

六三　来到坑边，坑危险而且重叠。跌进了一个坑再跌进一个坑，但这样是不会的。

《象传》说：来到一些坑边，终于没有功绩。

按：不至"入于坎窞"，是有孚在起作用。《象传》说"终无功"，是对孚的作用不了解。

六四　樽酒[①]，簋贰[②]，用缶[③]，纳约自牖[④]，终无咎。

《象》曰："樽酒，簋贰"，则柔际也[⑤]。

注释

①樽（zūn）：古代盛酒的器具。　②簋（guǐ）：古代盛食物的器具。　③缶（fǒu）：大肚小口的瓦器。　④纳：送进去。约：束紧，挤着。牖（yǒu）：窗户。　⑤际：连接。

译文

六四　一壶酒，两碗饭，用瓦器盛着，从窗户挤着送进去，终于没有坏处。

《象传》说："一壶酒，两碗饭"，是阳刚和阴柔相连接。

按：本爻是写向地牢里送饭，牖是地牢的窗口。酒饭非常简单，但送进去却不容易，情况实为狼狈。用来比喻周厉王在武人迫害下困难重重，也是陷入坎险的一种象征。其所以终于无咎，仍然是由于有孚。《象传》"刚柔际"是说本爻六四的阴柔与九五的阳刚连接，是关系说。

九五　坎不盈？祇既平[①]，无咎。

《象》曰："坎不盈"，中未大也。

注释

①祇：当作坻（dǐ），小山坡。

译文

九五　坑难道还没有填满吗？小山坡是已经挖平了，这没有坏处。

《象传》说："坑没有填满"，是由于阳爻虽然居于中间，但还没有弘大。

按：本爻是反诘句，用反诘加强正面，意思是小山坡的土石已经取完，坑已经填满，危险已经化除，真是"有孚维心，亨，行有尚"。《象传》把反诘看成直陈，还用了得中说。

上六　系用徽𬙊[①]，置于丛棘[②]，三岁不得，凶。

《象》曰：上六失道，凶三岁也。

注释

①徽纆（mò）：绳索，三股的叫徽，两股的叫纆。 ②丛棘：指监狱，监狱周围用一丛一丛的荆棘环绕着。

译文

上六　用绳索捆绑着，投进监狱里，长期不能解脱，是凶险的。

《象传》说：上六在原则上有失误，凶险是长期的。

按：本爻极言凶险之甚，但都将为“孚”所消解。《象传》只看到爻辞文字表面，不理解精神实质。

离

☲ 离下离上

离[①]　利贞，亨，畜牝牛吉[②]。

注释

①离：是两个经卦离相重而成。经卦离中间一爻为阴，外面两爻为阳，是阴柔为主，阳刚为辅，因此本卦是突出柔退的作用。坎卦用孚化除危险，本卦用柔退战胜困难，都是《周易》极为重要的思想。 ②畜：养。牝牛：母牛，是驯顺柔退的。

译文

守着柔退的正道就有利，中兴事业将顺利进行，养着母牛是吉利的。

按：“畜牝牛，吉”，比喻柔退无往而不胜，是《周易》要厉王用以退为进和以后取先的策略战胜武人的概括。

《彖》曰：离，丽也[1]。日月丽乎天，百谷草木丽乎土，重明以丽乎正[2]，乃化成天下。柔丽乎中正，故“亨”，是以“畜牝牛吉”也。

注释

①丽：依附。 ②重明：两重光明，指下卦离和上卦离都表示光明。

译文

《彖传》说：离是依附。日月依附着天空，百谷草木依附着土地，下离和上离两重光明依附着中正，就能教化天下。柔顺依符着中正，所以亨通，因此养母牛是吉利的。

按：把本卦的离按照某一种训释讲成依附，不正确，应该看到卦象以阴爻为主，是突出柔顺。以离为明说得过去，但“柔丽乎中正”却是得中说。

《象》曰：明两作[1]，离。大人以继明照于四方[2]。

注释

①两作：两次出现。 ②继明：连续的光明。

译文

《象传说》：光明两次出现，成为离卦。根据卦象启示，天子要用正确措施去安定天下。

按：只看到离是光明，没看到离是柔顺，没有抓住本卦重点。《象传》一般说“君子”，这里却说“大人”，可见“君子”就是“大人”，而“大人”就是周厉王。

初九 履错然[1]，敬之，无咎。

《象》曰：履错之敬，以辟咎也[2]。

注释

①履：走路。错然：莽撞。　②辟：同避，躲开。

译文

初九　走起路来很莽撞，要认真改正，才没有坏处。

《象传》说：对于走路莽撞要认真改正，是为了避免犯错误。

按：本爻以“履错然”比喻刚猛而不柔退，取先而不取后，所以必须认真改正。《象传》“辟咎”之说，有得于爻辞含义。

六二　黄离[①]，元吉。

《象》曰：“黄离，元吉”，得中道也[②]。

注释

①黄离：是离黄的倒装，与九三“日昃之离”是离日昃的倒装相同。离：碰上，掌握。黄：柔和的颜色，意味柔退。离黄：掌握了柔退原则。　②得中道：指本爻居于下离中间，是得中说。

译文

六二　掌握了柔退原则，大吉大利。

《象传》说：“掌握了柔退原则，大吉大利”，是由于本爻居于下离中间。

按：得中说不能说《易》。

九三　日昃之离[①]，不鼓缶而歌[②]，则大耋之嗟[③]，凶。

《象》曰：“日昃之离”，何可久也？

注释

①昃（zè）：太阳偏西。之：帮助倒装的语助词。离：碰上。②鼓：敲打。缶：陶器，关中人当乐器用。　③耋（dié）：八十

岁老人。

译文

九三　碰上太阳偏西，不敲打着陶土乐器唱歌，那些年纪很大的老人就会叹气，这是凶险的。

《象传》说："碰上太阳偏西"，这怎样可以长久？

按：本爻以碰上太阳偏西，阴盛阳衰，比喻武人强大，厉王衰微，"大耋"也比喻周厉王。唱歌而鼓缶相应，则声和乐而悠扬，以突出柔退，去以柔克刚，以弱胜强。《象传》说阴盛阳衰不会长久，也看到这些内容。

九四　突如其来如，焚如，死如，弃如。

《象》曰："突如其来如"，无所容也。

译文

九四　突然杀来啊，烧房子啊，杀死人啊，丢弃尸体啊。

《象传》说："突然杀来啊"，是说没有容身之地。

按：上爻"日昃之离"已经不吉利，本爻更是凶险之甚。联系"鼓缶而歌"能免除不祥，再联系六五"出涕沱若，戚嗟若"能化凶为吉，那么本爻由于畜牝牛"吉"也终将转化，凭借运用柔退策略，厉王是能摆脱伤亡惨重的狼狈处境的。《象传》说没有容身之地，是只看到目前情况，没看到情况会向好的方面转化。

六五　出涕沱若[①]，戚嗟若[②]，吉。

《象》曰：六五之吉，离王公也[③]。

注释

①沱：下大雨。 ②戚：悲痛。 ③离王公：附丽于王公，居于王公位置，指六五在上离中间，是得中说。

译文

六五 流着眼泪像下大雨啊，悲痛地叹着气啊！但终将是吉利的。

《象传》说：六五的吉利，是由于居于王公位置，在上离中间。

按：本爻明白指出凶会转化为吉，以突出厉王用柔退策略终将战胜武人，摆脱困境，走向胜利。《象传》用了得中说。

上九 王用出征[①]，有嘉折首[②]，获匪其丑[③]，无咎。

《象》曰："王用出征"，以正邦也。

注释

①王：周厉王。用：以，凭着，凭着柔退策略。 ②有嘉：极为可喜。有：表极度的副词。嘉：喜。折首：杀掉为首的。③匪其丑：那些同类的。匪：彼，那些。其：那些，与"匪"用在一起，是同类虚词连用。

译文

上九 周厉王凭着柔退策略出征武人，极为可喜地杀掉了首恶，还俘获了那些同类的人，这没有坏处。

《象传》说："王去出征"，是为了把国家引上正轨。

按：本爻是说厉王将用柔退策略击败武人，并诛其首恶，获其同党，卦义于是得到醒豁表达。《象传》与爻辞意义相合。

咸

䷞ 艮下兑上

咸[1] 亨，利贞，取女吉[2]。

注释

①咸：本卦卦爻辞的“咸”都应该讲成感，感是动。下艮三爻三个咸字都明显地是说动，上兑的两个咸也要训动，这在分析爻辞时可以看得更清楚。原来本卦是写男子追求女人，下艮为阳刚，象征男子。上兑为阴柔，象征女人。男追求女在我国古代往往用来比喻明君寻求贤臣，本卦是说厉王在寻求得力的辅佐。这种行为不能急躁，只能安详，因此下艮三爻都是说急躁必凶，安详则吉。 ②取：同娶。女：比喻贤臣。

译文

中兴事业会顺利达成，凭着寻求贤臣的正确行动得到好处，有了贤臣帮助是吉利的。

按：《周易》讲周厉王寻求贤臣的还有家人、渐、归妹等卦，说明《周易》作者是认识到像厉王这样的昏庸之君，没有贤臣帮助是不行的。

《彖》曰：咸，感也。柔上而刚下[1]，二气感应以相与[2]，止而说[3]，男下女[4]，是以“亨，利贞，取女吉”也。天地感而万物化生，圣人感人心而天下和平，观其所感而天地万物之情可见矣。

注释

①柔上而刚下：上兑主爻是阴爻，是柔。下艮主爻是阳爻，是刚。兑上艮下是柔上刚下。　②二气：阴阳。兑为柔，为阴。艮为刚，为阳。相与：相互结合。　③止而说：下艮为止，上兑为悦，联系起来是“止而说”。说，同悦。　④男下女：艮阳刚，为男。兑阴柔，为女。艮在兑下，是“男下女”。

译文

《彖传》说：咸是感动。兑以阴柔居于上卦，艮以阳刚居于下卦，于是阴阳二气以感应而相互结合。艮为止，兑为悦，是“止而悦”。艮为男，兑为女，是“男下女”。这样事业才会顺利，凭着求女的正确得到好处，以有贤臣帮助而一切吉利。天地相互交感而万物产生，圣人感动人心而天下太平，看了这些交感或感动的情况，天地万物的情况都可以看到了。

按：《彖传》无得于卦义，但一些枝节解说却正确，例如以兑为柔，以艮为刚，以艮为男，以兑为女，以艮为止，以兑为悦等。

《象》曰：山上有泽，咸。君子以虚受人。

译文

《象传》说：山上有一个湖泊构成咸卦。君子看到这个卦象就想到要以谦虚待人。

按：用谦虚待人触及寻求贤臣的卦义。

初六，咸其拇[①]。

《象》曰：“咸其拇”，志在外也。

注释

①拇：同踇，脚大拇指。

译文

初六，动了脚大拇指。

《象传》说："动了脚大拇指"，是想要到外面去。

按：爻辞对"咸其拇"未置可否，但联系六二"咸其腓，凶"和九三"咸其股，执其随，往吝"看，其为"凶"或"吝"不待言。其所以这样，是由于求贤而出以躁进，不是出以柔退。咸其拇是躁进的开始，《象传》"志在外"不能加以说明。

六二　咸其腓[①]，凶。居，吉。

《象》曰：虽凶居吉，顺不害也。

注释

①腓（fěi）：小腿。

译文

六二　动了小腿，凶险。只有不动，才会吉利。

《象传》说：虽然动起来凶险，但停下来却吉利，顺着道理做不会有害处。

按：本爻明确指出，用躁动态度求贤就凶，用柔退态度求贤才吉。《象传》的"顺不害"是反对"咸其腓，凶"，肯定"居，吉"，有得于卦义。

九三　咸其股[①]，执其随[②]，往吝。

《象》曰："咸其股"，亦不处也[③]。志在随人，所执下也[④]。

注释

①股：大腿。 ②执：抓住，牵动。随，与大腿相随的部分，指腰。 ③处，停止。 ④所执下：所具备的水平低下。执：掌握，具备。

译文

九三，动了大腿，牵动了腰部，这样发展下去不好。

《象传》说："动了大腿"，是动个不停。一心只想跟随别人，是所具备的水平低下。

按：爻辞进一步指出用躁动态度求贤不好，必须出以柔退。《象传》的"不处"只从文字上说明"咸其股"，至于以"随"为志在随人，所执早下，则是错误的。

九四　贞吉，悔亡。憧憧往来[①]，朋从尔思[②]。

《象传》曰："贞吉，悔亡"，未感害也。"憧憧往来"，未光大也。

注释

①憧憧（chōng chōng）：往来不停。 ②思：语末助词。

译文

九四　贤臣要有归于周厉王的正确态度才吉利，悔恨也就没有了。贤臣要不停地归于周厉王，像朋友归于贤主人一样。

《象传》说："以态度正确而吉利，悔恨就没有了"，是不感到有害处。"不停地往来"，是没有广大。

按：本爻属于上艮，渲染贤臣归于周厉王，像流水滔滔不绝，以见厉王用柔退态度求贤的成功。《象传》"未感害"和"未光大"都不能加以说明。

九五　咸其脢[①]，无悔。

《象传》曰："咸其脢"，志末也[②]。

注释

①脢（méi）：背脊上面的肉，一般不能动。　②末：微末，渺小。

译文

九五　动了脊背上的肉，没有悔恨。

《象传》说："动了脊背上的肉"，说明志向渺小。

按：脊背上面的肉一般不能动，现在却动起来，是比喻贤臣下了最大决心，要投奔周厉王，以更有力地反衬厉王用柔退态度求贤的成功。这应该是贤臣的志向弘大。《象传》却说是志向渺小，是适得其反的。

上六　咸其辅颊舌[①]。

《象》曰："咸其辅颊舌"，滕口说也[②]。

注释

①辅：就是颊，指口的两边。　②滕（téng）口说：滔滔不绝地说。

译文

上六　动了面颊和舌头。

《象传》说：动了面颊和舌头，是滔滔不绝地在说。

按："咸其辅颊舌"指贤臣归于周厉王后向王提供有价值的意见，是本卦写厉王以柔退求贤的高潮。《象传》的"滕口说"有逞其辩说的意思，与爻辞含义不合。

恒

䷟ 巽下震上

恒　亨[①]，无咎，利贞，利有攸往。

注释

①恒：本卦卦象是巽下震上，巽为风，震为雷，是风起而乘雷，象征臣起而事君。六五爻辞的“妇人”指臣，“夫子”指君，也是用男女表示君臣。卦名的“恒”训“常”，结合卦爻辞看，指用柔顺事君的常道，“妇人”是“以顺为正”的。本卦要求大臣柔顺（主要是武人），厉王刚强，六五“恒其德贞，妇人吉，夫子凶”，就是说经常在德的方面保持柔顺，对大臣就吉利，对君王就凶险，正是指出大臣应该柔顺以事君王，而君王则应该奋其乾纲以驾驭臣下的。《周易》作者并不是要厉王一味柔退，毫不刚强。

译文

大臣要柔顺地事奉君王，才会亨通，没有过失，还将凭着以柔顺事君的正道得到好处，做什么都顺利。

按：本卦主要讲大臣应该用柔顺之道事君，卦辞是就着大臣说的。

《彖》曰：恒，久也。刚上而柔下[①]，雷风相与[②]，巽而动[③]，刚柔皆应[④]，恒。恒，“亨，无咎，利贞”，久于其道也。天地之道，恒久而不已也。“利有攸往”，终则有始也[⑤]。日月得天而能久照，四时变化而能久成，圣人久于其道而天下化

成。观其所恒，而天地万物之情可见矣。

注释

①刚上而柔下：上卦震，主爻是阳，是刚。下卦巽，主爻是阴，是柔。 ②雷风相与：上卦震雷与下卦巽风相联系。 ③巽而动：巽顺而震动。 ④刚柔皆应：初六的柔与九四的刚相应，九二的刚与六五的柔相应，九三的刚与上六的柔相应，是相应说。 ⑤终则有始：终结了又开始，是循环论。有：同又。

译文

《彖传》说：恒的意义是永久。卦象是阳刚的震雷在上，阴柔的巽风在下，雷与风相联系，巽顺而震动，阳刚的爻与阴柔的爻都相互呼应，这些构成了恒卦。恒卦卦辞说，“亨通，没有坏处，凭着正确得到好处”，是长久保持恒久之道的结果。天地的情况是恒久而不停止的。“发展下去有好处”，是才完结又开始，不断循环。日月高高地在天上能永远照耀大地，春、夏、秋、冬四时不断变化能永远使万物成长，圣人用恒久之道行之有常，天下就能遵从教化形成好的风俗。只要观察研究恒久之道，对天地万物的情况都可以清楚了。

按：这条《彖传》用“久”解释“恒”，围绕“久”字大做文章，实无得于卦义。本卦是说臣下要以柔顺事君为常道，恒是常，不是久。至于以“刚上而柔下，雷风相与，巽而动，刚柔皆应”为恒，也颇多可议。这不但是“刚柔皆应”为相应说，决不可取，而且“刚上而柔下”云云，与“恒”又有什么关系呢？说“久于其道”不行，因为还是以“恒”为“久”。说“天地之道恒久而不已”，也不行，因为仍然是以“恒”为“久”。

《象》曰：雷风恒。君子以立不易方[1]。

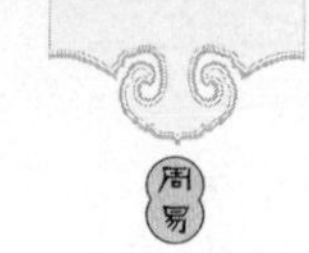

注释

①立：建立。不易方：不可改变的原则。易：改变。方：方向，原则。

译文

《象传》说：上震的雷和下巽的风构成恒卦。君子看到这个卦象就去建立不可改变的原则。

按："不易方"是一种抽象提法，没有具体到臣下要以柔顺事君才不算是"不易方"。

初六　浚恒[①]，贞凶，无攸利。

《象》曰：浚恒之凶，始求深也。

注释

①浚恒：损害以柔顺事君的常道。浚：挖深，这里指损害。

译文

初六　如果损害了以柔顺事君的常道，即使正确也凶险，没有任何好处。

《象传》说：损害恒常之道之所以凶险，是因为开始追求刻深。

按：《象传》未能解释恒为以柔顺事君之常道，无得于卦义。

九二　悔亡。

《象》曰：九二"悔亡"，能久中也[①]。

注释

①久中：指九二长久居于下巽中间，是得中说。

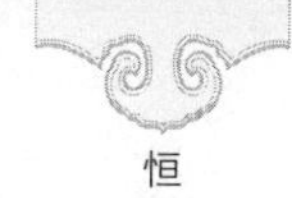

译文

九二　悔恨没有了。

《象传》说：九二之所以悔恨没有了，是因为长久居于下巽的中间。

按：本爻“悔亡”是就不“浚恒”说，即就不损害以柔顺事君的常运说。《象传》用了得中说。

九三　不恒其德，或承之羞[①]，贞吝。

《象》曰：“不恒其德”，无所容也。

注释

①或：有时候，无定代词。承：蒙受。羞：耻辱。

译文

九三　不经常保持以柔顺事君的品德，有时候会蒙受耻辱，即使正确也不好。

《象传》说：“不经常保持那种品德”，就无所容于天地之间。

按：本爻是指出“浚恒”的坏处。《象传》对本爻内容有认识。

九四　田无禽[①]。

《象》曰：久非其位[②]，安得禽也？

注释

①田：打猎。禽：鸟兽。　②非其位：指阳爻九居于阴位四，是爻位说。

译文

九四　打猎没有得到鸟兽。

《象传》说：很久都不是居于应该居的位置，如何能得到鸟兽呢？

按：本爻用“田无禽”比喻厉王处境艰难，一无所有，上震是象征厉王的。在这种情况下，武人以柔顺相事，更显得十分重要，本卦是要求武人以柔顺事奉厉王的。《象传》用了爻位说。

六五　恒其德贞①，妇人吉②，夫子凶③。

《象》曰：妇人贞吉，从一而终也。夫子制义，从妇凶也。

注释

①贞：正确，指柔顺。　②妇人：比喻臣，具体指武人。③夫子：男人，比喻君，实际上指周厉王。制义：制以义，以义制，用正确原则处理事情。

译文

六五　恒常的品德是柔顺，对妇人吉利，对男子凶险。

《象传》说：妇人以柔顺的正确而吉利，是因为要跟男人过一辈子。男人必须用正确原则处理事情，如果什么事都顺从妇人，那就凶险了。

按：本爻指出武人应该以柔顺事君，而厉王则必须乾纲独断，可见《周易》并不一味强调阴柔，《老子》把《周易》作了片面的发展。《象传》只沾滞于“妇人”和“夫子”，看不到比喻意义。

上六　振恒①，凶。

《象》曰：振恒在上，大无功也。

注释

①振：动，动摇。

译文

上六　动摇了柔退的恒常之道，那就凶险。

《象传》说：在本卦的最上面动摇了恒常之道，不会有一点好处。

按：本爻是说厉王如果动摇了以柔退驾驭武人的恒常之道也凶险，应该是乾纲独断与柔退结合。《象传》对“振恒”没有解释，“在上”指本爻居于本卦最上面，是爻位说。

遯

䷠ 艮下乾上

遯[1]　亨，小利贞[2]。

注释

①遯（dùn）：同遁，逃走。从六二“执之用黄牛之革，莫之胜说”看，应该是指武人想要遁逃，却遁逃不了，好像被周厉王用牛皮带子拴住似的。“遁”不能像某些人所讲的是“隐遁”。②小利贞：凭着不逃走的正确得到小好处。武人如果想一走了事，就会受到严厉制裁。如果像九三所讲的“系遁，有疾厉，畜臣妾，吉”，就会“小利贞”。

译文

处境会顺利，凭着停止遁逃的正确得到小的好处。

按：遁逃决不会“亨”，“小利贞”是指停止遁逃说。

《彖》曰：“遯亨”，遯而亨也，刚当位而应[1]，与时行也。“小利贞”，浸而长也[2]。遯之时义大矣哉！

注释

①刚当位而应：阳爻居于阳位五，是得位。当（dàng）：得。应：指九五与六二相应。这些是爻位说和相应说。②浸：逐渐。长（zòng）：成长。

译文

《彖传》说："遁亨"是说遁逃会顺利，是由于阳爻九居于阳位五，还与六二呼应，是顺应着时机发展。"小利贞"，是指下面两个阴爻在逐渐成长。遁卦的意义是重大的。

按：说"遁而亨"，已经与卦义相反，用爻位说和相应说作为理由，更是错误。"小"在《周易》能指阴爻，如泰、否两卦的"小"，但那是与"大"相对待说。如果不对待，就是大小的小，好像大过也只是大一样。说阴爻逐渐成长，是卦变说。

《象》曰：天下有山，遯。君子以远小人，不恶而严。

译文

《象传》说：乾卦天下面有一个艮卦山，构成遁卦。君子看到这个卦象就想到要远远离开小人，虽不凶恶，却很严厉。

按：《象传》斥责小人，虽不能指明是武人，但武人却是小人，因此对卦义是有些领会的。

初六　遯尾①，厉，勿用有攸往。

《象》曰：遯尾之厉，不往何灾也？

注释

①尾：末尾，最后。

译文

初六　遁逃在最后面也有危险，最好是不遁逃。

《象传》说：遁逃在最后面危险，不遁逃还有什么灾难？

按：从下艮和上乾的关系看，下艮如果要离开上乾，最先是九三，可以叫头，最后是初六，可以叫尾。遁逃在最后尚且有危险，那么遁逃在中间特别是在前面的危险就更大了。这是警告武人不能遁逃，安下心来为厉王服务。《象传》能阐明爻辞。

六二　执之用黄牛之革[①]，莫之胜说[②]。

《象》曰：执用黄牛，固志也[③]。

注释

①执：捆绑。　②胜（shèng）：能够。说：同脱。　③固志：坚定不遁逃的思想。

译文

六二　好像用黄牛皮带子捆绑住，不能解脱。

《象传》说：好像用黄牛皮带子捆绑住，是坚定了不遁逃的思想。

按：本爻属于下艮，仍然是在就着武人说。爻辞是用比喻说武人坚定了不遁逃的思想，愿意留下来为厉王服务。《象传》的"固志"能说明问题。

九三　系遯[①]，有疾厉，畜臣妾，吉。

《象》曰：系遯之厉，有疾惫也[②]。"畜臣妾，吉"，不可大事也。

注释

①系：拴住，指停止。 ②惫（bèi）：疲乏。

译文

九三　停止遁逃，尽管有坏处而且危险，但能养着一些奴隶，还是吉利的。

《象传》说：停止遁逃的危险，好像生了病感到疲乏。“养着一些奴隶还是吉利”，是说不能在大事上有成就。

按：从“执之用黄牛之革”的坚决不遁逃到“系遁”的停止遁逃，是武人逐步向好处转变。《象传》说“系遯”不好，与爻辞意义相反。

九四　好遯[1]，君子吉，小人否[2]。

《象》曰：君子好遯，小人否也。

注释

①好：爱好。 ②否：不吉利。

译文

九四　喜爱遁逃者，君子吉利，小人不吉利。

《象传》说：君子喜爱遁逃者，小人不吉利。

按：本爻属于上乾，是就着厉王说，上乾三个爻都表明厉王对于武人的态度。本爻是说厉王对于想要遁逃的武人应该加以安慰，使之不遁逃。《象传》没有能够指出这一点。

九五　嘉遯[1]，贞吉。

《象》曰：“嘉遯贞吉”，以正志也[2]。

注释

①嘉：嘉许，赞美。 ②正志：端正思想。

译文

九五：君子赞美遁逃者，这合于正道而吉利。

《象传》说："赞美遁逃者合于正道而吉利"，是要端正遁逃者的思想，使他们不遁逃。

按："嘉遯"是对于想要遁逃的武人进一步安抚，《象传》未能明确指出。

上九　肥遯[①]，无不利。

《象》曰："肥遯，无不利"，无所疑也。

注释

①肥遯：使遁逃者宽裕自得，进退自由。肥：宽裕。

译文

上九　使遁逃者宽裕自得，没有什么不好。

《象传》说："使遁逃者宽裕自得，没有什么不好"，是对遁逃者没有怀疑。

按：本爻是说周厉王对武人应该再放宽松一些，《象传》对这一点有认识。

大壮

䷡　乾下震上

大壮[①]　利贞[②]。

注释

①大壮：本卦卦象是乾下震上，乾为天，震为雷，是雷在天上轰鸣，其势雄壮，所以叫大壮。这个大与大过的大相同，都应该讲成太，大壮是太壮了。震雷象征武人，乾天象征厉王，武人凌驾厉王，压抑厉王是太过分了的。遯卦说武人可能遁逃，本卦说武人势力强大，是《周易》作者的设想不同。 ②利贞：指厉王要凭着正确条件挫败武人。联系下乾爻辞看，正确条件是“有孚”和“用罔”，“孚”是诚，“罔”是无为。

译文

厉王要凭着正确条件才能挫败武人，得到好处。

按：本卦是说要挫败武人，全凭“有孚”和“用罔”，因此“贞”指“有孚”和“用罔”说。

《彖》曰：大壮，大者壮也。刚以动，故壮。大壮利贞，大者正也。正大而天地之情可见矣。

译文

《彖传》说：大壮，大的东西强壮。乾刚而震动，所以强壮。大壮凭正确得到好处，是指大的东西正确。从正确和壮大可以看出天地情况。

按：“大壮”是“太强壮”，不是大的东西强壮。“大壮”指上震，不是下乾的刚加上上震的动。总起来看，本卦是说武人大壮不好，《彖传》却孤立抽象地说大壮好。《彖传》与卦义是不一致的。

《象》曰：雷在天上，大壮。君子以非礼弗履[①]。

注释

①履：践履，干。

译文

《象传》说：雷在天上轰鸣，构成大壮卦。君子看到这个卦象就想到不合礼的事不能干。

按：认为震雷居于乾天之上为大壮，大壮是就上震说，这与本卦实际相合。从“雷在天上，大壮”引出“君子以非礼弗履”，是说上震凌驾下乾，太过分而非礼，也与卦义相合。本卦《象传》远较《彖传》正确，不能同出于一人。

初九　壮于趾，征凶。有孚。

《象》曰：“壮于趾”，其孚穷也。

译文

初九　足趾强壮有力，大步前进有凶险。只有有孚，才能解决问题。

《象传》说：“足趾强壮有力”，是孚没有了。

按：本爻是说要制服武人不能孟浪冒昧，要发挥“行有尚”的孚的作用。《象传》认为孟浪冒昧无孚可言，也是主张发挥孚的作用的。

九二　贞吉。

《象》曰：九二贞吉，以中也。

译文

九二　由于正确，所以吉利。

《象传》说：九二以正确而吉利，是因为位置在下乾中间。

按：本爻为初九和九三枢纽，能集中体现其内容。初九以

“有孚”而无不利，九三以“用罔”而无不为。本爻兼有“有孚”和“用罔”的作用，所以正确吉利。

《象传》的“以中也”是得中说。

九三　小人用壮，君子用罔[①]。贞厉，羝羊触藩[②]，羸其角[③]。

《象》曰：小人用壮，君子罔也。

注释

①罔：无，指无为。无为是不凭主观愿望去为，而是按照客观实际去为，是一种正确的世界观和方法论。这个“罔”字讲成无为，有小过九四“勿用，永贞”为根据，“勿用，永贞”是说无为永远正确。《周易》的无为上承《尚书·康诰》“用其义刑义杀，勿庸以次女封，乃女尽逊，惟日未有逊事”（用合理的刑法进行合理的诛杀，不要凭你姬封的个人意志，于是你一切正确，但又像没作什么正确的事），下启《老子》的“无为而无不为”。　②羝（dī）羊：公羊。藩：篱笆。　③羸（léi）：本义是瘦弱，这里指损坏。

译文

九三　小人用强暴欺人，君子凭无为取胜。小人即使用意正确也危险，将像公羊被关在羊圈里，还用角去撞篱笆，结果会损坏它的角。

《象传》说：小人用强暴，君子凭无为。

按：本爻指制服武人应该尊重客观实际，也就是要从客观实际出发，这样将会得到好结果。《象传》只重复爻辞。

九四　贞吉，悔亡，藩决不羸，壮于大舆之輹[①]。

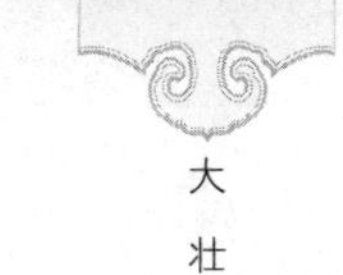

《象》曰“藩决不羸”，尚往也[2]。

注释

①壮：坚实。輹：伏兔，在车箱下勾住车轴的木勾子。②尚：庶几，还。

译文

九四以合于正道而吉利，悔恨就没有了。好像公羊撞篱笆，篱笆破了角却没有坏，又好像车箱下面勾住车轴的木勾子那样坚实。

《象传》说：“篱笆破了角却没有坏”，是说还可以前进。

按：本爻属于上震，是就武人说。通过比喻，指出即使犯点错误也不要紧（“藩决不羸”），甚至日子还会更好过（“壮于大舆之輹”），以鼓励武人迅速来归。

《象传》“尚往”是说武人还可以归于周厉王，与爻辞意义相合。

六五　丧羊于易[1]，无悔。

《象》曰：“丧羊于易”，位不当也[2]。

注释

①于易：由于率易，由于马虎。于：以，由于。易，率易，马虎。　②位不当：指本爻以阴爻六居于阳位五，是爻位说。

译文

六五　由于马虎失掉了羊，但没有悔恨。

《象传》说：“由于马虎失掉了羊”，是因为本爻所处爻位不恰当。

按：本爻用比喻指出，武人如果由于周厉王“有孚”和“用罔”而老实听话，即使出点问题也不会有悔恨，是对武人的进一

步安抚。《象传》用了爻位说。

上六　羝羊触藩，不能退，不能遂[①]，无攸利，艰则吉。

《象》曰："不能退，不能遂"，不详也[②]。"艰则吉"，咎不长也。

注释

①遂：前进。　②不详：应作不祥。

译文

上六　像公羊用角撞篱笆，不能后退，不能前进，没有好处。要艰苦克制才吉利。

《象传》说："不能后退，不能前进"，这不吉祥。"要艰苦克制才吉利"，这样碰上困难才不会长久。

按：以上两爻都是劝武人归附周厉王。本爻是向武人提出警告，如果仍然捣乱破坏，势必如羝羊触藩，进退失据。《象传》大体上正确。

晋

䷢　坤下离上

晋[①]　康侯用锡马蕃庶[②]，昼日三接[③]。

注释

①晋：同进，指太阳从地平线进入天空，照耀大地；比喻周厉王高居王位，抚有天下。卦象是坤下离上，坤为地，象征武人，离为日，象征周厉王。本卦是说周厉王终将恢复王位为君，武人应该以如坤的柔顺之德相事奉。大壮卦写武人归服，于是就

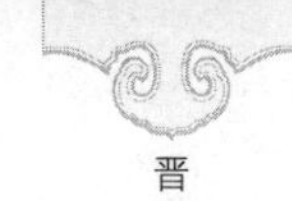

接上本卦。 ②康侯：值得赞美的侯，指归服了的武人。康：美好。用锡马蕃庶：用赏赐的母马蕃殖出许多马，比喻武人受到周厉王教育，大有提高。锡：赐。马：母马，因为能蕃殖马。③昼日三接：一天之内多次接见。

译文

值得赞美的侯由于受到周厉王教育大有提高，一天之内为周厉王多次接见。

按："锡马蕃庶"，是比喻武人接受周厉王柔退的教育而大有提高，卦辞就着武人说，但加以突出的却是周厉王。

《彖》曰：晋，进也。明出地上[①]，顺而丽乎大明[②]，柔进而上行[③]，是以"康侯用锡马蕃庶，昼日三接"也。

注释

①明出地上：离卦居坤卦之上，离为日，为明，坤为地。②顺而丽乎大明：下坤以其柔顺依附上离。顺：柔顺，指下坤。丽：依附。大明：伟大的光明，指上离。 ③柔进而上行：指观卦六四向上运动与九五交换位置，成为本卦，是卦变说。

译文

晋是向上长进。上离光明出现在下坤地面上，下坤的柔顺依附着上离伟大的光明。观卦六四向上运动与九五交换位置，因此"值得赞美的侯凭着天子所教导的柔顺大有提高，一天之内受到天子多次接见"。

按：以"晋"为"进"，不错，说"明出地上，顺而丽乎大明"，也不错，但都不能指出所要阐明的卦义是什么。再加上运用了一个卦变说，就得出了"康侯用锡马蕃庶，昼日三接"的结论，令人难解。

《象》曰：明出地上，晋。君子以自昭明德[①]。

注释

①昭：明，这里有提高的意义。明德：美好的品德。

译文

《象传》说：上离光明升出下坤地面，成为晋卦。君子看到这个卦象就去提高自己的美好品德。

按：《象传》认为本卦主要是讲上离，因此就着明字做文章，不知本卦着重讲的是下坤要以柔顺事奉上离，武人要以柔顺事奉厉王。《象传》是把本卦重点看错了的。

初六　晋如摧如[①]，贞吉，罔孚，裕无咎[②]。

《象》曰："晋如摧如"，独行正也。"裕无咎"，未受命也[③]。

注释

①晋：进，指躁进。摧：退，指柔退。　②裕：宽裕，从容自得。　③未受命：没有接受王命。

译文

初六　躁进啊，变成柔退啊，才正确而吉利，即使没有孚（诚）也将从容自得，没有坏处。

《象传》说："从躁进变成柔退"，是独行正道。"从容自得而没有坏处"，是没有接受王命。

按：本爻叫武人以柔顺事奉周厉王，是卦辞"康侯用锡马蕃庶"的体现。《象传》认为从躁进变成柔退是独行正道，有得于卦义。"裕无咎"是柔退而"独行正"所得到的好处，《象传》说成"未受命"是不对的。

六二　晋如愁如，贞吉，受兹介福[①]，于其王母[②]。

《象》曰："受兹介福"，以中正也[③]。

注释

①介福：大福。　②王母：祖母。　③中正：本爻居于下坤中间，是得中，以阴爻六居于二这个阴位，是得正，这些都是爻位说。

译文

六二　躁进啊，令人发愁啊，这合于正道而吉利，还将从天子祖母那里接受大福。

《象传》说："接受大福"，是由于既得中，又得正。

按：说躁进令人发愁，是要变为柔退。这样就将从天子祖母那里得到大福，是对柔退的高度肯定。本爻进一步申说了卦辞的"康侯用锡马蕃庶"，更好地突出了武人必须以柔顺事奉厉王的主旨。《象传》用了爻位说。

六三　众允[①]，悔亡。

《象》曰：众允之志，上行也[②]。

注释

①允：信任。　②行：达到。

译文

六三　大家都信任周厉王，悔恨就没有了。

《象传》说：大家都有信任的思想，上面的目的就达到了。

按：本爻是前面两爻强调要以柔顺事奉周厉王的必然结果，是从以柔顺事奉周厉王发展到信任周厉王。这是《周易》作者的愿望。《象传》"上行"之说有得于爻辞意义。

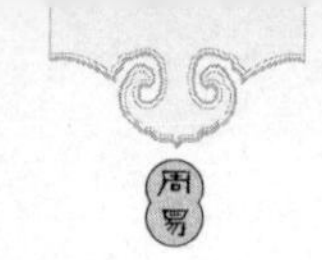

九四　晋如鼫鼠[1]，贞厉。

《象》曰：鼫鼠贞厉，位不当也[2]。

注释

①鼫（shú）鼠：又叫五技鼠。据说他有五种技能，但都不能坚持，即能飞不能上屋，能爬树不能爬到树顶，能游泳不能渡过山涧，能打洞不能掩身，能跑不能跑到别人前头。这里用来比喻一无是处。　②位不当：指阳爻九居于阴位四，是爻位说。

译文

九四　躁进啊就会像五技鼠那样一无可取，即使正确也危险。

《象传》说：五技鼠正确也危险，是由于所处的位置不恰当。

按：本爻属于上离，是就周厉王说。晋仍然讲成躁进，但却是指不以柔退之道驾驭武人，周厉王对武人是必须以退为进，以后取先的。以躁进驾驭武人将一无是处，是从反面对取后而不取先的衬托。《象传》用了爻位说。

六五　悔亡，失得勿恤[1]，往吉，无不利。

《象》曰："失得勿恤"，往有庆也。

注释

①恤：忧虑。

译文

六五　悔恨没有了，无论是损失或者收获都不用忧虑，发展下去会吉利，没有不吉利的。

《象传》说："无论是损失或者收获都不用忧虑"，是由于发展下去有好处。

按：本爻指出周厉王用柔退驾驭武人好处很多，即使有点损

失，也不用忧虑。

《象传》的“往有庆”是说明“往吉，无不利”的。

上九　晋其角，维用伐邑[①]，厉，吉？无咎？贞吝。

《象》曰：“维用伐邑”，道未光也[②]。

注释

①维：语助词。　②道：指待人接物的原则。光：广大，弘大。

译文

上九　把角伸出触人，派兵攻打别人城邑，这些都危险，能够吉利？没有坏处？看来即使正确也是不好的。

《象传》说：“派兵攻打别人城邑”，是接人待物的原则还不弘大。

按：“晋其角，维用伐邑”，是用比喻指出，周厉王对待武人如果不取后而取先，不柔退而躁动，肯定有危险，是从反面衬托出用柔退对待武人的重要。

《象传》对这些有认识。

明　夷

䷣　离下坤上

明夷[①]　利艰贞。

注释

①明夷：光明受到损害。明：光明。夷：损害。本卦卦象是离下坤上，离为日，坤为地，是光明的红日受到厚地压抑，比喻

周厉王受到武人迫害，下离指周厉王，上坤指武人。晋卦明出地上，是周厉王高居武人之上，本卦明入地中，是周厉王伏处武人之下，卦象相反，内容也相反。初九“君子于行，三日不食”，是写厉王在流放于彘的道途中的悲惨情况，与旅卦九三“旅焚其次，丧其童仆”是写厉王流放于彘的狼狈处境可以合看。本卦和旅卦都比较明显地写出厉王受到武人摧残，是《周易》为厉王而作的本证。

译文

要艰苦守住为君的正道才有利。

按：这是《周易》作者向厉王指出，只有这样，才有复国中兴的可能。

《彖》曰：明入地中，明夷。内文明而外柔顺①，以蒙大难②，文王以之③。利艰贞，晦其明也，内难而能正其志④，箕子以之⑤。

注释

①内文明：内卦是离，离为明。外柔顺：外卦是坤，坤为顺。 ②蒙：遭受。 ③以之：有这种情况。以：有。之：代替“内文明而外柔顺，以蒙大难”。 ④内难：在朝廷内遭到灾难。⑤箕子：殷末贤臣，因反对纣王淫乱，被罚作奴隶。

译文

《彖传》说：光明进入地里面，是光明受到损害。内部保持着文明品德，外面表现为柔顺态度，却遭受大灾难。周文王有这种情况。以艰苦保持正道得到好处，把光明品德隐蔽起来，在朝廷内遭到灾难，但能够端正思想，箕子有这种情况。

按：能够从辞句上解释卦名。本卦坤上离下是厚地损害光

明，不是“内文明而外柔顺”，更不能扯到文王。箕子确实”内难而能正其志”，但箕子是臣，厉王是君，不能用臣比拟君。

《象》曰：明入地中，明夷。君子以莅众[①]，用晦而明[②]。

注释

①莅众：莅临民众，治理人民。 ②用：以，从。

译文

《象传》说：光明进入地里面，是光明受到损害。君子看到这个卦象，治理人民就要从黑暗转向光明。

按：从辞句上解释卦象也正确。如果说周厉王会从黑暗转向光明，这就更正确。现在说治理人民要从黑暗转向光明，就与卦义无关。

初九　明夷，于飞垂其翼[①]，君子于行[②]，三日不食[③]。有攸往，主人有言[④]。

《象》曰：“君子于行”，义不食也。

注释

①于飞：正在飞。古汉语动词前加“于”，表示事情正在前行。 ②君子：在《周易》多指厉王，这里也指厉王。 ③三日：许多天。“三”表示多。 ④主人：管理君子的人，指武人。有言：有话说，指责骂。

译文

初九　光明的品德受到损害，像一只正在飞的鸟儿却垂下了翅膀。“君子”正在路途中行走，已经有很多天没吃上饭。只要一向别处去，“主人”就会骂起来。

《象传》说：“君子正在路途中行走”，按道理是不吃饭的。

按：本爻写厉王在流放于彘的路途中的狼狈情况，生动而具体。《象传》对此全不理解，还说“君子”在路途中不吃饭应该，真不知从何说起？

六二　明夷，夷于左股[①]，用拯马壮[②]，吉。

《象》曰：六二之吉，顺以则也[③]。

注释

①股：大腿。　②拯：援救。马壮：比喻援救的人得力。③则：法则，道理。

译文

六二　光明的品德受到损害，还伤了左边的大腿，但只要援救的人得力，还是吉利的。

《象传》说：六二的吉利，是由于顺乎情势，合于道理。

按：本爻具体写了厉王身体受伤的情况，并指出只要援救得力，厉王就能不遭放逐，《周易》作者对厉王的复国是有信心的。《象传》的“顺以则”，肯定了厉王得救是好事，与爻辞意义相合。

九三　明夷，于南狩[①]，得其大首[②]，不可疾[③]，贞。

《象》曰：南狩之志，乃大得也。

注释

①南狩：向南方楚国出兵征讨。南：指楚国。狩：本义是冬天打猎，古人借打猎习武，因此也可以指用兵。西周从昭王到穆王伐楚都失败，《周易》作者把打败楚国这件大事寄希望于厉王。②大首：大头目，指楚王。　③不可疾：不可刚猛，要以退为进，以后取先。

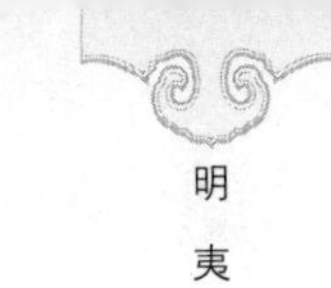

译文

九三　尽管光明品德受到损害，但一旦解脱，就能南征楚国，俘获楚王，只是不能以刚猛之道用兵，才完全正确。

《象传》说：有了南征思想，就会大有收获。

按：《周易》作者不但希望厉王复国，还祝愿他立功，表现出对西周王朝的忠心耿耿。厉王难有作为，作者也知道，井卦九三说“王明，并受其福”，就是王不明，难受其福。《象传》肯定“南狩之志”为“大得”，与爻辞意义相合。

六四　入于左腹，获明夷之心，于出门庭[①]。

《象》曰：“入于左腹”，获心意也[②]。

注释

①于：而。门庭：即门，大门，庭是衬字，“门庭”是偏义复词。　②心意：同心臆，就是心。

译文

六四　用刀子刺进左边腹部，取出光明品德受到损害的人的心，走出了大门。

《象传》说：“用刀子刺进左边腹部”，得到了心。

按：本爻属于上坤，是就武人说。“入于左腹，获明夷之心，于出门庭”，是说武人对厉王进行了残酷迫害，还昂然而志得意满，这些都是对武人的鞭挞。

《象传》只重复一下爻辞。

六五　箕子之明夷，利贞。

《象》曰：箕子之贞，明不可息也[①]。

注释

①息：止息，没有。

译文

六五　箕子的光明品德受到损害，要立场正确，才有好处。

《象传》说：箕子的正确，说明光明品德不能没有。

按：用箕子被排除在贵族之外，指武人中也有由于要援救厉王而受到迫害的好人，即六二“用拯马壮”的壮马。《象传》只执着于箕子说，不能得爻辞隐微曲折的含义。

上六　不明晦，初登于天，后入于地。

《象》曰：“初登于天”，照四国也①。“后入于地”，失则也②。

注释

①四国：四方的国家，即天下所有的诸侯国。　②则：原则。

译文

上六　不能走向光明，反而进入黑暗，开始好像登上了天堂，后来却坠入了地底。

《象传》说：“开始好像登上了天堂”，光辉照耀着天下所有的国家。“后来坠入了地底”，是由于失去原则。

按：本爻是说武人不能有光明前途，面对的是一片黑暗。《象传》能发挥爻辞意义。

家　人

䷤　离下巽上

家人[①] 利女贞。

注释

①家人：指家长。九三“家人嗃嗃，悔，厉，吉，妇子嘻嘻，终吝”，把“家人”与“妇子”对比，是“家人”为家长的有力证明，但不能停留在讲一般家长。九五“王假有庙”，说明家长指王，根据《周易》通例，王都指周厉王，从而本卦就是用家长得妇子相助，比喻周厉王得贤臣相助。本卦同其他某些卦一样，用男女比喻君臣。“王”用在上巽，是上巽为男。“中馈”用在下离，是下离为女。本卦上巽为男足以破《说卦传》巽为长女之说，足以破《说卦传》通过变卦搞出来的乾坤六子之说，还证明《周易》无所谓变卦，通过变卦进行占筮，与《周易》沾不上边，是后人妄加于《周易》的。

译文

“家人”以有贤内助正确帮助得到好处。

按：卦辞就着“家人”说，可见“家人”（家长，厉王）是本卦主要陈述对象，不是“利女贞”的“女”。

《彖》曰：家人女正位乎内，男正位乎外，男女正，天地之大义也[①]。家人有严君焉[②]，父母之谓也。父父，子子，兄兄，弟弟，夫夫，妇妇，而家道正，正家而天下定矣。

注释

①大义：大原则。 ②严君：严厉的家长。

译文

《彖传》说：就一家人来说，女的应该在家内搞好家务，男的应该在家外搞好工作，这是天地间的大原则。一家人有严厉的家长，是说父母。做父亲的要像父亲，做儿子的要像儿子，做哥

哥的要像哥哥，做弟弟的要像弟弟，做丈夫的要像丈夫，做妻子的要像妻子，这样家里就会搞好，搞好一家天下也就搞好了。

按：讲究男女内外有别，由父母率领全家，家齐而后国治，国治而后天下平，全是儒家思想，与卦义是说周厉王要得贤臣帮助没有关系。

《象》曰：风自火出[①]，家人。君子以言有物而行有恒[②]。

注释

①风自火出：本卦是离下巽上，离为火，其性刚强，在本卦比喻君，即周厉王。巽为风，其性柔顺，在本卦比喻臣，即帮助周厉王复国的贤臣。“风自火出”没有道理，与卦义也不相关。②言有物：说话有内容。行有恒：做事有恒心。

译文

《象传》说：风从火出来，构成了家人卦。君子看到这个卦象就要说话有内容，做事有恒心。

按：解释卦名错误，阐述卦义也错误。

初九　闲有家[①]，悔亡。

《象》曰：“闲有家”，志未变也。

注释

①闲：治理。有家：伟大的家，指西周王朝。“有”在古汉语用于名词前有“大”的意思，如“有周”是“大周”，“有唐”是“大唐”等。

译文

初九　把伟大的家庭治理好，悔恨就没有了。

《象传》说：“把伟大的家庭治理好”，是思想没有改变。

按：用“妇子”治家，比喻用贤臣治国，由于成绩大，所以“悔亡”。《象传》“志未变”应该是说贤臣帮助周厉王治理好国家的志向没有改变，与爻辞意义相合。

六二　无攸遂[1]，在中馈[2]，贞吉。

《象》曰：六二之吉，顺以巽也[3]。

注释

①遂：成就。　②中馈（kuì）：家里的膳食。　③顺：柔顺。巽：柔顺。顺以巽：柔顺再柔顺，非常柔顺。

译文

六二　即使没有什么成就，只要能在家里搞好膳食，就合于正道而吉利。

《象传》说：六二的吉利，是由于非常柔顺。

按：本爻用“在中馈”的持家，比喻贤臣帮助厉王治国，只要把国治好，就一切都好。《象传》肯定妇子柔顺，就是肯定贤臣柔顺，对于爻辞“在中馈，贞吉”有发挥。

九三　家人嗃嗃[1]，悔，厉，吉。妇子嘻嘻[2]，终吝。

《象》曰：“家人嗃嗃”，未失也。“妇子嘻嘻”，失家节也[3]。

注释

①嗃嗃（hòu hòu）：严厉的样子。　②嘻嘻：不严肃的样子。　③家节：治家的大节，治家的原则。

译文

九三　家长严厉，会有悔恨，也有危险，但总是吉利。妇子不严肃，终归不好。

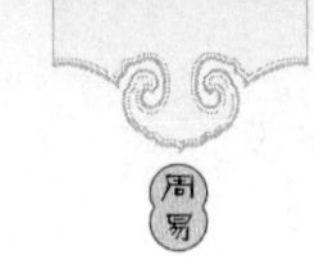

《象传》说："家长严厉"，没有过失。"妇子不严肃"，丧失治家原则。

按：本爻是说厉王治国如果太严，也有危险，但由于振奋乾坤，还是吉利。朝臣如果玩忽职守，到头来就有过失。二者对比，重点在后，因为本爻属于下离，是就朝臣说。《象传》能对爻辞作出说明。

六四　富家，大吉。

《象》曰："富家，大吉"，顺在位也。

译文

六四　妇子能使家庭富裕，大大吉利。

《象传》说："妇子能使家庭富裕，大大吉利"，是顺从家长，站在治家的岗位上。

按：本爻属于上巽，是就厉王说。爻辞是厉王对贤臣帮助治国有成绩的肯定。《象传》指出贤臣有成绩是顺从厉王，是正确的。

九五　王假有家①，勿恤②，吉。

《象》曰："王假有家"，交相爱也。

注释

①假（gè）：到。有家：大家，指朝廷。　②恤：忧虑。

译文

九五　厉王由于有贤臣帮助回到朝廷，不用忧虑，一切都会吉利。

《象传》说："王由于有贤臣帮助回到朝廷"，他们会互相喜爱。

按：本爻明白提出王，并回到朝廷，是贤臣对厉王尽力辅佐的结果。《象传》能说明爻辞。

上九　有孚威如，终吉。

《象》曰：威如之吉，反身之谓也[①]。

注释

①反身：回过头来要求自己。身：自己。

译文

上九　有了诚，很威严，终归吉利。

《象传》说：威严吉利，是说严格要求自己。

按：本卦写贤臣有助于厉王，但仍然以周厉王有孚起决定作用，孚在《周易》的威力无穷。《象传》认为“威如之吉”，要反求诸己，对爻辞突出有孚的作用没有说明。

睽

䷥　兑下离上

睽[①]　小事吉。

注释

①睽（kuí）：相互背离，相互矛盾。卦象是兑下离上，兑为泽，离为火，水与火是矛盾的。从比喻意义看，上离象征周厉王，下兑象征大臣，从九四“遇元夫”（周厉王碰上大夫）和九二“遇主于巷”（大臣在宫廷中囚禁犯人的巷子里碰上厉王），都可以得到证明。这两爻还说明，当时厉王与他的大臣尽管因武人的控制而相互背离，但在睽违中还有联系。家人卦周厉王以得贤

臣而“富家，大吉”，本卦则显示出厉王与大臣仅偶有联系，从而只能“小事吉”。

译文

只有做点小事才吉利。

按：卦辞明确指出，周厉王当时处境不理想，但还可以有所作为。

《彖》曰：睽，火动而上①，泽动而下②，二女同居③，其志不同行④。说而丽乎明⑤，柔进而上行⑥，得中而应乎刚⑦，是以“小事吉”。天地睽而其事同也，男女睽而其志通也，万物睽而其事类也⑧，睽之时用大矣哉！

注释

①火动而上：指下离的火向上焚烧。 ②泽动而下：指上兑的水向下倾注。 ③二女：指离卦和兑卦，由于都以阴爻为主爻，所以都叫做女。 ④不同行：指离向上烧，兑向下注。 ⑤说而丽乎明：和悦地依附着光明。说：同悦，兑表示和悦。明，光明，离表示光明。 ⑥柔进而上行：指离卦下离六二上升，与九二互换，成为本卦，是卦变说。 ⑦得中而应乎刚：指六五以柔得中，与九二这个刚爻相应，是得中说和相应说。 ⑧类：同。

译文

《彖传》说：本卦的矛盾表现为下离的火向上烧，上兑的水相下注，又像离和兑这两个女即同住在一起，但思想上却不愿意走在一起。下兑的和悦依附着上离的光明，下离六二这个阴爻前进向上运动，阴爻六五居于上离中间，与下兑九二阳爻相呼应，因此“做小事情吉利”。天和地矛盾可是作用相同，男和女矛盾

可是思想相通，万物矛盾重重，可是也都有共同点，矛盾的意义是巨大的。

按：“火动而上，泽动而下，二女同居，其志不同行”，表现为矛盾，用来解释卦名“睽”是可以的。特别是能从“天地睽而其事同”，“男女睽而其志通”，“万物睽而其事类”，说明矛盾还有其统一，更为可取。至于用卦变说、得中说、相应说解释卦辞“小事吉”，则完全错误。

《象》曰：上火下泽，睽。君子以同而异。

译文

《象传》说：上卦是离火，下卦是兑泽，构成睽卦。君子看到这个卦象就要从相同看出不同。

按：本卦主要是讲矛盾，讲不同，但又有其统一和相同。《彖传》从相异看出相同，从矛盾看出统一，与卦义一致。《象传》从相同看出相异，从统一看出矛盾，与卦义相反。这也说明本卦《彖传》和《象传》不是出于一人之手。

初九　悔亡：丧马，勿逐自复[①]；见恶人，无咎。

《象》曰：“见恶人”，以辟咎也[②]。

注释

①逐：追赶，寻找。复：回来。　②辟：同避，躲开。

译文

初九　悔恨没有了：失掉了马，不去寻找自己会回来；碰上凶恶的人，没有坏处。

《象传》说：“碰上凶恶的人”，会躲开灾祸。

按：本爻指出贤臣辅佐厉王，将先不顺利，后来顺利。“悔

亡”是判断，接着用“丧马，勿逐自复”和“见恶人，无咎”两件具体事例证实。《象传》“见恶人，以辟咎也”，与常理相反，因为“见恶人”会逢咎，怎么能避咎呢？

九二　遇主于巷①，无咎。

《象》曰：“遇主于巷”，未失道也②。

注释

①主：与丰卦初九“遇其夷主”，九四“遇其配主”的“主”相同，都指周厉王。巷：宫中的巷，即所谓“永巷”，用来囚禁王室成员甚至于王的。　②道：途径，指营救厉王的途径。

译文

九二　在“永巷”中碰上厉王，没有坏处。

《象传》说：“在永巷中碰上主人”，说明还没有失去营救的途径。

按：“遇主于巷”是贤臣在厉王遭到囚禁的地方见到厉王，是厉王为武人囚禁的证明。与明夷初九的“君子于行，三日不食”和旅卦九三“旅焚其次，丧其童仆“联系起来，厉王受到武人摧残的情况就大体上看到了。厉王既然为贤臣发现，营救就有可能，这当然没有坏处，《象传》发挥了爻辞。

六三　见舆曳①，其牛掣②，其人天且劓③，无初有终。

《象》曰：“见舆曳”，位不当也④。“无初有终”，遇刚也⑤。

注释

①曳：向后拉。　②掣（chè）：往前拖。　③天：在额上刺字，即黥刑。劓（yí）：割鼻子。　④位不当：指本爻以阴爻六

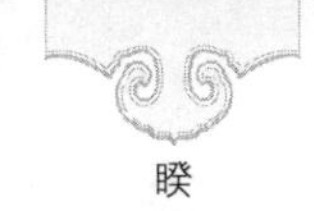

居于阳位三，是爻位说。⑤遇刚：指本爻以阴柔上接九四阳刚，是关系说。

译文

六三　看见车子向后拉，那头牛却往前拖，拉车的人很狼狈，好像受了黥刑和劓刑，没有好开头，却有好结果。

《象传》说："见舆曳"，是本爻所处爻位不恰当。"无初有终"，是本爻以阴柔碰上九四阳刚。

按：本爻用比喻指出，贤臣援救厉王矛盾很大，受到打击很重，但没有好开头，却有好结果，以见厉王终于会被援救出来。《象传》用了爻位说和关系说。

九四　睽孤遇元夫，交孚，厉，无咎。

《象》曰，"交孚无咎"，志行也。

译文

九四　在睽违孤独之际，恰好碰上了一个大夫，彼此相互信任，即使有危险，也没有坏处。

《象传》说，"彼此相互信任，没有坏处"，是意志得以实现。

六五　悔亡，厥宗噬肤[①]，往何咎？

《象》曰："厥宗噬肤"，往有庆也。

注释

①厥宗：那一座宗庙。厥：其，那一座。宗：宗庙，西周王朝祖庙。噬（shì）肤：吃肉。噬，吃。肤，《周易》以肤为肉。

译文

六五　悔恨没有了，厉王到宗宙，吃着用于祭祀的肉，这样下去有什么坏处？

《象传》说："到宗宙吃祭祀肉"，这样下去有好处。

按：本爻设想周厉王在贤臣援救下将能到太庙主持祭祀，恢复王位而中兴。《象传》用"往有庆"阐明"厥宗噬肤"是正确的。

上九　睽孤：见豕负涂[1]，载鬼一车。先张之弧[2]，后说之弧[3]，匪寇，婚媾。往遇雨则吉。

《象》曰：遇雨之吉，群疑亡也。

注释

①负涂：背负泥土，指背上沾满泥土。　②张：拉开。弧(hú)：木弓。　③说：同脱，放下。

译文

上九　在睽违孤独之中，神情恍惚，好像看见猪背上沾满了泥，又好像看见装来一车鬼。先拉开木弓想用箭射，后来放下木弓不射了，原来这些奇形怪状像鬼的人不是来劫掠的，是来求亲的。发展下去会像旱苗得雨那样吉利。

《象传》说：遇雨吉利，一切疑虑都没有了。

按：本爻追记厉王在囚禁中精神恍惚，竟然把来救助的贤臣看成鬼怪，但终于弄清情况，还希望自己能像旱苗得雨那样吉利。

《象传》说厉王如果能像旱苗得雨，一切疑虑都会消亡，对爻辞有领会。

蹇

䷦　艮下坎上

蹇[①] 利西南，不利东北。利见大人，贞吉。

注释

①蹇（jiǎn）：困难。本卦卦象是艮下坎上。艮为山，坎为水。这象征有一股水在山上流，备历艰辛险阻，但终归要流出去，进入平坦的原野，放纵奔流。以比喻厉王在武人包围之中，处境艰难，但必然会得到解脱，重振雄风。睽卦设想周厉王在十分困难中会得到贤臣帮助，本卦写周厉王在艰难困苦中会得到解脱，两个卦的内容是相通的。本卦用“蹇”作为卦名，但重点却在于要摆脱困难，从卦爻辞都可以看出来。如果认为本卦只是讲困难，就不正确。

译文

利于流往平坦的西南方，不利于流往险峻的东北方。天下人都将以能看到解脱了的周厉王得到好处，这是合于正道而吉利的。

按：卦辞用水的流向做比喻，祝愿厉王摆脱困难，进入坦途。“利见大人”说明《周易》作者对于厉王的必然解脱，信心是很足的。

《彖》曰：蹇，难也，险在前也。见险而能止[①]，知矣哉[②]。蹇“利西南”，往得中也[③]。“不利东北”，其道穷也。“利见大人”，往有功也。当位贞吉[④]，以正邦也。蹇之时用大矣哉！

注释

①见险而能止：上坎为险，下艮为止，以艮遇坎，是“见险而能止”。这与卦义不合，因为本卦着重点是突破险阻，不是在险阻面前止步。 ②知：同智，聪明。 ③得中：指小过卦九四

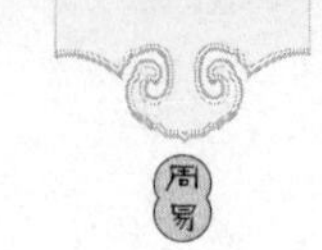

变为九五，居上卦当中，成为本卦，是卦变说和得中说结合。④当位：指本卦二、四爻以阴爻居阴位，四、五爻以阳爻居阳位，各当其位，是爻位说。

译文

《彖传》说：蹇是困难，是危险在前面。看见险阻就能停下来，是够聪明的！说蹇卦"利于向西南发展"，是小过九四变成九五，居于上坎当中。说"蹇卦"不利于向东北发展，是路子走不下去。"以见到大人为有利"，是发展下去有好处。本卦二、三、四、五爻各当其位，得正而吉，凭这些就能把国家治理好。蹇卦的作用是大的。

按：以"难"训"蹇"正确。"见险而能止"与卦义相反。其余或用爻位说、卦变说和得中说，都是错误的。

《象》曰：山上有水，蹇。君子以反身修德①。

注释

①反身：回过头来检查自己。修德：提高品德。

译文

《象传》说：下卦是艮山，上卦是坎水，构成蹇卦。君子看到这个卦象就回过头来检查自己，提高品德。

按：这与孟子所说的横逆之来则反求诸己相合，但不是本卦要讲的内容。

初六　往蹇，来誉。

《象》曰："往蹇，来誉"，宜待也。

译文

初六　如果背离厉王，就会有困难，只有回来为厉王服务，才能有称誉。

《象传》说："去有困难，来有称誉"，应该等待时机。

按：本爻指出，武人只有老老实实为周厉王服务，不能背离。《象传》与爻辞意义不合。

六二　王臣蹇蹇，匪躬之故①。

《象》曰："王臣蹇蹇"，终无尤也②。

注释

①匪躬：不是自己。匪：不是。躬：自己。　②尤：过失。

译文

六二　武人困难很大，却不是自己的缘故。

《象传》说："王臣困难很大"，但终于没有过失。

按：叫武人做"王臣"，有安抚武人的意思。说武人困难很大，指取代厉王，势成骑虎。说不是自己的缘故，是以开脱来安抚武人。本卦着重要厉王安抚武人，化困难为顺利，因之初六有"来誉"，九三有"来反"。《象传》也为王臣开脱，与爻辞意义相合。

九三　往蹇，来反①。

《象》曰："往蹇，来反"，内喜之也②。

注释

①反：同返，回来。　②内：内心。

译文

九三　如果背离厉王，就有困难，只有回来服务于厉王。

《象传》说："背离有困难，只有回来"，这是说内心喜欢回来。

按：本爻进一步规劝武人不要背离厉王，要好好为厉王服务。《象传》"内喜之"是对"王臣"服务厉王的肯定，与爻辞相合。

六四　往蹇，来连。

《象》曰："往蹇，来连"，当位实也①。

注释

①当位实：当位是实际情况，指本爻以阴爻六居于阴位四，是爻位说。

译文

六四　如果迳行离开，不去安抚武人，就会有困难，只有回来与武人联系，做好他们的工作。

《象传》说："离开会有困难，只有回来联系他们"，说明当位是实际情况。

按：本爻属于上坎，是就厉王说，因为"往蹇"的意义与初六和九三的"往蹇"不同，那两处是说武人背离厉王会有困难，这里是说厉王远离武人，不加以安抚，会有困难。《象传》用了爻位说。

九五　大蹇，朋来。

《象》曰："大蹇，朋来"，以中节也①。

注释

①中节：合于节拍，意思是当位。阳爻九居于阳位五，是当位或中节，这是爻位说。

译文

九五　在碰上大困难的时候，朋友会来帮助。

《象传》说："在碰上大困难的时候，朋友会来帮助"，是由于本爻以阳爻居于阳位，是当位的。

按：本爻说明厉王安抚武人将有收获，能争取到武人的帮助。《象传》用了爻位说。

上六　往蹇，来硕，吉[①]。利见大人。

《象》曰："往蹇来硕"，志在内也[②]。"利见大人"，以从贵也[③]。

注释

①硕：大。　②志在内：指本爻与内卦九三呼应，是相应说。　③从贵：指本爻顺从内卦九三，仍然是相应说。九三是阳爻，是"贵"。本爻以阴爻与之呼应，是"从贵"。

译文

上六　离开会有困难，只有回来安抚，才大为吉利。天下人都将以见到大人得到好处。

《象传》说："离开会有困难，只有回来才大为吉利"，是想与内卦九三呼应。"以看见大人得到好处"，是由于追随着九三这个贵人。

按：本爻是强调厉王安抚武人会有很大好处，"大人"指厉王。《象传》全用相应说。

解

䷧ 坎下震上

解[①] 利西南[②]，无所往，其来复，吉。有攸往，夙吉[③]。

注释

①解：解脱。从卦象看，下坎象征水的险阻，上震象征雷的飞腾。雷冲开险阻而盘旋于险阻之上，是得到解脱，所以卦名叫做解。屯卦（䷂）是雷在水下受到压抑，本卦恰好相反，所以或是屯难，或是解脱。蹇卦写周厉王安抚武人，缓和了紧张气氛，本卦突破困难是一种发展。 ②西南：与蹇卦卦辞的“西南”相同，指平坦的地方，对厉王有利。 ③夙：早。

译文

利于到西南平坦的地方去。即使没有去的地方，回来也吉利。如果有了去的地方，更会很早就吉利。

按：卦辞指出周厉王将无往而不吉利，是得到解脱的有力说明。

《彖》曰：解，险以动[①]，动而免乎险[②]，解。解“利西南”，往得众也。“其来复吉”，乃得中也[③]。“有攸往，夙吉”，往有功也。天地解而雷雨作[④]，雷雨作而百果草木皆甲坼[⑤]。解之时大矣哉！

注释

①险以动：解卦内卦是坎，坎为险。外卦是震，震为动。联

系起来是“险以动”。 ②动而免乎险：震雷以运动离开坎水的险阻。 ③得中：指九二居下坎当中，是得中说。 ④作：产生。 ⑤甲坼（chè）：甲壳裂开。

译文

《彖传》说：解卦卦象是坎险和震动相结合，震雷以运动离开坎水的险阻，这就是解脱。解卦“利于向西南方向发展”，去了会得到群众。“回来也吉利”，是由于九二在下坎当中。“有去的地方，很早会吉利”，是指去了有成就。天地解脱，雷雨产生，一切果实的甲壳都会裂开，表现为一派生机。解卦的意义是重大的。

按：解释卦象卦名都正确，说解脱会出现生机，也正确。只是又用了得中说。

《象》曰：雷雨作，解。君子以赦过宥罪[①]。

注释

①赦（shè）：免除。宥（yòu）：宽恕。

译文

《象传》说：雷雨产生，形成解卦。君子看到这种卦象就要免除对人民的惩罚并宽恕人民的罪过。

按：《象传》认为本卦是讲治狱要宽大，与卦义无关。

初六　无咎。

《象》曰：刚柔之际[①]，义无咎也[②]。

注释

①刚柔之际：刚与柔相交接。刚指九二，柔指本爻，本爻上接九二，是柔与刚相交接，是关系说。际：交接。 ②义：

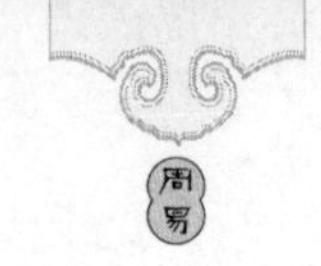

道理。

译文

初六　没有坏处。

《象传》说：刚与柔相交接，从道理说没有坏处。

按：本爻属于下坎，是说武人。其所以无咎，是设想武人接受安抚，归服于周厉王。《象传》说刚柔交接，没有坏处，一般讲未尝不可，但这里却是关系说。

九二　田获三狐[①]，得黄矢[②]，贞吉。

《象》曰：九二贞吉，得中道也[③]。

注释

①田：打猎。三狐：很多狐狸，三指多。　②黄矢：黄铜箭头，那时用铜做兵器。　③得中道：指本爻居于下坎中间，是得中说。

译文

九二　打猎得到很多狐狸，从狐狸身上得到黄铜箭头，这合于正道而吉利。

《象传》说：九二合于正道而吉利，是由于得中。

按：本爻用比喻说明，武人接受厉王安抚，会有很多收获，是对来归的武人进行鼓励。还从正面肯定，说他们合于正道而吉利。《象传》用了得中说。

六三　负且乘[①]，致寇至[②]，贞吝。

《象》曰："负且乘"，亦可丑也。自我致戎，又谁咎也？

注释

①负且乘：背着东西还去坐车。负：背着东西。乘：坐车。②致寇至：招致盗贼到来，比喻会受到别人谴责。

译文

六三　背着东西还去坐车，会招来别人谴责，即使正确也不好。

《象传》："背着东西还会去坐车"，是可丑的事。是由自己招来别人谴责，又能怪哪个呢？

按：本爻用比喻说明，武人如果不安心卑贱（"负"），却要去争取高贵（"乘"），也就是不安守臣节，却要去觊觎厉王尊位，就会群起而攻之。这是要武人诚心归服。《象传》可取，就是没有涉及比喻意义。

九四　解而拇[①]，朋至斯孚[②]。

《象》曰："解而拇"，未当位也[③]。

注释

①解：解脱。而：你，代词。拇，同踇，脚大指头。②斯：就，关系副词。孚：信。　③未当位：指本爻以阳爻九居于阴位四是所处之位不当，是爻位说。

译文

九四　把你脚大拇指上系的绳子解脱，朋友来了会相信你。

《象传》："把你脚大拇指上系的绳子解脱"，是由于本爻所处的位置不恰当。

按：本爻属于上震，是就周厉王说。爻辞用比喻指出周厉王必须摆脱武人控制，取得臣民拥戴，以进一步得到解脱。《象传》"未当位"是爻位说。

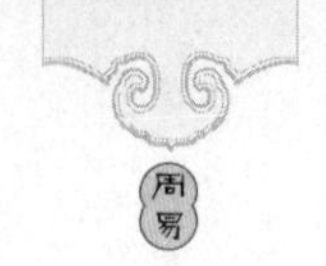

六五　君子维有解[①]，有孚于小人[②]。

《象》曰：君子有解，小人退也。

注释

①君子：指周厉王。维：语助词。　②孚：信。小人：指一般人。

译文

六五　周厉王有解脱的一天，将为一般人所信服。

《象传》说：君子有解脱的一天，一般人都会退避。

按：爻辞强调周厉王终将有解脱的一天，表现了《周易》作者的愿望。《象传》认为“君子”解脱后一般人会退避，与爻辞意义不合。

上六　公用射隼于高墉之上[①]，获之，无不利。

《象》曰：“公用射隼”，以解悖也[②]。

注释

①公：周厉王大臣。隼（sǔn）：凶残的鸟，比喻武人中不来归服的人。墉：城墙。　②解：除去。悖（bèi）：乱，指乱臣贼子。

译文

上六　公在高高的城墙上射那凶残的隼，得到了它，没有不利的。

《象传》说：“公射凶残的隼”，是除去乱臣贼子。

按：本爻是说对那些凶顽不化的武人必须沉重打击。《象传》与爻辞意义相合。

损

䷨ 兑下艮上

损[1] 有孚，元吉，无咎，可贞，利有攸往。曷之用[2]？二簋可用享[3]。

注释

①损：抑损，减省，去掉不利因素。蹇卦“君子维有解”，是设想厉王摆脱武人控制。解卦“公用射隼于高墉之上”，是设想消灭了武人中的顽固分子。在这些设想下，《周易》作者担心厉王会骄傲自满，才提出本卦，希望有贤臣对他进行箴砭，使他认真完成中兴大业。卦象是兑下艮上，兑为泽，艮为山，是水浸润着山，抑损着山，以比喻贤臣在帮助周厉王去掉骄矜之气。②曷之用：用何，用什么。曷：同何，什么。之，助成“用曷”成为“曷用”的语助词。 ③簋：见坎卦六四注释。

译文

有了诚，就大为吉利，没有坏处，可以合于正道，发展下去，还有好处。用什么祭祀？有两碟子食物就可以了。

按：卦辞指出去掉骄气与多欲必须有诚心，不能自欺欺人。“曷之用？二簋可用享”，是说用减省抑损之道可以祭祀鬼神，是用比喻指出减省抑损的重要，厉王必须以此自待，才能更上一层楼。

《彖》曰：损，损下益上，其道上行[1]。损而“有孚，元吉，无咎，可贞，利有攸往，曷之用？二簋可用享”。二簋应

有时[2]，损刚益柔有时。损，益，盈，虚，与时偕行。

注释

①上行：就上句的“益上”说，指给上面以好处。 ②有时：有一定的时候，指必要的时候。

译文

《彖传》说：损卦，抑损下面，增益上面，原则是给上面以好处。损卦是讲“有诚心就大为吉利，没有坏处，可以合于正道，发展下去还有好处，用什么去祭祀？用两碟祭品就可以了”。用两碟祭品应该在必要的时候，抑损阳刚增益阴柔有一定的时候。或损抑，或增益，或满盈，或空虚，是随着时间一起发展的。

按：说“损下益上”，与卦义相反。对卦辞没有解释，只照抄原文。用“损刚益柔”阐明“损下益上”，也是错误，因为下震上艮都是刚。“损、益、盈、虚”，与时偕行，讲得有道理，但与卦义无关。

《象》曰：山下有泽，损。君子以惩忿窒欲[1]。

注释

①惩忿：制止忿怒。窒欲：阻塞嗜欲，去掉嗜欲。

译文

《象传》说：艮山下面有泽水，形成损卦。君子看到这个卦象就要制止忿怒，去掉嗜欲。

按：本卦是要周厉王放下包袱，轻装前进，达到中兴。《象传》没有触及这些问题。

初九 已事遄往[1]，无咎，酌损之[2]。

《象》曰："已事遄往"，尚合志也[3]。

注释

①已事：放下事情不做。已：停止，放下。遄（chuán）：快，迅速。②酌：考虑。之，指代周厉王的骄矜之气。③尚：还。

译文

初九　放下事情不做，急急忙忙去，没有坏处，因为是考虑要去掉周厉王的骄矜之气。

《象传》说："放下事情不做，急急忙忙去"，还能与志向相合。

按：本爻是就着能直言极谏的贤臣说，是下兑在抑损上艮，是贤臣要去谏正周厉王。《象传》没有讲清楚。

九二　利贞；征凶，弗损益之。

《象》曰：九二利贞，中以为志也[1]。

注释

①中以为志：以居中作为志愿，指九二居下兑中间，是得中说。

译文

九二　凭着谏正厉王得到好处，发展下去有危险，如果不是抑损而是增益的话。

《象传》说：九二以正确得到好处，因为是以居中作为志愿。

按：本爻先提出，如果谏正厉王，就会有好处；再指出，如果不谏正厉王，就会有危险：以进一步强调必须谏正厉王。本爻重点是"征凶，弗损益之"，《象传》没有涉及，却用了得中说。

六三　三人行则损一人，一人行则得其友。

《象》曰：一人行，三则疑也。

译文

六三　三个人走就会失去一个人，一个人走会得到朋友。

《象传》说：一个人可以行走，三个人就有怀疑。

按：本爻用比喻指出，嗜欲多会受到损失，只有抑损，才有好处，说明对厉王必须严加抑损，才能使之大有作为，走向中兴。《象传》肯定“一人行”，否定“三人行”，与爻辞意义相合。

六四　损其疾，使遄有喜[①]，无咎。

《象》曰：“损其疾”，亦可喜也。

注释

①有喜：在《周易》专指病愈，如无妄九五：“无妄之疾，勿药有喜。”

译文

六四　去掉疾病，使自己很快好起来，没有坏处。

《象传》说：“去掉疾病”，也是可喜的事情。

按：本爻属于上艮，是就厉王说。是厉王自己也想认真改正错误，对贤臣进谏积极响应。《象传》用“可喜”解释“损其疾”是对改正错误的肯定，与爻辞意义相合。

六五　或益之十朋之龟[①]，弗克违[②]，元吉。

《象》曰：六五元吉，自上祐也[③]。

注释

①或：有人，无定代词，但实际是指下兑，指贤臣。十朋之龟：价值十串贝壳的大乌龟壳，极言其可贵。十串贝壳是一百个贝壳，一串贝壳十个，叫一朋。 ②弗：不。克：能。违：推辞。 ③上：上天，上帝。

译文

六五 有人把价值十朋的大乌龟壳赠给我，不能推辞，大为吉利。

《象传》说：六五的大为吉利，是由于有上帝保佑。

按：本爻是厉王对进谏贤臣的巨大帮助表示感谢，愿意改正错误。《象传》把厉王改正错误的“元吉”归功于上帝的保佑，是不正确的。

上九 弗损益之，无咎，可贞，利有攸往。得臣无家[①]。

《象》曰：“弗损益之”，大得志也[②]。

注释

①得臣无家：等于说什么也没有得，因为有臣（奴隶）必有家。说“得臣无家”，是家既没有，臣也没有，什么都没有。 ②志：志向，目的。

译文

上九 如果不是抑损，而是增益，要没有坏处，可以合于正道，发展下去还有好处，都只是一句空话。

《象传》说：“不是抑损，而是增益”，会在很大程度上达到目的。

按：本爻突出了抑损的好处，增益的坏处，于是只能抑损，不能增益，把卦义表达得很充分。《象传》肯定增益，斥去抑损，

是适得其反。

益

䷩ 震下巽上

益[①] 利有攸往，利涉大川。

注释

①益：损卦是贤臣对周厉王进行谏诤、抑损，以免因为“射隼于高墉之上”（解卦上六），沉重地打击了武人，从而得到解脱，就骄矜起来。这对厉王大有助益，所以就接上了益卦。卦象是震下巽上，震为雷，巽为风。是雷要升腾向上，得到风的助益，越发轰轰烈烈。以比喻周厉王得到贤臣帮助，能复国中兴，会干得有声有色。下震象征周厉王，上巽象征贤臣，本卦主于周厉王说。

译文

发展下去有好处，碰上巨大困难能克服。

按：卦辞就周厉王进行概括，也是就下震进行概括。在上巽贤臣帮助下，周厉王去干大事情有利（初九“利用为大作”），即中兴复国有利，因而“利有攸往”。即使碰上什么凶事也不要紧（六三“益之用凶事，无咎”），即能排除武人干扰，因而“利涉大川”。

《彖》曰：益，损上益下，民说无疆[①]。自上下下[②]，其道大光[③]。“利有攸往”，中正有庆[④]。“利涉大川”，木道乃行[⑤]。益动而巽[⑥]，日进无疆。天施地生，其益无方[⑦]。凡益之道，与时偕行。

注释

①说：同悦，喜悦。无疆：没有疆界，即无穷无尽。 ②下下：屈居在下级下面，指礼贤下士。 ③大光：大大得到发扬。④中正：指六二和九五都既得中，又得正。所谓得中，是各居于一个经卦中间，所谓得正，是阴爻六居于二这个阴位，阳爻九居于五这个阳位。 ⑤木道：上巽的作用，《彖传》以巽为木。巽可以是木，也可以是风，本卦以巽为风，《彖传》与卦义不合。⑥动而巽：指下震上巽，震为动，巽为顺。 ⑦无方：没有方所，即无穷无尽。

译文

《彖传》说：益卦是抑损上面，增益下面，人民的喜悦说不完。从上面屈居在下级下面，他的为政之道得到大发扬。“发展下去有好处”，是六二和九五居中得正，意味着有喜庆的事。“碰上巨大困难能克服”，是上巽的作用在实现。益卦下震为动，上巽为顺，动而顺理，时刻前进，达到无穷无尽。这些是天之所施，地之所生，好处没有法子讲。总而言之，增益是随着时间一起发展的。

按：“损上益下，民说无疆”，具有民本思想，但与本卦内容无关。“自上下下”是谦虚美德。值得肯定，但与本卦联系不上。“中正有庆”是得中说和得正说。“木道乃行”是以巽为木，与本卦以巽为风不合。“益动而巽，日进无疆”，能抽象说明卦义；但不能实指，从而“天施地生，其益无方”也就落了空。由于多与卦义不合，或空语无事实，于是“凡益之道，与时偕行”的结语也就没有什么意义。这条《彖传》与卦义的距离是比较大的。

《象》曰：风雷，益。君子以见善则迁，有过则改。

译文

《象传》说：上巽的风和下震的雷构成益卦。君子见到这个卦象看到好的就学习，有了过错就改正。

按："见善则迁，有过则改"，与希望贤臣帮助厉王复国中兴全无关系。

初九　利用为大作[①]，元吉，无咎。

《象》曰："元吉，无咎"，下不厚事也。

注释

①大作：大事业，指厉王复国中兴。

译文

初九　凭着贤臣帮助去干大事业，大为吉利，没有坏处。

《象传》说："大为吉利，没有坏处"，是下面不努力干。

按：本爻是全卦的总提示，以下各爻都围绕着它展开。爻辞是说贤臣会认真帮助周厉王，《象传》却说下面不努力干，恰好相反。

六二　或益之十朋之龟[①]，弗克违[②]，永贞吉。王用享于帝[③]，吉。

《象》曰："或益之"，自外来也。

注释

①②：见损卦六五注释。　③帝：上帝。

译文

六二　有人用价值十串贝壳的大宝龟来帮助，不能推辞，这永远合于正道而吉利。周厉王凭着这种帮助去向上帝进行祭祀，也是吉利的。

《象传》说："有人来帮助"，是从外面来的。

按：本爻突出贤臣帮助的巨大好处，"享于帝"说明周厉王肯定能恢复王位，才能主持神圣的祭祀，"王"给明白点出来了。帮助当然是"自外来"，《象传》的话等于没有讲。

六三　益之用凶事，无咎，有孚中行，告公用圭①。

《象》曰：益用凶事，固有之也。

注释

①圭：瑞玉，上圆下方，作为一种信物用。

译文

六三　即使把凶险的事加于他，也不会有坏处。他内心有诚，凡事正确，还用瑞玉为信物叫贤臣来帮助。

《象传》说：把凶险的事相加，是本来就有凶险的事。

按：本爻是说周厉王即使碰上"凶事"也不要紧，"大作"必然会完成。何况还内心有诚，合于中道，并邀请贤臣帮助呢。《象传》把爻辞的虽用凶事相加而无咎，说成本来就有凶事，是不正确的。

六四　中行告公从①，利用为依迁国。

《象》曰："告公从"，以益志也②。

注释

①中行：指凡事不偏不倚的人，即周厉王。　②益志：提高思想。

译文

六四　周厉王告诉贤臣跟随他，要把贤臣的国家作为依靠迁都的国家，以得到好处。

《象传》说："告诉贤臣跟随着"，是要增强贤臣意志。

按：本爻就上巽所象征的贤臣说。《周易》作者对于西周行将迁都已经预见到，可见寄希望于周厉王也无非是出于热爱国家的思想。《象传》的"益志"与"利用为依迁国"无关。

九五　有孚惠心①，勿问元吉，有孚惠我德②。

《象》曰："有孚惠心"，勿问之矣；"惠我德"，大得志也。

注释

①②：《尚书·高宗肜日》"天既孚命正厥德"，说上天以孚赋予人，来提高人的品德，是这条爻辞的"有孚惠心"和"有孚惠我德"的根据。

译文

九五　上天把它所具有的诚加惠于我的心，不用问都大为吉利，上天是把它的诚来提高我的品德的。

《象传》说："上天用诚加惠于我的心"，不用问都好得很。"上天用诚来提高我的品德"，会凡事如意。

按：本爻是说贤臣由于对厉王十分忠顺，也为上天垂爱，惠之以诚，使之更好地服务于厉王。《象传》与爻辞一致。

上九　莫益之，或击之，立心勿恒①，凶。

《象》曰："莫益之"，偏辞也。"或击之"，自外来也。

注释

①立心：居心。勿：不。恒：常。恒心即常心，常心即善心，因为古人中有认为人性善的，看来《周易》作者也是一个性善论者。

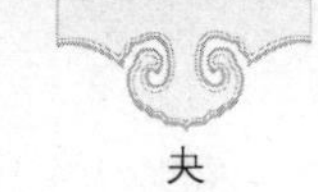

译文

上九　没有人帮助周厉王，有些人还要打击周厉王，这是居心不善，必然凶险。

《象传》说："没有人帮助他"，是"偏辞"。"有些人打击他"，是从外面来的。

按：本爻是说对周厉王只能帮助，不能打击，是对"益"进一步强调。《象传》的"偏辞"不知所指，"或击之"当然是"自外来"的。

夬

䷪　乾下兑上

夬①　扬于王庭②，孚号有厉③。告自邑④，不利即戎⑤，利有攸往。

注释

①夬（guì）：决，冲开，去掉。卦象是乾下兑上，乾为天，比喻周厉王，兑为泽，比喻武人，泽在天上，比喻武人在压抑周厉王，周厉王应该予以冲开或去掉，来重新为天下之王，损卦和益卦不是说有贤臣帮助周厉王，使之大有作为么？为什么又是夬呢？原来损、益两卦都是《周易》作者的设想，到本卦才又回到现实，当时是周厉王伏处于武人之下，武人凌驾于周厉王之上的。　②扬：宣扬，公开宣告。　③孚号：用诚号召。有厉：很危险，有字是程度副词。　④邑：京邑。　⑤即戎：用兵。

译文

周厉王在朝庭上公开宣告，要用诚号召，因为情况很危险。

还从京城宣告，不利于用兵，这样下去才有利。

按：卦辞指出，要去掉武人压抑，首先靠孚的作用，其次是用柔不用刚。概括出全卦主旨。

《彖》曰：夬，决也，刚决柔也①。健而说②，决而和③。“扬于王庭”，柔乘五刚也④。“孚号有厉”，其危乃光也⑤。“告自邑，不利即戎”，所尚乃穷也⑥。“利有攸往”，刚长乃终也⑦。

注释

①刚决柔：从下文“柔乘五刚”看，是说五个阳爻在冲击一个阴爻，是混同内外卦。②健而说：下乾是健，上兑是悦（说），认为本卦性质是刚健和悦，与本卦是指出周厉王应该向武人斗争的卦义相反 ③决而和：虽然冲决，却又和乐，也与卦义相反。④柔乘五刚：一个阴爻在五个阳爻之上。⑤光：大。⑥穷：尽，没有。⑦刚长：阳爻向上成长，指向上冲击。

译文

夬的意义是冲开，是阳爻在冲击阴爻。本卦是刚健而和悦，虽然冲决，却又很和乐。“在朝庭上公开宣告”，是因为一个阴爻凌驾于五个阳爻之上。“情况很危险，用诚号召”，是因为危险在加大。“从京城宣告，不利于用兵”，是因为所崇尚的武力会导致穷困。“发展下去有好处”，是阳爻向上冲击有好结果。

按：这条《彖传》只有用“决”解释“夬”正确。

《象》曰：泽上于天，夬。君子以施禄及下，居德则忌。

译文

《象传》说：兑泽上于乾天，构成夬卦。君子看见这个卦象就要把俸禄给予下面，忌讳以德自居。

按：这条《象传》与卦义全无关系。

初九　壮于前趾[①]，往不胜，为咎。

《象》曰：不胜而往，咎也。

注释

①趾：足趾，代替脚。

译文

初九　脚强壮有力，去了不能胜利，反而成为灾祸。

《象传》说：不能胜利却去了，这就是灾祸。

按：本爻属于下乾，是就周厉王说。说脚强壮有力，是比喻刚强得先，不柔弱取后，与卦辞提出的“孚号有厉”和“不利即戎”的思想不合，所以《周易》作者认为将“往不胜，为咎”。《象传》“不胜而往，咎也”，是避开本爻主要内容“壮于前趾”不提，只对“往不胜，为咎”加以重复。

九二　惕号，莫夜有戎[①]，勿恤[②]。

《象》曰：“有戎”“勿恤”，得中道也[③]。

注释

①莫：同暮，傍晚的时候。　②恤：忧虑。　③得中道：指本爻居于下乾中间，是得中说。

译文

九二　只要警惕地号召，即使傍晚或黑夜有敌人进犯，都不必担扰。

《象传》说："有敌人进犯""不必忧虑"，是合于中道的。

按：本爻着重讲要"惕号"，即警惕地以诚向武人号召，来分化瓦解他们。《象传》用了得中说。

九三　壮于頄[①]，有凶。君子夬夬，独行遇雨若濡[②]，有愠，无咎。

《象》曰：君子夬夬，终无咎也。

注释

①壮于頄：面部强壮有力，即绷紧面孔。頄（qiú）：颧骨，指面部。　②若：而，关联虚词。濡（rú）：沾湿。

译文

九三　绷紧了面孔，有凶险。厉王要去掉那些必须去掉的对象，会像一个人走路碰上下雨弄湿衣服，将很不高兴，但没有坏处。

《象传》说：君子要去掉他所要去掉的对象，终于没有坏处。

按：本爻进一步指出，不能用刚强，只能用柔弱。如果用刚强，将会像一个人踽踽独行，碰上下雨，弄湿衣服；是提醒周厉王要制服武人，还得运用以柔克刚的正确策略，以申说卦辞"孚号有厉"和"不利即戎，利有攸往"。《象传》只节取爻辞部分文字，还没有加以解释。

九四　臀无肤[①]，其行次且[②]。牵羊悔亡[③]，闻言不信。

《象》曰："其行次且"，位不当也[④]。"闻言不信"，聪不明也[⑤]。

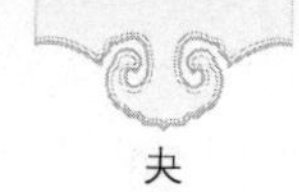

注释

①臀（tún）：屁股。肤：肉。 ②次且：同趑趄（zī jū），行走困难， ③牵羊：指投降。《史记·宋微子世家》：“周武王伐纣，克殷，微子乃持其祭器造于军门，左牵羊，右把茅，膝行而前以告。” ④位不当：指本爻以阳爻九居于阴位四，是爻位说。 ⑤聪：听觉。

译文

九四　屁股上没有肉，走路歪歪斜斜。要投降悔恨才没有，不要听了这种话却不相信。

《象传》说：“行走困难”，是本爻所处位置不恰当。听了话不相信，是听觉不好。

按：本爻属于上兑，是就武人说。爻辞用比喻指出，武人受到沉重打击，丧失活动能力，只有向厉王投降，才没有悔恨。《象传》用爻位说已属不当，而用听觉不好解释“闻言不信”，也不正确。

九五　苋陆夬夬[①]，中行无咎。

《象》曰：“中行无咎”，中未光也[②]。

注释

①苋（xiàn）陆：一种柔脆的小草。 ②光：大，发扬。

译文

九五　柔脆的小草要冲开压在它上面的东西，只有合于中道才不会有坏处。

《象传》说：“要合于中道才没有坏处”，是说中道还没有光大发扬。

按：“苋陆”柔脆，比喻武人。“夬夬”与九三“夬夬”相

同，都是说要冲开必须冲开的东西，但九三是指武人，本爻是指周厉王。“中行无咎”是说武人冲击厉王不合于中行而有咎。《象传》的“中未光”仿佛得之。

上六　无号，终有凶。

《象》曰：无号之凶，终不可长也。

译文

上六　没有去号召投降周厉王，终将有凶险。

《象传》说：“没有人号召的凶险，是终归不会长久的。

按：本爻指出为首的武人如果不去号召部属，与他一起牵羊投降，结果会受到致命打击。爻辞说“无号终有凶”，《象传》说“凶不可长”，是互相矛盾的。

姤

☰☴ 巽下乾上

姤[1]　女壮，勿用取女[2]。

注释

①姤：根据前人考定，应作遘，是碰上的意思。从卦象看，下巽为风，上乾为天。天受到风吹，比喻周厉王碰上武人冲击，这就是“遘”。《周易》作者见武人仍然强大，要周厉王暂时避开，这就是卦辞的“女壮，勿用取女”。这是以退为进，以后取先，以逐步制服武人，是夬卦思想的继续。　②取：同娶。

译文

女人太强壮了，不能娶来做妻子。

按：所包涵的思想已经在注释①指出。

《彖》曰：姤，遇也，柔遇刚也[1]。“勿用取女”，不可与长也[2]。天地相遇，品物咸章也[3]。刚遇中正[4]，天下大行也。[5]姤之时义大矣哉！

注释

①柔遇刚：指柔遇五刚，即初六与九二、九三、九四、九五、上九相遇，也是混淆内外卦，不可从。 ②长：指长久相处。 ③品物：各种物。品：类。章：明显地成长。章，明显。④刚遇中正：指阴爻九居于阳位五，既得中，又得正，是爻位说。 ⑤大行：大大推行，指大为顺利。

译文

《彖传》说：姤是碰上，是一个柔碰上五个刚。“不要娶那个女人”，是不能与她长久相处。天与地遇合，各种物都明显地成长。阳爻得中得正，天下一切都大为顺利。姤卦的意义是重大的。

按：这条《彖传》只有用“不可与长”解释“勿用取女”讲得过去。其余“柔遇刚”是混淆内外卦，“刚遇中正”是爻位说，“天地相遇”从卦象找不出根据。

《象》曰：天下有风，姤。后以施命诰四方[1]。

注释

①后：王。施命：发布命令。诰：同告。四方：全国。

译文

《象传》说：天下面有风，构成姤卦。国王看见这个卦象就发布命令，告诉全国。

按："后以施命告四方"，从卦辞到六条爻辞都找不出根据，证明《象传》与卦义不合。

初六　系于金柅[①]，贞吉。有攸往见凶[②]，羸豕孚蹢躅[③]。

《象》曰："系于金柅"，柔道牵也。

注释

①金柅（nǐ）：用金属做成的制止车轮滚动的工具。　②见凶：遭遇凶险。见：表被动的助动词。　③羸（léi）豕：瘦弱的母猪。巽是阴卦，所以讲成母猪。孚：确实。蹢躅（dí zhú），徘徊不前进。

译文

初六　像拴在金属止车工具上不动一样，才合于正道而吉利。如果前进就会碰上凶险，要像一头瘦弱母猪那样确实徘徊不前进才好。

《象传》说："像拴在金属止车工具上不动"，是具备柔道的初六被牵住了。

按：本爻不前进，意味要武人不进犯周厉王。《象传》的"柔道牵"，指本爻要像被金柅牵住不动，是讲对了。

九二　包有鱼[①]，无咎，不利宾。

《象》曰："包有鱼"，义不及宾也。

注释

①包：同庖，厨房，比喻武人的武库。鱼：比喻武人的武器。

译文

九二　厨房里有鱼，没有坏处，但是不利于客人。

《象传》说："厨房里有鱼"，从道理上说不能用来招待客人。

按：诸侯或大夫武库里有兵器，在当时是一般情况，所以"无咎"。但本爻实际上是说武人家底不薄，对厉王有威协，从而就"不利宾"了。以厉王为宾，是主于武人说。突出"不利宾"，是要武人不干犯周厉王。爻辞说："不利宾"，《象传》却说"义不及宾"，是相互矛盾的。

九三　臀无肤，其行次且，厉；无大咎。

《象》曰："其行次且"，行未牵也。

译文

九三　屁股上没有肉，走起路来歪歪斜斜，有危险；但是没有大坏处。

《象传》说："走起路来歪歪斜斜"，是对行走没有加以牵制，仍然在行走。

按："其行且次"是用比喻说武人仍然在进犯，因而有危险。但由于行动有困难，就没有大坏处。本爻还是要武人不干犯厉王。《象传》只就比喻本身说。

九四　包无鱼，起凶。

《象》曰：无鱼之凶，远民也。

译文

九四　厨房里没有鱼，要起来对付客人就凶险。

《象传》说：没有鱼的凶险，是由于远远离开人民。

按：本爻属于上乾，是就周厉王说。"包无鱼"比喻武库空

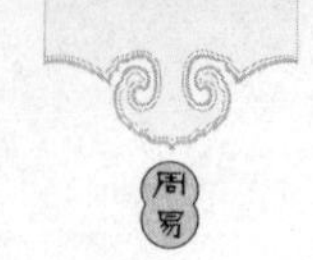

虚，要对付武人有凶险。言外之意，是要厉王蓄积力量，击败武人。《象传》“远民”说得好，因为脱离人民是无往而不凶的。

九五　以杞包瓜[①]，含章[②]，有陨自天[③]。

《象》曰：九五含章，中正也。[④]“有陨自天”志不舍命也。

注释

①杞（qǐ）：杞柳，很坚硬。包：包裹。瓜：很柔脆。②含章：怀着美好用心。含：怀。章：美。　③有陨：狠狠掉下来。有：用在动词前表示程度加深，讲成“狠狠”。陨：掉下来。④中正：指本爻居上乾当中，是得中，以阳爻九居阳位五，是得正。

译文

九五　用坚硬的杞柳包裹柔脆的瓜，即使有美好用心，瓜也会损坏，像从天上狠狠地摔下来一样。

《象传》说：九五美好，是由于居中得正。“从天上狠狠地摔下来”是“志不舍命”。

按：本爻是《周易》作者告诉周厉王，对付武人不能失之刚强，必须运用柔退，否则会受到严重损失，是柔弱胜刚强的一贯思想。《象传》用得中得正说已经错误，而“志不舍命”更不知所云。

上九　姤其角[①]，吝，无咎。

《象》曰：“姤其角”，上穷吝也[②]。

注释

①姤：应作遘。“姤其角”，碰上野兽的角，比喻受到武人触犯。 ②上穷吝：本爻居于本卦最上面，以阳爻居于阴位，因而穷困，是爻位说。

译文

上九　碰上野兽的角，不好，但是没有坏处。

《象传》说：“碰上野兽的角”，是本爻以阳爻居于最上面那个阴位而穷困。

按：本爻用比喻指出，周厉王有时会受到武人打击，但由于以退为进，以后取先，终将挫败武人，取得胜利，因此“无咎”。《象传》的“上穷吝”是爻位说。

萃

䷬　坤下兑上

萃①　王假有庙②，利见大人。亨，利贞。用大牲吉③，利有攸往。

注释

①萃：聚集。卦象是坤下兑上，坤象征地，兑象征泽，是泽水聚集在地面上，所以卦名叫做萃，萃是聚集的意思。本卦接着夬卦和姤卦，夬和姤都要周厉王怀柔武人，这里就用泽在地上比喻周厉王得到武人拥护而安于其位。初六指出“有孚不终，乃乱乃萃”，是要武人永远诚心事奉周厉王，于是九五就“萃有位，无咎”了。 ②王：周厉王。假（gé）：到。有庙：太庙，西周王朝祖庙。有可以训大，大与太同。 ③牲：牛。古代祭祀用

牛，是最隆重的。

译文

周厉王到太庙主持祭祀，天下人都以见到这样的大人得到好处。中兴复国事业顺利了，凭着斗争策略正确得到好处，用牛祭祀是吉利的，发展下去是很好的。

按：卦辞设想周厉王已经取得决定性胜利，到太庙祭祀祖宗，告以成功，西周王业将亿万斯年，是《周易》作者最美好的设想。

《彖》曰：萃，聚也。顺以说[①]，刚中而应[②]，故聚也。“王假有庙”，致孝享也[③]。“利见大人，亨”，聚以正也。“用大牲吉，利有攸往”，顺天命也。观其所聚，而天地万物之情可见矣。

注释

①顺以说：下坤为顺，上兑为悦，联系起来是柔顺而和悦。说同悦。 ②刚中而应：指九五以阳爻居于上兑中间，与下坤六二呼应，是相应说。 ③致：致送，表示。享：祭祀。

译文

《彖传》说：萃是聚集。下坤柔顺，上兑和悦，九五以阳刚居中，与六二相应，所以聚集。“王到太庙去”，表示孝顺地进行祭祀。以“见到大人得到好处，而且亨通”，是由于以正确途径聚集。“用牛祭祀吉利，发展下去有好处”，是顺从天命。看到这种聚集的情况，天地万物的实际情况就可以看到了。

按：解释卦名正确。“顺以说，刚中而应”，不是聚集的理由。以“王假有庙”为单纯“致孝享”，没有看出是在欢呼厉王复位的巨大胜利。以“利见大人，亨”为“聚以正”，实为空泛。

“用大牲吉，利有攸往”，看不出是“顺天命”。这样一来，“观其所聚，而天地万物之情可见矣”的结论就是站不住脚的。

《象》曰：泽上于地，萃。君子以除戎器[①]，戒不虞[②]。

注释

①除戎器：修理兵器。除：修理。戎器：兵器。 ②戒不虞：防备料想不到的事情。戒：防备。不虞：料想不到的事情。虞：料想。

译文

《象传》说：湖泊上升在地面上，构成萃卦。君子看到这个卦象就去修理兵器，防备料想不到的事情。

按：“除戎器，戒不虞”与卦义无关，因为整个卦都没有提起这些事。

初六　有孚不终，乃乱乃萃，若号[①]，一握为笑[②]，勿恤[③]，往无咎。

《象》曰：“乃乱乃萃”，其志乱也。

注释

①号：号呼。 ②为：而。《史记·信陵君传》：“乃装为去”，即“乃装而去”。 ③勿恤：不要忧虑。

译文

初六　即使有诚心事奉厉王，但不能到头，坏事就会集中。如果向厉王号呼请求原谅，厉王会与他一度握手欢笑，这不必忧虑，发展下去没有坏处。

《象传》说：“坏事集中”，是由于思想混乱。

按：本爻属于下坤，是就武人说。《周易》作者向武人指出，

如果不能坚决以诚心服从周厉王到底，就会受到严厉处置，而厉王则始终是宽大的。《象传》认为其所以“乃乱乃萃”，是由于思想出现反复，有道理。

六二　引吉[①]，无咎，孚乃利用禴[②]。

《象》曰：“引吉，无咎”，中未变也[③]。

注释

①引吉：永远吉利。　引：永远。　②禴（yuè）：一种不用大牲，只用一般饭菜的薄祭。　③中：心中，思想。

译文

六二　永远吉利，没有坏处，有了诚心，尽管薄祭也好。

《象传》说：“永远吉利，没有坏处”，是由于思想没有改变。

按：本爻仍然是《周易》作者告诉武人，事奉厉王要一本于诚，尽管对厉王的贡品菲薄一些，也永远吉利，是对以诚事奉厉王的强调。《象传》“中未变”是说思想没有变，与爻辞要求武人永远忠顺是一致的。

六三　萃如嗟如，无攸利，往无咎，小吝。

《象》曰：“往无咎”，上巽也[①]。

注释

①上巽：对上面服从。巽：顺，服从。

译文

六三　如果聚集在厉王身边只是叹气，就没有好处，但发展下去却没有坏处，只有小不好。

《象传》说：“发展下去没有坏处”，是由于对上面服从。

按：如果虽然投降了厉王，但心情不舒畅，这仍然不好。由

于毕竟投降了，所以也没有坏处，只有小不好。本爻是要武人从思想上解决投降厉王的问题，《象传》的“上巽”是有见于此的。

九四　大吉，无咎。

《象》曰：“大吉，无咎”，位不当也[①]。

注释

①位不当：指阳爻九居于阴位四，是爻位说。

译文

九四　大为吉利，没有坏处。

《象传》说：“大为吉利，没有坏处”，是本爻所处的位置不恰当。

按：本爻属于上兑，是就周厉王说。下坤武人一再表示应该有归顺于周厉王的诚心，九五“萃有位”又说厉王将登上王位，可见形势很好，于是《周易》作者用“大吉，无咎”祝贺。《象传》用了爻位说。“大吉，无咎”是非常好，而爻位说却断之以“位不当”，可见爻位说是不符合《周易》实际的。

九五　萃有位[①]，无咎。匪孚[②]，元永贞[③]，悔亡。

《象》曰：“萃有位”，志未光也[④]。

注释

①萃：聚集，引申为登上。有位：大位，王位。有在名词前可以讲成大，如有周是大周等。　②匪孚：不是事实。匪：不是。孚：实，事实。　③元：大，发扬光大。　④光：广大。开展。

译文

九五　厉王登上王位，没有坏处。即使不是事实，只要发扬光大永远正确的品德，悔恨也就没有了。

《象传》说："登上大位"，是思想不开展。

按：本爻希望厉王恢复王位，即使暂时不行，但只要把孚发扬光大，能复位也是肯定的。"萃有位"是最大的志得意满，《象传》说成思想不开展，适得其反。

上六　赍咨涕洟[①]，无咎。

《象》曰："赍咨涕洟"，未安上也。

注释

①赍咨（jī zī）：叹气。涕洟：流眼泪，流鼻涕。涕：眼泪。洟：鼻涕。

译文

上六　叹气啊，流眼泪啊，流鼻涕啊，但没有坏处。

《象传》说："叹气，流眼泪鼻涕"，是没有安然居于上位。

按：本爻是说即使情况十分不妙，厉王狼狈不堪，也没有坏处，因为中兴复国是肯定的，表现了《周易》作者对厉王有充分信心。《象传》的"未安上"不失为情况狼狈的一种说明。

升

䷭　巽下坤上

升[①]　元亨，用见大人。勿恤[②]，南征吉[③]。

注释

①升：上升。从卦象看，下巽象征木（巽多半象征风，也可以象征木），上坤象征地，是木从地里长出来，比喻周厉王得到合适条件，将日益发展壮大。萃卦已经设想厉王为武人拥戴，到这里就蓬勃向上，《周易》作者是预祝他的强盛将赶上文王和武王的。 ②恤：忧虑。 ③南征吉：祝愿周厉王向南方用兵胜利，可联系明夷九三“于南狩”看，是作者希望周厉王的功业超过前王。

译文

中兴事业将大为顺利，宜于出现伟大的人物。不用忧虑，向南方荆楚用兵是吉利的。

按：“用见大人”和“南征吉”，特别是“南征吉”，充分说明了升的势头是不可阻挡的。

《彖》曰：柔以时升①，巽而顺②，刚中而应③，是以大亨。“用见大人，勿恤”，有庆也。“南征吉”，志行也。

注释

①柔以时升：指解卦六三上升与九四交换位置，成为六四、九三，变成本卦，是卦变说。 ②巽而顺：指本卦由下巽和上坤构成，坤是顺。 ③刚中而应：指九二居下巽正中，与上坤六五相应，是相应说。

译文

《彖传》说：解卦六三这个柔爻按时上升，成为下巽上坤，九二与六五相应，因此大为亨通。“见到大人，不用担忧”，这是有了喜庆。“向南方用兵吉利”，这是志向得到实行。

按：卦变说和相应说不能是“元亨”的理由，下巽而上坤，

也不能说明“元亨”。以“见大人”为“有庆”，失之空洞。以“南征吉”为“志行”，也徒托空言。

《象》曰：地中生木，升。君子以顺德[1]，积小以高大。

注释

①顺德：同慎德，慎重于德，即努力提高道德。顺和慎古代通用。

译文

《象传》说：地里面长出树木，构成升卦。君子见到这个卦象就要努力提高道德，从微小积累，以至发展到高大。

按：这条《象传》有得于卦义。

初六　允升[1]，大吉。

《象》曰：“允升，大吉”，上合志也[2]。

注释

①允升：肯定上升。允：诚，肯定。　②上合志：本爻与上面九二和九三志趣相合，共同上升，是关系说。

译文

初六　肯定上升，大为吉利。

《象传》说：“肯定上升，大为吉利”，是与上面志趣相合。

按：本爻指出，埋在地里的种子会发芽，成长，不断上升，将大为吉利，是就本卦之为“升”而概括言之，为全卦纲领。《象传》用了关系说。

九二　孚乃利用禴[1]，无咎。

《象》曰：九二之孚，有喜也。

注释

①参看萃卦六二爻辞注释。

译文

九二　只要有诚，就是用薄祭也会得到好处，没有坏处。

《象传》说：九二的诚，会有喜庆。

按：本爻是《周易》作者要厉王有诚，这样即使对天地鬼神致以薄祭，也不会影响中兴大业的完成。《象传》的“有喜”讲对了。

九三　升虚邑[①]。

《象》曰：“升虚邑”，无所疑也。

注释

①虚：据陆德明《经典释文》引马融注，这个虚指丘，即山坡。

译文

九三　树木上长，超过了山坡上的城邑。

《象传》说：“树木上长，超过了山坡上的城邑”，这没有可以怀疑的。

按：本爻用比喻说明，厉王成就喜人，表现了《周易》作者的迫切愿望。《象传》认为“升虚邑”无可怀疑，能申明爻辞。

六四　王用亨于岐山[①]，吉，无咎。

《象》曰：“王用亨于岐山”，顺事也。

注释

①王：周厉王。亨：同享，祭祀。岐山：西周境内山名，在今天陕西省岐山县东北，即随卦上六爻辞“王用亨于西山”的

西山。

译文

六四　周厉王在岐山举行祭祀，吉利，没有坏处。

《象传》说："王在岐山举行祭祀"，是顺利的事。

按：文王、武王都曾经以其成功告于岐山之神，本爻是把厉王与文王、武王相提并论，以歌颂他即将复国的出色成就。《象传》的"顺事"与爻辞意义相合。

六五　贞吉，升阶。

《象》曰："贞吉，升阶"，大得志也。

译文

六五　凭着正确而吉利，又上升了一个台阶。

《象传》说："凭着正确而吉利，又上升了一个台阶"，是大大满足了愿望。

按：本爻祝愿周厉王不断前进，迅速完成中兴大业。《象传》"大得志"能发挥爻辞。

上六　冥升①，利于不息之贞。

《象》曰：冥升在上，消不富也。

注释

①冥升：不知不觉地上升。　冥：昏暗，不知不觉。

译文

上六　在不知不觉中上升，凭着不间断的正确（一贯正确）得到好处。

《象传》说：不知不觉升到了上面，可以消除不富有。

本爻肯定厉王中兴复国为一贯正确，充分体现了《周易》作

者的思想感情。《象传》的“消不富”指摆脱贫困，脱离倒霉环境，对爻辞有领会。

困

䷮ 坎下兑上

困[①] 亨，贞，大人吉，无咎。有言不信？

注释

①困：困难，困苦，遭受困难，遭受困苦。本卦现象是坎下兑上，坎为水，兑为泽，水本来是应该容纳在泽中，现在却离开泽向下渗透，以致泽无水而受困。水离开泽而散漫无归，是困泽亦复自困。下坎比喻武人，上兑比喻周厉王。武人本来应该供职于朝廷，现在却离开朝廷，放任自恣，使厉王陷入困境，难以自拔。而武人以破坏纲常，为举国上下所不容，也狼狈不堪。坎兑相乖，比喻君臣相背，周厉王从“升”回到“困”，从作者设想又回到了现实。

译文

中兴复国会顺利，是由于事业的正义性，周厉王这个大人会吉利，没有坏处。这些话你们听了不相信吗？

按：卦辞用“大人吉”明确表示是就着周厉王说，从而困就主要是说周厉王，并指出厉王虽然暂时受困，终久必然亨通，点明了本卦主旨。

《彖》曰：困，刚掩也[①]。险以说[②]，困而不失其所亨，其惟君子乎？贞大人吉[③]，以刚中也[④]。“有言不信”，尚口乃穷也。

注释

①刚掩：刚被柔掩盖。刚指下坎，下坎主爻九二是阳，是刚。柔指上兑，上兑主爻上六是阴，是柔。上兑在下坎之上是柔掩刚，也就是刚被柔掩盖住。 ②险以说：凶险而和悦。险指下坎，悦指上兑。说同悦。 ③贞大人吉："贞"在《周易》不用为修饰词，应该是"贞，大人吉"。 ④刚中：指下坎九二和上兑九五都居于经卦的正当中，是得中说。

译文

《彖传》说：困难，是由于上兑的柔掩盖了下坎的刚。凶险却又和悦，处境困难却又不丧失达到顺利的途径，该只有君子能这样吧？正确的大人吉利，是由于阳爻处于上下卦的正当中。"有话不能使人相信"，是重视口说会穷困。

按：说"刚掩"是意识到周厉王为武人所困扰。说"险以说，困而不失其所亨，其惟君子"，是意识到周厉王将从困到亨。这些都正确。"贞大人吉"断句错误，又用了得中说解释。"有言不信"是反诘句，却被看成直陈句。

《象》曰：泽无水，困。君子以致命遂志①。

注释

①致命：授命，舍弃生命。遂志：达成志愿。遂：达成。

译文

《象传》说：湖泊里没有水，构成了困卦。君子见到这个卦象就要用舍弃生命去达成志愿。

按：本卦没有用舍弃生命去达成志愿的内容，因而是不合卦义的。

初六　臀困于株木[①]，入于幽谷，三岁不觌[②]。

《象》曰："入于幽谷"，幽不明也。

注释

①臀：屁股。株木：树桩子。　②三岁：多年。三泛指多。觌（dí）：看见，指看见天日。

译文

初六　屁股跌在树桩子上，还跌进黑暗的深谷里，以致多年看不见天日。

《象传》说："跌进了黑暗的深谷"，黑暗而不光明。

按：本爻属于下坎，是就武人说。爻辞用比喻指出，武人背叛周厉王会跌大跤子，并将一蹶不振，困苦之至，是武人以背叛周厉王而自困，与水离开泽而自困相同。《象传》用"幽不明"解释"入于幽谷"，是同义反复。

九二　困于酒食，朱绂方来[①]。利用亨祀；征凶；无咎。

《象》曰："困于酒食"，中有庆也[②]。

注释

①绂（fú）：古代贵族穿来进行祭祀的服装。天子朱绂，诸侯赤绂。红而明亮叫朱，一般红叫赤。这里的"朱绂"指代厉王。　②中有庆：以居于下坎正中而有喜庆，是得中说。

译文

九二　武人醉饱过度，厉王恰好来对他们进行安抚。武人如果接受安抚，就能参与祭祀，得到好处；如果别有行动，就有凶险；但终将痛改前非，所以没有坏处。

《象传》："醉饱过度"，是居于中爻有喜庆。

按：本爻表现了武人放恣，厉王则对他们进行安抚。武人只

有接受安抚，才能摆脱困境。《象传》用了得中说。

六三　困于石，据于蒺藜[1]，入于其宫，不见其妻，凶。

《象》曰："据于蒺藜"，乘刚也[2]。"入于其宫，不见其妻"，不祥也。

注释

①据：撑拒。蒺藜：一种长刺的草。　②乘刚：凌驾在阳爻上面，指本爻凌驾于九二，是关系说。

译文

六三　被困在乱石堆里，撑拒在蒺藜丛中，回到家里，看不见妻子，很凶险。

《象传》说："撑拒在蒺藜丛中"，是阴爻凌驾阳爻。"回到家里，看不见妻子"，是不吉祥。

按：本爻先用比喻指出，武人如果仍然不悔改，处境会十分险恶。接着讲实际情况，回家看不见妻子。这些都是对武人的严厉警告，希望他们迷途知返。《象传》用了关系说。

九四　来徐徐[1]，困于金车[2]，吝，有终。

《象》曰："来徐徐"，志在下也[3]。虽不当位[4]，有与也[5]。

注释

①徐徐：缓慢。　②金车：装饰着黄铜的车子，当时是诸侯乘坐的，用来指代武人。　③志在下：注意力在下面，指与初六相呼应，是相应说。　④不当位：指本爻以阳爻九居于阴位四，是所处地位不恰当，是爻位说。　⑤有与：有联系的对象，指与初六相呼应，还是相应说。与：相与，联系。

译文

九四　缓慢地走来，为武人所困扰，情况不妙，但却有好结果。

《象传》说："慢慢地走来"，是注意力集中在下面。虽然所处爻位不恰当，但还是有与之联系的。

按：本爻是讲厉王受到武人困扰，但中兴大业终归会成功。《象传》用了一次爻位说，两次相应说，使人对爻辞不得其解。

九五　劓刖[①]，困于赤绂[②]。乃徐有说[③]，利用祭祀。

《象》曰："劓刖"，志未得也。"乃徐有说"，以中直也[④]。"利用祭祀"，受福也。

注释

①劓刖（yī yuè）：割鼻子和取膝盖。　②赤绂：诸侯穿赤绂，指代武人。　③有说：很高兴。有：程度副词，很。说：同悦，高兴。　④中直：指本爻居中得正，是爻位说。直：正。

译文

九五　周厉王受到武人打击，好像受到割鼻子和取膝盖的酷刑，并长期为武人所困扰。要慢慢地才能复位中兴，以进入太庙主持祭祀得到好处。

《象传》说："如同受劓刖之刑"，是目的不能达到。"慢慢会很高兴"，是由于居中得正。"到太庙主持祭祀得到好处"，是享了福。

按：本爻指出厉王虽然受到武人残酷打击，但终必摆脱困境，复位中兴。"劓刖"宁止是"志未得"？"利用祭祀"当然是"受福"，对"乃徐有说"又用了爻位说解释。

上六　困于葛藟[①]，于臲卼[②]，曰动悔有悔[③]，征吉。

《象》曰："困于葛藟当也。"动悔有悔"，吉行也。

注释

①葛藟（lěi）：葛藤。　②臲卼（niè wù）：小木桩。③曰：语助词。

译文

上六　被葛藤缠住，被小木桩围住，一动就有悔恨，而且有很大悔恨，但发展下去却是吉利的。

《象传》说："被葛藤缠住"，是处境不好。"一动就有悔恨，而且有很大悔恨"，是吉利的行动。

按：本爻用比喻写出周厉王受困于武人，可谓狼狈之至。但发展下去终会吉利，中兴大业定会达成，以作为本卦的结语。《象传》用"未当"说明"困于葛藟"，是把严重情况讲得太轻；用"吉行"说明"动悔有悔"，是把坏事讲成好事。

井

䷯　巽下坎上

井[①]　改邑不改井，无丧无得，往来井井[②]。汔至[③]，亦未繘井[④]，羸其瓶[⑤]，凶。

注释

①井：水井，能养活万民，比喻西周王朝使万民各得其所养。卦象巽下坎上，巽为风，坎为水，是风在下面鼓动，使水汩汩而出，像一口井的样子。卦辞着重指出，井将永恒地存在，虽然城邑改变，井却不会改变，它不受空间影响；虽然岁月流逝，

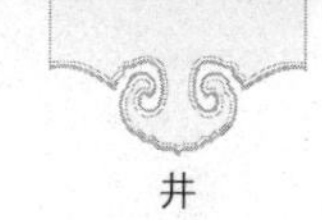

井还是那口井，它不受时间影响：一句话，西周王朝是永恒的，不是任何人能篡夺的。如果有人妄想从中窃取什么，在没有下手之前，就会受到沉重打击。本卦表现了《周易》作者的爱国思想。 ②往来：时光流逝。井井：井还是井。 ③汔（qì）至：快要走到井边。 ④繘（jú）井：把系着汲瓶的绳子放到井里去。 ⑤羸（léi）：打破。

译文

城邑改变了，井却不改变，没有丧失，没有收获，时间往来不停，井还是井。快要走到井边，还没有把系着汲水瓶子的绳子放进井里去，就打破了汲水瓶子，这是凶险的。

按：本卦事实上是对武人进行严厉警告，要他们放弃篡夺妄想，把政权交还周厉王。

《象》曰：巽乎水而上水[①]，井。井养而不穷也。“改邑不改井”，乃以刚中也[②]。“汔至，亦未繘井”，未有功也。“羸其瓶”，是以凶也。

注释

①巽：象征风，风能吹，可以训鼓动。 ②刚中：指九二和九五各以阳爻居于下卦和上卦中间，是得中说。

译文

《象传》说：鼓动着水使水向上冒，就成为井。井水养活万民，没有穷尽。“城邑改变，井水不改变”，是九二和九五各以阳爻得中。“快到井边，没把汲绳放进井里去”，是没有成就。“打破了汲水瓶子”，因此凶险。

按：解释卦名正确，但未触及比喻意义，还用了得中说。对“汔至，亦未繘井，羸其瓶”也只作了文字解释。

《象》曰：木上有水，井。君子以劳民劝相[①]。

注释

①相：互相帮助。

译文

《象传》说：木上有水，构成井卦。君子见到这个卦象就要去慰劳人民，劝他们互相帮助。

按：说木上有水为井，实不可通。巽偶尔象征木，但多半象征风，应该像《彖传》所说“巽乎水而上水，井”。这也证明本卦《象传》和《彖卦》不出于一人。“劳民劝相”与卦义无关。

初六　井泥不食[①]，旧井无禽。

《象》曰：“井泥不食”，下也。“旧井无禽”，时舍也。

注释

①食：在本卦都同于饮，除本爻外，还有九三的“井渫不食”，九五的“井洌，寒泉食”。

译文

初六　井里填满泥土不能饮用，废旧的井里没有禽兽。

《象传》说：“井里填满泥土不能饮用”，是由于处境低下。“废旧的井里没有禽兽”，是由于在当时井已舍弃不用。

按：本爻用比喻指出西周王朝荒凉破败，没有生机，是武人破坏的结果，应该加以整治，进行恢复。《象传》的“下也”和“时舍也”，都无得于爻辞意义。

九二　井谷射鲋[①]，瓮敝漏。

《象》曰：“井谷射鲋”，无与也[②]。

注释

①井谷：井中容水的地方。鲋：小鱼。　②无与：不相干，指射不中。

译文

九二　到井里有水的地方去射小鱼，反而打破了装水的瓦罐子。

《象传》说：“到井里有水的地方去射小鱼”是射不中的。

按：本爻用比喻指出，武人对厉王用兵，适足以造成对自己的损失。是要武人放下屠刀，改恶从善。《象传》的“无与”只说“井谷射鲋”不会有收获，没涉及还将有严重损失（“瓮敝漏”）的这个更深一层的内容。

九三　井渫不食[①]，为我心恻[②]。可用汲[③]，王明，并受其福[④]。

《象》曰：“井渫不食”，行恻也[⑤]。求王明，受福也。

注释

①井渫（xié）：井里淘干净了。　②为：使。　③用：以。④并：都。⑤行：将要。

译文

九三　如果井里淘干净了却不饮用，将使我心里难受。井水可以汲上来了（比喻国事可以大有作为），厉王如果英明，我们都会得到好处。

《象传》说：“如果井里淘干净了却不饮用”，将要难过。要求王英明，是希望得到好处。

按：本爻用比喻指出，西周王朝终将从乱到治，厉王会有所作为。但“王明，并受其福”，却是说厉王昏聩，不能造福人民。

《周易》作者为厉王献计献策，写了一部《周易》，主要是出于要维护西周王朝的爱国思想，决不是对厉王有偏爱，相反，这里对厉王还指责其昏庸。《象传》说得过去，只是没有讲透。

六四　井甃[①]，无咎。

《象》曰："井甃，无咎"，修井也。

注释

①甃（zhòu）：用砖砌。

译文

六四　把井壁用砖砌好，没有坏处。

《象传》说："把井壁用砖砌好，没有坏处"，是说在修井。

按：本爻用比喻指出，西周王朝经过整顿，将摆脱困境，得到发展。《象传》只就辞句解释，未触及比喻意义。

九五　井洌[①]，寒泉食。

《象》曰：寒泉之食，中正也[②]。

注释

①洌（liè）：水清。　②中正：指本爻居上坎中间，是得中，以阳爻九居阳位五，是得正。

译文

九五　井里的水很清亮，寒冷的泉水可以喝。

《象传》说：寒冷的泉水可以喝，是由于本爻既得中，又得正。

按：本爻用比喻指出，西周王朝将政治清明，让人民得到好处。《象传》用了爻位说。

上六　井收勿幕①，有孚元吉。

《象》曰：元吉在上，大成也。

注释

①井收：把井绳从井里收上来。幕：幕布，指盖上幕布。

译文

上六　到了傍晚，把井绳从井里收上来，不用盖上幕布。因为有诚，一切都会大为吉利。

《象传》说：大吉在上爻，是伟大的成功。

按：本爻用比喻指出，在可能招来不利的情况下，西周王朝也将平安度过。最后明确指出，由于周厉王有“孚”，一切都会大为吉利，把“孚”作了又一次突出。《象传》的以“在上”而“大成”，是用了爻位说。

革

䷰　离下兑上

革①　已日乃孚②。元亨，利贞，悔亡。

注释

①革：变革，改革。卦象是离下兑上，离为火，兑为泽，为水。水在火上，受火烧灼，随时发生变化，所以叫“革”。《杂卦传》：“革，去故也”。“革”的重要作用是改变一些旧的过时的东西，让新事物在斗争中不断成长，从而改造旧世界，创造新世界。《周易》作者向厉王提出这一点，是为了使厉王力图发展，复国中兴。后代变法维新思想，到这里已经开始萌芽，其意义是重大的。　②已日：过了一段时间，已，过去。孚：相信。本卦

四个孚字都作相信讲。

译文

改革要经过一段时间才会为人相信。改革能使中兴事业大大顺利，凭着正确得到好处，从而悔恨也就没有了。

按：卦辞就着周厉王说，大力歌颂了改革的好处。

《彖》曰：水火相息①，二女同居②，其志不相得曰革。“已日乃孚”，革而信之。文明以说③，大亨以正，革而当，其悔乃亡。天地革而四时成④，汤武革命⑤，顺乎天而应乎人。革之时大矣哉！

注释

①相息：互相熄灭，指水灭火，火灭水。息：同熄。　②二女：离卦和兑卦主爻都是阴爻，两个卦都是阴卦，因此叫“二女”。　③文明以说：文明加上和悦。离为文明，兑为和悦。说：同悦。　④四时：春、夏、秋、冬。　⑤汤武：商汤王、周武王。商汤王讨伐夏桀王，周武王讨伐殷纣王，在当时都是重大变革。

译文

《彖传》说：水与火相互熄灭，两个女郎同住在一起，思想不协调，这些都会发生变革。“过一段时间才能相信”，是变革得到人们肯定。文明而且和悦，大为亨通凭着正道，从而变革恰当，悔恨就没有了。天地以改革而四时出现，汤武以改革而顺乎天、应乎人。改革的意义是十分重大的。

按：这条《彖传》把革看成解决矛盾，并加以歌颂，是一种可贵的思想。

《象》曰：泽中有火，革。君子以治历、明时。

译文

《象传》说：湖泊下面有火燃烧，构成革卦。君子看到这个卦象就去修治历法、明确四时。

按："治历、明时"可以是革的内容，但决不是本卦革的内容。本卦"大人虎变"，"君子豹变"，都是讲厉王在政治上应该进行重大改革的。

初九　巩用黄牛之革。

《象》曰：巩用黄牛[1]，不可以有为也。

注释

①巩：固，指紧紧捆着。

译文

初九　用黄牛皮带子紧紧捆着。

《象传》说：用黄牛皮带子紧紧捆着，不可以有作为。

按：本爻用比喻指出，改革必须抓紧，才能大有作为，《象传》适得其反。

六二　已日乃革之，征吉，无咎。

《象》曰：已日革之，行有嘉也。

译文

六二　准备一段时间才改革，发展下去会吉利，没有坏处。

《象传》说：准备一段时间才改革，干起来会有好成绩。

按：本爻申明卦辞，指出改革不能孟浪从事，必须稳步前进。《象传》与爻辞意义相合。

九三　征凶，贞厉。革言三就[①]，有孚[②]。

《象》曰："革言三就"，又何之矣[③]？

注释

①革言：改革之言，即改革的计划。三就：取得许多成就。三，泛指多。　②有孚：很为人们相信。有，相当于程度副词"很"。　③何之：即之何，往哪里去。之：往，动词。"何"是疑问代词，充当宾语，倒装在动词"之"的前面。

译文

九三　发展下去凶险，即使正确也危险。只有按改革计划取得很多成就，人们才会很相信。

《象传》说：按改革计划取得很多成就，又还有什么说的呢？

按：本爻指出不改革有危险，还指出改革要很有成就才能得到人民相信。是分别从反面和正面强调改革的必要性和重要性。《象传》认为改革成绩大就无话可说，与爻辞相合。

九四　悔亡，有孚，改命吉[①]。

《象》曰：改命之吉，信志也。

注释

①改命：即改革。

译文

九四　悔恨没有了，还很为人们相信，改革是吉利的。

《象传》说：改革吉利，是由于信志。

按：再一次强调改革要很为人们相信，是突出取信于民。联系临卦卦辞"至于八月有凶"是反对暴政和上六"敦临"是主张君王要以忠厚治民看，《周易》作者对民是重视的。《象传》的"信志"，语意不清楚。

九五　大人虎变，未占有孚。

《象》曰："大人虎变"，其文炳也[①]。

注释

①炳（bǐng）：显著。

译文

九五　厉王从事改革像老虎变得毛色斑斓，没有通过占筮也很为人们相信。

《象传》说："君王从事改革像老虎变化"，它的文采是显著的。

按：明确提出"大人虎变"，是希望厉王进行改革取得巨大成绩。"未占有孚"值得高度重视，"未占"是没有通过占筮，"有孚"在本卦无例外是很为人们相信，这是《周易》作者不相信占筮的本证，说他以《周易》为占筮，是最大的诬蔑。《象传》的"文炳"说得好。

上六　君子豹变[①]。小人革面[②]，征凶，居贞吉。

《象》曰："君子豹变"，其文蔚也[③]。"小人革面"，顺以从君也。

注释

①君子：与大人相同，也指厉王。豹变：如同于虎变，也指文采可观，成绩显著。　②小人：在《周易》都指坏人，不指人民，除这里以外，还有师卦上六的"小人勿用"，大有九三的"小人弗克"等。革面：革于面，表面搞改革。　③蔚（wèi）：华美。

译文

上六　周厉王进行改革像豹子变化。坏人只是表面搞改革，发展下去凶险，要守住正道，真搞改革才吉利。

《象传》说："君王进行改革像豹子变化"，它的文采是华美的。"坏人表面搞改革"，是随顺着君王。

按：再用"豹变"祝愿厉王改革有成绩，并用"小人革面"反衬，使之越发突出。《象传》的"顺以从君"，揭穿了"小人"的卑鄙心理。

鼎

䷱　巽下离上

鼎[①]　元吉，亨。

注释

①鼎：古代用来烹饪食物的器具。由于新食物不断从鼎中烹饪出来，与革卦的除旧相对待，就有了布新的意义。孔颖达《周易正义》："杂卦曰：'革去故而鼎取新。'明其烹饪有成新之用。"卦象是巽下离上，巽为风，离为火。火在风上，风助火势，以烧熟鼎中食物，比喻改革正在顺利进行。

译文

改革大吉，亨通。

按：因为是紧接革卦，进行说明，所以卦辞"元吉，亨"是针对改革成功讲的。

《象》曰：鼎，象也。以木巽火[①]，亨饪也[②]。圣人亨以享

上帝，而大亨以养圣贤。巽而耳目聪明[3]；柔进而上行[4]；得中而应乎刚[5]；是以元亨。

注释

①以木巽火：以木入火。 ②亨饪：即烹饪，下面两个"亨"都假借为"烹"。 ③巽而耳目聪明：指巽卦上面是离卦，离为明，所以说"巽而耳目聪明"。 ④柔进而上行：指巽卦六四上升与九五交换位置，成为本卦，是卦变说。 ⑤得中而应乎刚：指巽卦六四上升与九五交换位置成为六五后，又与九二相呼应，是相应说。

译文

《彖传》说：鼎是一种物象。把木柴放进火里去，为的是烹饪。圣人用烹饪祭祀上帝，用美好的筵席供养圣贤。巽有离在上，离为明，这象征着人的耳目聪明；巽卦六四这个柔爻向上去；在成为六五以后就居中与九二相呼应；因此大为亨通。

按：这条《彖传》除了"鼎，象也，以木巽火，亨饪也"还说得过去外，其余都与卦义相去很远。

《象》曰：木上有火，鼎。君子以正位凝命[1]。

注释

①正位：摆正位置。凝命：完成命令。

译文

《象传》说：木上面烧起火，构成鼎卦。君子看到这个卦象就要摆正自己位置，完成上级命令。

按：《象传》的"正位凝命"与卦义无关。

初六　鼎颠趾[1]，利出否[2]。得妾以其子[3]。无咎。

《象》曰“鼎颠趾”，未悖也[4]。“利出否”，以从贵也。

注释

①趾：足趾，这里指脚。 ②否（pǐ）：恶，坏，这里指腐败食物。 ③以：与。 ④悖（bèi）：违背。

译文

初六　把鼎的脚颠倒过来，有利于倒出腐败食物。得了一个侍妾和她的儿子。这些都没有坏处。

《象传》说：“把鼎的脚颠倒过来”，这没有违背什么。“要清除坏东西才好”，是为了跟从贵人。

按：“鼎颠趾，利出否”，是“革去故”。“得妾以其子”，是“鼎取新”。本卦与革卦联系紧密，同时也说明改革成绩大。“鼎颠趾，利出否”是一件事，《象传》拆开解释不正确。

九二　鼎有实，我仇有疾，不我能即[1]，吉。

《象》曰：“鼎有实”，慎所之也[2]。“我仇有疾”，终无尤也[3]。

注释

①不我能即：是不能即我的倒装。由于句中有否定副词“不”，代词宾语“我”就倒装在动词“即”前面。即：接近。②所之：去的地方。之：去，往，动词，与“所”字合成名词结构，讲成去的地方。 ③尤：过失，差错，坏处。

译文

九二　鼎里面有吃的东西，我的仇人有病，不能来接近我把食物抢走，这就吉利。

《象传》说：“鼎里面有吃的东西”，为了守住，到哪里去都要谨慎。“我的仇人有病”，不能来夺走食物，所以终于没有

坏处。

按：本爻是说改革不断取得成就，像鼎中经常装着食物，而“我仇有疾，不我能即”，则明确指出胜利果实不能为武人抢走。《象传》与爻辞意义相合。

九三　鼎耳革[①]，其行塞[②]，雉膏不食[③]，方雨亏悔[④]，终吉。

《象》曰：“鼎耳革”，失其义也。[⑤]。

注释

①鼎耳：鼎的耳朵，把鼎铉贯穿其中，用来扛鼎或移动鼎。革：除去，这里指脱掉。　②塞：停止。　③雉膏：野鸡油，指野鸡肉。　④亏悔：减少悔恨，减轻损失。　⑤义：事之宜，应有的作用。

译文

九三　鼎的耳朵脱掉了，鼎的活动停止了，鼎里煮的野鸡肉由于鼎无法移动被烧焦不能吃。这时候恰好下了雨把火灭掉才减轻损失，终于吉利。

《象传》说：“鼎的耳朵脱掉”，失去了应有的作用。

按：本爻用比喻指出，改革可能出现挫折，成绩可能难于取得，但终将排除障碍，达到胜利。《象传》认为改革也可能难于取得应有成绩，正确释了爻辞的前一部分；但对于更重要的一部分，即改革终将取得胜利，却没有涉及。

九四　鼎折足，覆公𫗧[①]，其形渥[②]，凶。

《象》曰：“覆公𫗧”，信如何也？

注释

①覆公餗：把公的稀粥倾掉了。覆：倾覆，倾掉。公：指地位高于侯的大臣。不直接说王而说公，是从侧面衬托。餗（sù）：稀粥。　②渥（wò）：湿漉漉水汪汪的样子。

译文

九四　鼎折断了脚，把公的稀粥倾掉了，那种样子是湿漉漉、水汪汪的，可凶险。

《象传》说："把公的稀饭倾掉了"，真该怎么办呢？

按：本爻用比喻指出，改革可能遭遇失败。成绩也可能丧失，以警觉厉王，要他认真对待。联系九三"方雨亏悔"以及全卦都沉浸在一片胜利气氛中看，《周易》作者认为改革是不会失败的。《象传》的"信如何也"，意思是要认真对待改革，有得于卦义。

六五　鼎黄耳，金铉[①]，利贞。

《象》曰："鼎黄耳"，中以为实也[②]。

注释

①金铉（xuàn）：横贯鼎耳的黄铜棍子，用以扛鼎或移动鼎。②中以为实：居中而充实，是得中说。

译文

六五　鼎是用黄铜做的耳朵，用黄铜做的扛鼎或移动鼎的棍子，将以正确得到好处。

《象传》说："鼎是用黄铜做的耳朵"，居中而充实。

按：黄色在当时是最尊贵的颜色，只能为王或王后所用（坤卦六五"黄裳，元吉"）。本爻用鼎耳和鼎铉都是黄铜制成，说明这种鼎是天子之器，暗示顺利的改革是由厉王在进行。《象传》

用了得中说。

上九　鼎玉铉，大吉，无不利。

《象》曰：玉铉在上，刚柔节也[1]。

注释

①刚柔节：指本爻以阳刚与六五阴柔相互调节，是关系说。

译文

上九　鼎是玉做的贯耳器具，大为吉利，没有不利的。

《象传》说：玉铉在最上面一爻，于是刚和柔得到调节。

按：玉铉也表示最贵重，与金铉相同。本爻进一步强调六五的内容，即改革为厉王所进行，从而“大吉，无不利”，《周易》作者对厉王是充满信心的。《象传》用了关系说。

震

䷲　震下震上

震[1]亨。震来虩虩[2]，笑言哑哑[3]。震惊百里，不丧匕鬯[4]。

注释

①震：巨大的雷声，也叫霹雳或疾雷。这里用来表示西周王朝声威之盛。在革卦和鼎卦，《周易》作者已经设想周厉王进行了许多改革，取得辉煌成果。本卦更设想周厉王以改革而具有无穷威力，如同响震在天宇的巨雷，使叛乱的武人十分害怕，前后各卦的联系是紧密的。　②虩虩（xǐ xǐ）：害怕的样子。　③哑哑（yā yā）：笑语的声音。　④匕鬯：勺子里的香酒。匕（bì）：

勺子。鬯（chàng）：用黑黍与香草酿成的香酒，用来祭神的。

译文

中兴事业会顺利达成。霹雳震响起来武人战战兢兢，周厉王却谈笑自若。霹雳吓坏了百里以内的敌人，周厉王却镇定地没有倾出勺子里祭神的香酒。

按：卦辞形象地指出周厉王声威极盛，从容自得，而武人却战栗惊恐，害怕异常，这些都是《周易》作者的设想。

《彖》曰：震，亨。"震来虩虩"，恐致福也[①]。"笑言哑哑"，后有则也[②]。"震惊百里"，惊远而惧迩也。"不丧匕鬯[③]，出可以守宗庙社稷，以为祭主也。

注释

①致：得到。 ②后：君王。 ③不丧匕鬯：朱熹《周易本义》："程子以为'迩也'下脱'不丧匕鬯'四字，今从之。"按：程颐《易传》有道理，今添上"不丧匕鬯"四字。

译文

《彖传》说：震卦是讲中兴事业会亨通的。"霹雳响起来很可怕，"但恐惧会得到好处。"谈笑咿哑自若"，是君王自有原则。"霹雳惊动百里以内"，是使远近的人都害怕。"不倾出勺子里的香酒"，出去可以守住宗庙社稷，做祭祀的主人。

按：这条《彖传》说得过去。

《象》曰：洊雷[①]，震。君子以恐惧修省。

注释

①洊（jiàn）雷：下卦震雷与上卦震雷相重。洊：重。

译文

《象传》说：下卦震雷与上卦震雷相重，构成震卦。君子看到这个卦象就恐惧害怕，认真修身，省察过错。

按：本卦是极言周厉王在经过改革后声威很盛，武人畏服，《象传》与此不合。

初九　震来虩虩，后笑言哑哑，吉。

《象》曰："震来虩虩"，恐致福也。"笑言哑哑"，后有则也。

译文

初九　霹雳响震起来，武人战战兢兢，周厉王却谈笑自若，这是吉利的。

《象传》说："霹雳响震起来很可怕"，但恐惧会得到好处。"谈笑咿哑自若"，是君王自有道理。

按：爻辞重复卦辞前两句而断之以"吉"，使抑制武人的意思更明显。《象传》只是《彖传》前四句的重复。

六二　震来厉①，亿丧贝②，跻于九陵③，勿逐④，七日得⑤。

《象》曰："震来厉"，乘刚也⑥。

注释

①厉：猛烈。　②亿：发语词。贝：贝壳，当时的货币，指财物。　③跻（jī）：登上。九陵：多重山坡，即高山。九：泛指多。陵：山坡。　④逐：寻找。　⑤七日得：自然会得到。根据《周易》循环论，"反复其道，七日来复"（复卦卦辞），是"七日"就会回到原处，这是一种自然规律，所以"七日得"等于说

"自然会得到"。 ⑥乘刚：指本爻以柔爻凌驾于初九刚爻之上，是关系说。

译文

六二　霹雳来得很猛烈，可能会有损失，但只要登上高山，不用寻找，到时候损失自然会弄回来。

《象传》说："霹雳来得很猛烈"，是柔爻凌驾于刚爻之上。

按：本爻是说厉王横扫武人，难免不遭受损失，但根据自然规律而高瞻远瞩，损失仍然会夺回来，这是要厉王在进行复国斗争时，不必有任何顾虑。《象传》用了关系说。

六三　震苏苏[①]，震行，无眚[②]。

《象》曰："震苏苏"，位不当也[③]。

注释

①苏苏：畏惧不安的样子。 ②眚（shěng）：灾祸，损失。③位不当：指本爻以阴爻六居于阳位三，是爻位说。

译文

六三　霹雳响震起来使武人畏惧不安，但仍然响震下去，不会有任何损失。

《象传》说："巨雷响震使人害怕"，是本爻所处位置不恰当。

按：本爻是要厉王继续扫荡武人，不必担心有损失。《象传》既不知道"苏苏"是指武人，又用了爻位说。

九四　震遂泥[①]。

《象》曰："震遂泥"，未光也[②]。

注释

①遂：同队，古坠字。 ②光：大。

译文

九四 霹雳坠入泥土之中。

《象传》说："霹雳坠入泥土之中"，是威力还不大。

按：本爻说霹雳向下轰击，其势威猛，甚至入地很深，是比喻厉王将对武人犁庭扫穴，加以歼灭。《象传》的"未光"与之相反。

六五 震往来厉，亿无丧[1]，有事。

《象》曰："震往来厉"，危行也。其事在中[2]，大无丧也[3]。

注释

①亿：发语助词，与六二"亿丧贝"的"亿"相同。 ②在中：指本爻居上震正中，是得中说。 ③大：完全。

译文

六五 霹雳往来迅猛，没有损失，不过还有些事情要做。

《象传》说："霹雳往来迅猛"，是危险行为。事情发生在正当中，完全没有损失

按：本爻比喻厉王仍在扫除武人残余，并将处理善后。"震往来厉"是说厉王在歼灭武人时威风凛凛，《象传》却说是危险行为。"有事"是说厉王将处理善后，《象传》却用了得中说。

上六 震索索[1]，视矍矍[2]，征凶。震不于其躬，于其邻，无咎，婚媾有言[3]。

《象》曰："震索索"，中未得也[4]。虽凶无咎[5]，畏邻

戒也[6]。

注释

①索索：颤抖的样子。 ②矍矍（jué jué）：惊惧四顾的样子。 ③婚媾：亲戚。周王朝与异姓诸侯都有亲戚关系，这里指武人头子共伯和。 ④中未得：即未得中，指本爻不居于上震正中，是得中说。 ⑤虽凶无咎：把说武人的“征凶”和说厉王的“无咎”杂糅在一起，极不妥当。 ⑥畏邻戒：害怕武人防备。邻：与“于其邻”的“邻”相同，都指武人。武人是诸侯，如同周厉王邻居。

译文

上六 霹雳使武人颤抖，惊惧四顾，发展下去凶险。霹雳不打在厉王本人身上，却击中武人，这样没有坏处，尽管武人还有怪话讲。

《象传》说：“霹雳使人颤抖”，是由于本爻没有得中。虽然凶险，却没有坏处，只是害怕邻居戒备。

按：本爻说明周厉王打击准确，使武人害怕，武人讲怪话也无用。《象传》把说厉王和讲武人的话杂糅在一起，还用了得中说。

艮

䷳ 艮下艮上

〔艮〕[1] 艮其背不获其身[2]，行其庭不见其人[3]，无咎。

注释

①艮：卦名“艮”与卦辞“艮其背”的“艮”字相连，以

类似于重复而脱去，今补上。卦象是艮下艮上，艮为山，山巍然峙立，寂然静止，所以本卦有“止”的内容。本卦上接震卦，震卦是《周易》作者设想厉王已经声威极盛，因此必须不妄动，不躁进，把声威保持下来，使西周王业永盛不衰，本卦一再强调“止”，道理就在这里。 ②不获其身：是其身不获的倒装，即身体不能得到什么，指身体不能活动而静止。 ③不见其人：指院子里静悄悄的，停止了一切活动。

译文

停止了背部活动就全身都不能活动，走在院子里看不见一个人，这些都没有坏处。

按：卦辞用两个比喻表现静止，然后断之以“无咎”，以突出静止的积极意义。

《彖》曰：艮，止也。时止则止，时行则行，动静不失其时，其道光明。艮其止[①]，止其所也。上下敌应[②]，不相与也，是以不获其身，行其庭不见其人，无咎也。

注释

①止：朱熹《周易本义》引晁氏曰：“当依卦辞作‘背’”。②上下敌应：指初六与六四，六二与六五各以阴爻相应，九三与上九以阳爻相应，是相应说。

译文

《彖传》说：艮的意义是停止或静止。该什么时候止就止，该什么时候动就动，动和静都不失其时，前途才会光明。停止背部活动，是停止应该活动的地方。上下卦阴爻和阴爻，阳爻和阳爻相应，都是敌应，不能发生关系，因此全身不能活动，走在院子里也看不见人，但却是没有坏处的。

按：以“止”训“艮”，正确。但卦义只是止，与动一起谈，已经不恰当。而且已经“敌应”，却断之以“无咎”，也是不对的。

《象》曰：兼山①，艮。君子以思不出其位②。

注释

①兼山：兼有两座山，即山重山，下卦是山，上卦也是山。②思不出其位：思考不越出应有的范围，即思考停止在应该思考的问题上。

译文

《象传》说：山重山，构成艮卦。君子看见这个卦象就把思考停止在应该思考的问题上。

按：《象传》说“思不出其位”，也是以“止”训“艮”，但与本卦是讲周厉王已经取得胜利就必须紧紧抓住，不能失去的卦义不合。

初六　艮其趾，无咎，利永贞。

《象》曰：“艮其趾”，未失正也。

译文

初六　停止脚趾活动，不但没有坏处，还将以静止的永远正确得到好处。

《象传》说：“停止脚趾活动”，是没有失去正常状态。

按：本爻是下艮初爻，所以用“趾”作比喻。停止脚趾活动，是一开始就静止，下面将循此发展，把“止”的重大意义发挥出来。《象传》用“未失正”说明本爻，大体上可以，但没有讲出所以然，还不能说对卦义有正确理解。

六二 艮其腓[①]，不拯其随[②]，其心不快。

《象》曰："不拯其随"，未退听也。

注释

①腓（féi）：小腿。 ②拯：帮助。随：指随着小腿的大腿。

译文

六二 停止小腿的活动，却不帮助相随的大腿也停止活动，他心里不畅快。

《象传》说："不帮助相随的大腿停止活动"，是"未退听"。

按：从"艮其趾"到"艮其腓"，是静止在继续。由于静止应该是长期的，必须使大腿也静止，因此"不拯其随"就"其心不快"。《象传》"未退听"不知所指。

九三 艮其限[①]，列其夤[②]，厉熏心[③]。

《象》曰："艮其限"，危熏心也。

注释

①限：界限，指上下身的界限，即腰部。 ②列：同裂。夤：夹脊肉，即腰部两边的肉。 ③厉：恶臭气体。熏：薰灼。

译文

九三 停止腰部活动，腰部两边的肉像要裂开似的，又像恶臭气体在薰灼心。

《象传》说："停止腰部活动"，危险在薰灼心。

按：本爻指出静止也可能有危险，但必须克服，以进一步体现静止的重要。《象传》照抄爻辞部分文字，而易"厉"（恶臭气体）为"危"（危险），更不妥当。

六四 艮其身[①]，无咎。

《象》曰："艮其身"，止诸躬也[②]。

注释

①身：胸部。古文身字像人胸部突出的样子。　②止诸躬：止之于躬，即"艮其身"。诸：之于的合音，成为一个语助词，于字古读如乌。躬：身。

译文

六四　停止胸部活动，没有坏处。

《象传》说："停止胸部活动"，就是停止胸部活动。

按：从"艮其限"到"艮其身"，从停止腰部活动到停止胸部活动，是静止到了更高的水平，比喻西周王业不能动摇。《象传》用"止诸躬"对译"艮其身"，未作解释，说明对爻辞意义无知。

六五　艮其辅[①]，言有序[②]，悔亡。

《象》曰："艮其辅"，以中正也[③]。

注释

①辅：口辅，嘴巴。　②序：顺序。　③中正：指本爻既得中，又得正。按之于爻位说，本爻居上艮之中，是得中。但以阴爻六居于阳位五，却不得正，是错误中的错误。

译文

六五　停止嘴巴活动，说话有顺序，悔恨就没有了。

《象传》说："停止嘴巴活动"，是由于既得中，又得正。

按：停止嘴巴活动指不乱说话，不乱说话也是不活动，所以也纳入静止范围。本爻是《周易》作者要周厉王谨于言论，以免为武人所乘。《象传》用爻位说已不恰当，而在用爻位说时又有错误，诚不知其可。

上九　敦艮[1]，吉。

《象》曰：敦艮之吉，以厚终也[2]。

注释

①敦：坚决。　②厚：美好。

译文

上九　坚决静止，一切吉利。

《象传》说：坚决静止的吉利，是以美好告终。

按：本爻是全卦的结束语，所以用坚决静止概括，并特别突出静止的吉利，以祝愿西周王朝永远繁荣昌盛。《象传》的“厚终”与爻辞意义相合。

渐

䷴　艮下巽上

渐[1]　女归吉，利贞。

注释

①渐：缓慢。艮卦希望西周王朝永远繁荣昌盛，这就要有贤臣辅佐，渐卦就是要周厉王认真寻求贤臣的。寻求贤臣得从容甄别，贤臣欲事奉周厉王也不能汲汲于旦夕，彼此不能孟浪，都必须“渐”。从爻辞看，下艮三爻用雄鸿的开始“渐于干”，接着“渐于磐”，最后“渐于陆”，比喻周厉王求贤臣有一个渐进的过程。上巽三爻用雌鸿开始“渐于木”，接着“渐于陵”，最后“渐于陆”，比喻贤臣事奉周厉王也有一个渐进的过程。说下艮的鸿是雄鸿，是比喻周厉王，是由于下艮是阳卦，初六还有“小子

厉”，周代君王常自称“小子”，如《诗经·周颂》“闵予小子”，“小子”就是周成王自称。说上巽的鸿是雌鸿，是比喻贤臣，是由于上巽是阴卦，而且与下艮所比喻的周厉王相对待。雄鸿自下而上，非常清楚，因为是先干，次磐，再陆。为什么说雌鸿自上而下呢？这不但由于巽卦是上卦，要与下艮相遇只能是自上而下，更重要的是到最后才“渐于陆”，与雄鸿遇合。如果也是自下而上，就应该是自陆而木而陵，不是自木而陵而陆了。

译文

女子出嫁会吉利，以辅佐丈夫的正确行为得到好处。

按：用女子出嫁辅佐丈夫，比喻贤臣辅佐周厉王，是全卦纲领。

《彖》曰：渐之进也①，女归吉也。进得位②，往有功也。进以正③，可以正邦也。其位，刚得中也④。止而巽⑤，动不穷也。

注释

①渐之进：根据朱熹《周易本义》，应作“渐，渐进也”。②进得位：指涣卦（䷺）九二上升，六三下降，彼此交换位置，成为本卦（䷴）。或旅卦（䷷）九四上升，六五下降，彼此交换位置，也成为本卦。这些都是卦变说。　③进以正：指涣卦九二成为九三，旅卦九四成为九五，都各以阳爻进居阳位而得其正。这些都是从卦变说所派生的爻位说。　④刚得中：指旅卦九四成为九五，是以阳刚之爻居本卦上巽的正当中。　⑤止而巽：静止而柔顺，本卦下卦是艮，艮为止，上卦是巽，巽为顺。

译文

《彖传》说：渐是缓慢前进，渐卦是说女子嫁出去会吉利。本卦从涣卦或旅卦变来，涣卦九二上升成为九三，旅卦九四上升成为九五，都各当其位，这样发展下去会吉利。前进当位就是前进得正，这样可以治理好国家。而九五是既得位，又得中的。下艮静止，上巽柔顺，这样动起来就没有穷尽了。

按：除以“渐进”解释“渐”还说得过去以外，其余用卦变说以及由卦变说所派生的爻位说，都是错误。而且“止而巽”应该是静止而柔顺，即永远静止，说成“动不穷”也讲反了。

《象》曰：山上有木，渐。君子以居贤德善俗。

译文

《象传》说：山上有树木，构成渐卦。君子看见这个卦象就要积累美好品德去改善风俗。

按：“山上有木”为什么构成渐卦，不能作出说明。要是说山上有风，那么清风徐来，还会有一点渐的意味。《象传》对于怎样取象成卦是欠考虑的。巽不是经常象征风吗？“居贤德善俗”与本卦周厉王与贤臣互相追求无关。

初六　鸿渐于干[①]。小子厉，有言，无咎。

《象》曰：小子之厉，义无咎也。

注释

①鸿：一种比较大的水鸟。干：岸。

译文

初六　雄鸿缓慢地飞到岸边。周厉王有危险，武人对他寻求贤臣有责怪的话，但终于没有坏处。

《象传》说：小子危险，但从道理上看没有坏处。

按：本爻比喻周厉王开始寻求贤臣，好像雄鸿从水里才飞到岸边。寻求贤臣会有武人干涉，因此《周易》作者用“无咎”鼓励周厉王大胆干下去。《象传》不知道“小子”指周厉王，“义无咎”流于空洞。

六二　鸿渐于磐①，饮食衎衎②，吉。

《象》曰：“饮食衎衎”，不素饱也③。

注释

①磐：应作般，水边高地。　②衎衎（hàn hàn）：快乐的样子。　③不素饱：不白吃闲饭。

译文

六二　雄鸿缓慢地飞到水边高地，像喝酒吃饭那么快乐，是吉利的。

《象传》说：“像喝酒吃饭那么快乐”，是不白吃闲饭。

按：本爻比喻厉王寻求贤臣有进展，从而兴高采烈。《象传》“不素饱”不能说明这一点。

九三　鸿渐于陆①，夫征不复，妇孕不育②，凶。利御寇。

《象》曰：“夫征不复”，离群丑也③。“妇孕不育”，失其道也。“利用御寇”，顺相保也④。

注释

①陆：高而平的地方。　②不育：指难产。　③离：碰上。群丑：一群坏人。　④相保：保护自己，是偏指“相”的一种用法。

译文

九三　雄鸿慢慢地飞到了陆地上，遭遇可不好，像丈夫出门不能回家，又像妇人怀孕不能生育，情况是凶险的。但抗击敌寇会得到好处。

《象传》说："丈夫出门不能回家"，是碰上一群坏人。"妇人怀孕不能生育"，是在生活道路上犯了错误。"以抗击敌寇得到好处"，是顺乎情理保护自己。

按：本爻用比喻说明厉王求贤即将成功，可能受到武人破坏，但予以反击，情况会转好。《象传》对这些没有什么认识。

六四　鸿渐于木，或得其桷[①]，无咎。

《象》曰："或得其桷"，顺以巽也[②]。

注释

①桷（jué）：方形的椽木，这里指近似于方形的树枝。鸿脚趾之间有蹼，踩在圆形树枝上站不稳，只有踩在类似于方形的树枝上才站得稳。　②顺以巽：很顺利。顺是顺利，巽也是顺利，"顺以巽"指很顺利。以：而且。

译文

六四　雌鸿从空中慢慢地落在树上，可能踩着方形树枝，没有坏处。

《象传》说："可能踩着方形树枝"，很顺利。

按：本爻属于上巽，是就雌鸿说，就贤臣说。是用比喻指出贤臣也在行动，并将与厉王遇合。《象传》"顺以巽"讲出了贤臣将很顺利地归于厉王，与爻辞意义相合。

九五　鸿渐于陵[①]，妇三岁不孕[②]，终莫之胜，吉。

《象》曰："终莫之胜，吉"，得所愿也。

注释

①陵：山坡。 ②三岁：长时期。

译文

九五　雌鸿从树上慢慢地飞到了山坡上，可碰上了困难，像妇人多年不怀孕，但终于不能困扰它，还是吉利的。

《象传》说："终于不能困扰它，还是吉利"，是能够达到愿望。

按：本爻用比喻指出，贤臣投奔厉王也有干扰，但"终莫之胜"，而诚如《象传》所说，是能够达到愿望的。

上九　鸿渐于陆[①]，其羽可用为仪，吉。

《象》曰："其羽可用为仪，吉"，不可乱也。

注释

①陆：即九三"鸿渐于陆"的"陆"，雌鸿从天外飞来，终于在这里碰上雄鸿，成为配偶，比喻贤臣终于与厉王相遇，共谋国事。前人不了解雌鸿与雄鸿遇合于"陆"，总认为本卦是讲雄鸿一直向上飞，自陆而木，自木而陵，于是这个"陆"字就不好讲，就想方设法改字，其实是不必要的。

译文

上九　雌鸿从坡上慢慢飞到高而平的地方，它的羽毛可以做仪仗队的装饰品，这是吉利的。

《象传》说"羽毛可以做仪仗队的装饰品，吉利"，是不能搞乱。

按：本爻用比喻指出贤臣与厉王遇合，并得到重用的设想。《象传》的"不可乱"如果是说庸妄的人不能与贤臣杂然共进，

就是正确的。

归妹

䷵ 兑下震上

归妹[①] 征，凶，无攸利。

注释

①归妹：嫁女。妹指女郎，不是妹妹。古代贵族嫁女是嫁长女，以其到年龄的妹妹或侄女陪嫁，如果颠倒过来，就是错误。本卦用嫁女是嫁妹妹，不是嫁姐姐，或妹妹先嫁，姐姐后嫁，来比喻贤臣不能归于周厉王，反而被坏人占了先着，是接着渐卦周厉王求贤臣讲的，也是说求贤臣要防止坏人钻空子。本卦卦象是兑下震上，兑为泽，震为雷，是泽水渗于下，雷火炎于上，水火相悖，以比喻贤臣与周厉王乖违。

译文

再下去有危险，没有好处。

按：这条卦辞是对周厉王求贤臣时却被佞臣抢了先着的一个概括，并坚决希望不出现这种情况。

《彖》曰：归妹，天地之大义也。天地不交而万物不兴。归妹，人之终始也。说以动[①]，所归妹也。“征凶”，位不当也[②]。“无攸利”，柔乘刚也[③]。

注释

①说以动：悦而动。说：悦。以：而。本卦下卦为兑，兑为悦。上卦为震，震为动。 ②位不当：指九二以阳居阴，六三以

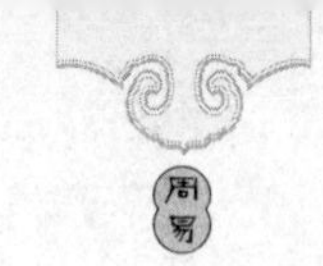

阴居阳，九四以阳居阴，六五以阴居阳，是爻位说。③柔乘刚：指六三在九二之上，六五在九四之上，是关系说。

译文

《彖传》说：嫁女是宇宙间的大事情。天与地不相交万物就不能出现。嫁女是人的终了和开始（指童年终了，成年开始）。和悦地动，是嫁出去的女郎。“再下去有危险”，是九二、六三、九四、六五所处的爻位不恰当。“没有好处”，是柔爻六三在九二刚爻之上，柔爻六五在刚爻九四之上。

按：这条《彖传》只说“归妹”，没有触及比喻意义，还用了爻位说、关系说。

《象》曰：泽上有雷，归妹。君子以永终知敝[1]。

注释

①敝：同弊，缺点，毛病。

译文

《象传》说：湖泊上面有雷在轰鸣，构成归妹卦。君子看到这个卦象就要对择配偶谨慎从事，以永其终，还要认真研究，以知其弊。

按：对泽上有雷为什么构成归妹卦未作说明，“永终知敝”也只是停留在归妹本身，未涉及比喻意义。

初九　归妹以娣[1]，跛能履，征吉。

《象》曰：“归妹以娣”，以恒也。跛能履吉，相承也。

注释

①娣（dì）：妹妹。

译文

初九　嫁女把妹妹嫁出去了，像这样要跛子能走路，发展下去才吉利。

《象传》说：“嫁女把妹妹嫁出去了”，是照着常规办事。要像跛子能走路才吉利，是承接着“归妹以娣”说的。

按：本爻指出“归妹以娣”不好，说要像跛子能走路才吉利，那就是不吉利。用来说明佞臣幸进，贤臣不得入，就很不好。《象传》说嫁女嫁妹妹是常规，与古代习惯和卦义都相反，说“跛能履吉”是承接“归妹以娣”说则讲对了，但又与以上说法矛盾。

九二　眇能视，利幽人之贞[①]。

《象》曰：“利幽人之贞”，未变常也。

注释

①幽人：即履卦九二“幽人贞吉”的“幽人”，指囚犯。囚犯被幽禁，所以叫“幽人”。

译文

九二　（嫁女把妹妹嫁出去了，）像这样要瞎子能看见，才会凭着囚犯所谓的正确得到好处。

《象传》说：“凭着囚犯的所谓正确得到好处”，是没有改变一般的道理。

按：“眇能视”前面以承接初九省去“归妹以娣”。本爻内容与初九相同，是把不能“归妹以娣”进一步强调，以见厉王求贤决不能让佞臣占先。瞎子不能看见东西，囚犯也不能凭着他们所谓的正确得到好处，说明“归妹以娣”绝对不行。《象传》认为囚犯能凭着他们所谓的正确得到好处，与爻辞意义相反。

六三　归妹以须[①]，反归以娣。

《象》曰：“归妹以须”，未当也。

注释

①须：同媭。贾逵说：“楚人谓姊为媭。”本爻插入楚语，但不能据此就说《周易》作者是楚国人，因为只是一个孤证。更何况明夷九三有“于南狩”，升卦卦辞有“南征吉”，都说明作者憎恨楚国，甚至要灭掉它才甘心呢！

译文

六三　嫁女应该把姐姐嫁出去，反而把妹妹嫁出去了。

《象传》说：“嫁女把姐姐嫁出去”，是不恰当的。

按：本爻明确指出，嫁的应该是姐姐，不应该是妹妹，以说明只能寻求贤臣，不能登进佞臣，是全卦的总结。爻辞明明说归妹要以须，《象传》却说“未当”，是与爻辞意义不相符合的一个比较突出的例子。

九四　归妹愆期[①]，迟归有时。

《象》曰：愆期之志，有待而行也。

注释

①愆（qiān）期：错过了日期，推迟了日期。

译文

九四　嫁女错过了日期，迟一点嫁总还是有时候的。

《象传》说：有推迟日期的思想，是由于要有所等待才成行。

按：本爻是用周厉王口吻进行推断，表现出对于得到贤臣有信心，或早或晚，只是一个时间问题，并用以强调六三的归妹必须以须，不能以娣。《象传》把本来是厉王的推断，说成是贤臣的思想，把本爻是就什么人立言搞错了。

六五　帝乙归妹[①]，其君之袂不如其娣之袂良[②]，月几望[③]，吉。

《象》曰：帝乙归妹，不如其娣之袂良也。其位在中[④]，以贵行也。

注释

①帝乙：殷纣王父亲，曾经把女儿嫁给周文王，见《诗经·大雅·大明》。泰卦六五有“帝乙归妹，以祉，元吉”。　②君：以与娣对举，指须，即姐姐，比喻贤臣。袂（mèi）：衣袖。古代用举起衣袖作为行礼的样子，衣袖的好不好，能表示一个人地位的高低。“其君之袂不如其娣之袂良”，是说姐姐地位不及妹妹高，妹妹能出嫁，姐姐反而不能，用来比喻佞臣占先，贤臣落后。　③几（jī）：快到。望：农历每月的十五日。　④位在中：指本爻爻位在上震中间，是得中说。

译文

六五　殷帝乙嫁女，姐姐的衣袖不及妹妹的衣袖好，要快到一个月的十五日，才会吉利。

《象传》说：殷帝乙嫁女，姐姐的衣袖不及妹妹的衣袖好。本爻爻位在上震中间，是高贵的行为。

按：本爻用比喻说明，在一定时期内，佞臣可能会占先，贤臣可能会落后，但时机成熟，贤臣还将以得到重用而吉利，表现了《周易》作者的愿望。《象传》或照抄爻辞，或用了得中说。

上六　女承筐[①]，无实，士刲羊[②]，无血，无攸利。

《象》曰：上六无实，承虚筐也。

注释

①承：承接，指用头顶着。②刲（kuī）：割，这里指宰杀。

译文

上六　女的头上顶着筐，里面却空无所有，男的在宰杀羊，却不见流出血来，都没有好处。

《象传》说：上六说“无实”，是顶着空筐。

按：本爻用比喻指出，周厉王寻求贤臣，到头来将是一场空，是如实反映了当时现实，也表现了《周易》作者的悲观情绪。《周易》作者虽然一心盼望厉王中兴，但同时深知厉王为人，并不敢寄予过多希望。《象传》只对部分爻辞作文字解释。

丰

䷶　离下震上

丰[①]　亨，王假之[②]，勿忧，宜日中[③]。

注释

①丰：大，指周厉王在贤臣帮助下，将取得很多成绩。卦象是离下震上，离为火，震为雷，是迅雷响震于长空而电火随之，比喻周厉王奋发有为而贤臣助之。渐卦设想周厉王与贤臣遇合，归妹卦设想周厉王与贤臣乖违，本卦是就渐卦说，设想周厉王与贤臣将如水乳交融，以重新振兴西周王朝，而“来章，有庆誉”的。但《周易》作者深知这不可能，终于会“窥其户，阒其无人”，不过空有一片谋国的忠心罢了。②假（gé）：至，来到。之：指代贤臣。③宜日中：以日中而宜，到了成熟的时机事情

会得到合理解决。日中：比喻成熟的时机。宜：指事情得到合理解决，即贤臣终将为厉王所用。

译文

周厉王来到贤臣当中亨通顺利，不用担忧，到了时机成熟贤臣就会为厉王所用。

按：卦辞只着重讲贤臣将为厉王所用，至于事情终必无成，则略去不谈。

《彖》曰：丰，大也。明以动[①]，故丰。“王假之”，尚大也[②]。“勿忧，宜日中”，宜照天下也。日中则昃[③]，月盈则食[④]，天地盈虚，与时消息[⑤]，而况于人乎？况于鬼神乎？

注释

①明以动：本卦下卦为离，为明，上卦为震，为动，是明以动。 ②尚：尊尚，尊重。 ③昃：太阳偏西，即离卦九三“日昃之离”的“昃”。 ④食：同蚀，亏损。 ⑤消息：消亡和生长。

译文

《彖传》说：丰的意义是巨大。有着光辉品德去处理政务，所以能建立巨大功业。“王来到贤臣当中”，是尊重大人物。“不用担忧，以太阳当中为相宜”，是说在这个时候太阳最便于普照天下。太阳正中就会偏西，月亮满盈就会亏损，天地的充实和空虚，随着时间变化而或消亡（指“虚”），或生长（指“盈”），又何况是人呢？何况是鬼神呢？

按：解释卦名正确。以“尚大”与“宜日中”说得到贤臣会取得巨大成绩也正确。但反复讲消息盈虚却与卦义无关。

《象》曰：雷电皆至，丰。君子以折狱致刑[1]。

注释

①折狱：断狱。致刑：用刑。

译文

《象传》说：雷和电都来到了，构成了本卦。君子看到这个卦象就要很好地断决狱讼，使用刑罚。

按：《象传》认为本卦讲“折狱致刑”，是与噬嗑类比，因为两个卦都由震与离合成。其实或震下离上而为噬嗑，或离下震上而为丰，卦象不同，所反映的情况也不同，噬嗑诚然是讲治狱，而本卦却是讲周厉王将得贤臣以为治的。《象传》无得于卦义。

初九　遇其配主[1]，虽旬无咎[2]，往有尚[3]。

《象》曰：“虽旬无咎”，过旬灾也。

注释

①配主：能相互配合的君主，指周厉王，是就着贤臣说。②虽：即使，表假设让步。旬：十天，这里泛指一段比较长的时间。　③尚：高尚，美好，与坎卦卦辞“行有尚”、节卦卦辞“往有尚”的“尚”相同。

译文

初九　贤臣将碰上能相互配合的君主周厉王，即使迟一点时间也不要紧，往下去情况将是美好的。

《象传》说：爻辞“虽旬无咎”，是说过了一旬就有灾难。

按：本爻含义明确，贤臣想得到周厉王任用的思想跃然于纸上。“虽旬无咎”是说君臣遇合即使迟一点时间也不要紧，《象传》说成过一段时间有灾难，与爻辞意义是相反的。

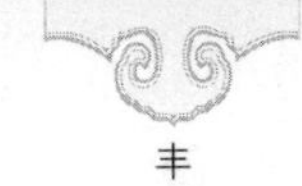

六二　丰其蔀[①]，日中见斗[②]。往得疑疾[③]，有孚发若[④]。

《象》曰："有孚发若"，信以发志也。

注释

①丰：大，用成使动词，是使大或加大。蔀（bù）：小草席子。　②斗：北斗星。　③疑疾：多惊多疑之疾，即精神病。④发若：去掉。若：语末助词。

译文

六二　把覆盖在屋顶上的小草席子加大，屋里一片漆黑，到中午还能看见北斗星。这样下去会得精神病，要有诚才能去掉。

《象传》说："有孚发若"，是说要用信启发思想。

按：本爻是用比喻指出当时环境黑暗，贤臣要与周厉王遇合困难重重，要一本于诚，才能突破困难。"有孚发若"是说只有诚才能解决问题，《象传》却说成要用信启发思想，与爻辞不一致。

九三　丰其沛[①]，日中见沬[②]。折其右肱[③]，无咎[④]。

《象》曰："丰其沛"，不可大事也。"折其右肱"，终不可用也。

注释

①沛：同旆，幡幔，幕布。　②沬：同昧，小星星。　③肱（héng）：臂。

译文

九三　把幕布加大，屋里越发漆黑，到中午还只能看见如同小星星的一点亮光。在摸索中折断右臂，但终于没有坏处。

《象传》说："把幕布加大"，是不能成大事。"折断右臂"，是终于不可用。

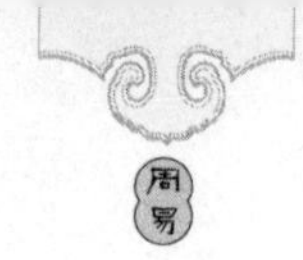

按：本爻用比喻进一步指出，环境恶劣，贤臣与周厉王遇合困难更大，甚至会遭受损失，但前途还是乐观的。《象传》用“不可大事”讲“丰其沛”，很勉强。用“终不可用”讲“折其右肱”，不行，因为暂时有困难与永远不可用并不相同。

九四　丰其蔀，日中见斗。遇其夷主[1]，吉。

《象》曰：“丰其蔀”，位不当也[2]。“日中见斗”，幽不明也。“遇其夷主”，吉行也。

注释

①夷主：平易近人的君主。　②位不当：指本爻以阳爻九居于阴位四，是爻位说。

译文

九四　把覆盖在屋顶上的小草席子加大，屋里一片漆黑，到中午还能看见北斗星。在这种情况下碰上平易近人的君主周厉王，是吉利的。

《象传》说：“把覆盖在屋顶上的小草席子加大”，是本爻所处地位不恰当。“中午看见北斗星”，是屋里黑暗不光明。“碰上平易近人的君主”，是吉利的事。本爻再一次强调，环境尽管恶劣，贤臣终将与周厉王遇合。《象传》或用爻位说，或就事论事，都与爻辞意义不合。

六五　来章[1]，有庆誉，吉。

《象》曰：六五之吉，有庆也。

注释

①来：达到，取得。章：美，指美好政绩。

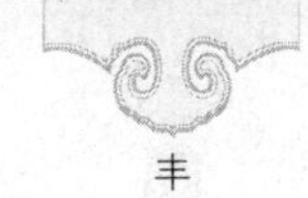

译文

六五　取得美好政绩，有值得庆贺和赞扬的，这就吉利。

《象传》说：爻辞六五的吉利，是有喜庆的事。

按：本爻是说周厉王得到贤臣帮助，治国有方，政绩斐然，是《周易》作者设想的高峰。《象传》只重复爻辞的部分文字。

上六　丰其屋[①]，蔀其家[②]，窥其户，阒其无人[③]，三岁不觌[④]，凶。

《象》曰："丰其屋"，天际翔也。"窥其户，阒其无人"，自藏也。

注释

①丰其屋：把屋修得很大，即屋很大。　②蔀其家：用草席子覆盖着家，即室内漆黑。　③阒（qù）其：静悄悄地。其，语助词，相当于今天的"地"。　④三岁：多年。觌（dí）：看见。

译文

上六　屋很大，室内漆黑，从门户里看，静悄悄地没有人，以后很多年也将看不见人，这是凶险的。

《象传》说："屋很大"，好像在天边飞翔。"从门户里看，静悄悄地没有人"，是自己藏起来了。

按：井卦九三慨叹"王明，并受其福"，是对厉王的昏庸知之甚深。这里用荒凉、寂寞刻画大屋，是对西周王朝终难复兴知之甚明。作者之所以还念念不忘周厉王和西周王朝，无非是基于爱国思想。《象传》都与爻辞意义不合。

旅

䷷ 艮下离上

旅[①] 小亨，旅贞吉。

注释

①旅：羁旅，寄居异乡的人。六二有“旅即次”，九三有“旅焚其次”，“次”都指次舍，即羁旅之人所寄居的地方。九四有“旅于处”，“处”是居处，与“次”相同。上九有“鸟焚其巢”，鸟巢比喻羁旅之人所居，也同于“次”。一卦之内有四条爻辞都说明旅是羁旅，即寄居异乡的人。这个人是谁？从六二“怀其资”应是“怀其资斧”而九四又有“得其资斧”看，应该是周厉王，因为经过可靠考证，“资斧”应作“齐斧”，而“齐斧”就是“黄钺”，是天子用来指挥天下的一种信物（参看六二“怀其资”注释）。本卦写周厉王流放于彘的凄苦情况，与明夷卦的流离道途可以合起来看。

译文

中兴事业仍然有一线胜利希望，因流放而寄居于彘的周厉王将凭着他的正确而吉利。

按：周厉王到了这种地步，还说他会有一线胜利希望，并将以正确而吉利，表现出《周易》作者希望周厉王中兴复国的执着心情。

《彖》曰：旅小亨，柔得中乎外而顺乎刚[①]，止而丽乎明[②]，是以“小亨，旅贞吉”也。旅之时义大矣哉！

注释

①柔得中乎外而顺乎刚：指六五这个阴爻居于外卦离卦中间，并顺从着阳爻上九，是得中说加关系说。 ②止而丽乎明：是说本卦下卦为艮，为山，为止，上卦为离，为火，为明，下卦依附（丽）于上卦，也是关系说。

译文

羁旅之人有一线胜利希望，是由于阴爻在外卦得中并顺从着阳爻，还由于停止下来依附着光明，因此将“小有亨通”，还将“凭着羁之人的正确而吉利”。旅卦的意义是巨大的。

按：爻位说和关系说都不能用来说明《周易》。

《象》曰：山上有火，旅。君子以明慎用刑，而不留狱①。

注释

①留狱：稽留狱讼，拖延要办的案子。

译文

《象传》说：艮山上面有离火，构成旅卦。君子看到这个卦象对于使用刑罚就要明察谨慎，不能拖延要办的案子。

按：《象传》对于本卦是写周厉王流放于彘无所知，所讲的与卦义都不相干。

初六　旅琐琐①，斯其所取灾②。

《象》曰：“旅琐琐”，志穷灾也。

注释

①琐琐：渺小的样子。指厉王识见卑下，不识大体，具体事例像用荣夷公专利和使卫巫监谤等。 ②所：所以。古汉语有把“所”当“所以”用的，《公孙龙子·迹府》：“然所不取先生者，

独不取先生之以白马为非马耳。”“所不取先生”即“所以不取先生”。

译文

初六　成为羁旅之人的周厉王渺小不识大体，这就是他招来放逐灾祸的原因。

《象传》说：“羁旅之人不识大体”，志意穷困，自取灾祸。

按：本爻开门见山，予周厉王以中肯的批评，《周易》作者深知周厉王为人，对他并没有偏爱。《象传》的“志穷灾”说得过去。

六二　旅即次①，怀其资②，得童仆贞③。

《象》曰：“得童仆贞”，终无尤也④。

注释

①即：到。次：次舍，羁旅之人所住的地方。　②怀：怀藏，收藏。资：联系本卦九四“得其资斧”和巽卦上九“丧其资斧”看，这个“资”是“资斧”的脱文。“资斧”在当时一般指钱币，但《周易》这几个“资斧”却都是“齐斧”的讹误，指天子的黄钺。《汉书·王莽传》：“司徒寻……亡其黄钺。寻士房扬素狂直，乃哭曰：‘此经所谓丧其齐斧者也。’”《晋书音义》引张晏《汉书》注：“齐斧，黄钺也，所以整齐天下也。”从羁旅之人还收藏着黄钺看，证明这个羁旅之人就是周厉王。　③童仆：臣民。　④尤：悔恨。

译文

六二　成为羁旅之人的周厉王到了在彘所居住的地方，还收藏着黄钺，得到臣民的正确对待。

《象传》说：“得到臣民正确对待”，终于没有悔恨。

按：本爻是本卦的“旅”指周厉王的本证，足以证明《周易》是为厉王复国中兴而作。《象传》大体上说得过去。

九三　旅焚其次，丧其童仆贞，厉。

《象》曰：“旅焚其次”，亦以伤矣[1]。以旅与下[2]，其义丧也。

注释

①以：同已，已经。　②与：对待。

译文

九三　成为羁旅之人的周厉王被烧掉了他在彘所居住的地方，失去了臣民的正确对待，情况危险。

《象传》说：“羁旅之人被烧掉住的地方”，已经值得悲伤。凭着羁旅之人的身份对待属下，从道理说会失去臣民的拥护。

按：本爻应当是写实，住处被火焚烧，可能是武人弄的鬼。臣民从拥戴到不拥戴，更可能是武人作祟。《象传》没有发掘出“旅焚其次”的原因，而且“以旅与下”，为什么就得不到拥戴呢？

九四　旅于处，得其资斧，我心不快。

《象》曰：“旅于处”，未得位也[1]。“得其资斧”，心未快也。

注释

①未得位：指阳爻九居于阴位四，是爻位说。

译文

九四　成为羁旅之人的周厉王找到了住处，又得到了齐斧，但是我心里却不愉快。

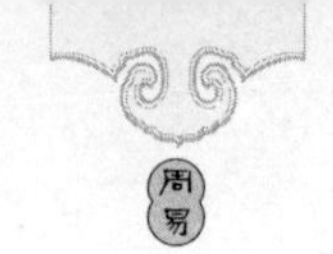

《象传》说："羁旅之人找到了住处"，是阳爻九没有得到阳位五，却得到阴位四。"得到了齐斧"，心里不愉快。

按：周厉王既找到了新住处，又重新得到了齐斧，《周易》作者应该愉快。其所以不愉快，是由于齐斧虽失而复得，但周厉王却仍在放逐之中，无法用来"整齐天下"，这就引起作者的惆怅了。《象传》用了爻位说，对"我心不快"也没有讲出所以然。

六五　射雉，一矢亡，终以誉命①。

《象》曰："终以誉命"，上逮也②。

注释

①誉：人的称赞。命：天的保佑。命指天命。　②逮(dài)：达到。

译文

六五　射野鸡，尽管一枝箭失掉了，但终于凭这一点得到人的称赞和天的保佑。

《象传》说："终于凭这一点得到人的称赞和天的保佑"，是向上达到了很高的程度。

按：本爻用比喻指出，周厉王终将歼灭武人，尽管小有损失，但收获却是很大的，可以与解卦上六"公用射隼于高墉之上，获之，无不利"合看。《象传》"上逮"指取得很大成绩，与爻辞意义相合。

上九　鸟焚其巢，旅人先笑后号咷①，丧牛于易②，凶。

《象》曰：以旅在上，其义焚也③。"丧牛于易"，终莫之闻也。

注释

①号咷（háo táo）：放声大哭。 ②丧牛：比喻遭到重大损失。于：以。易：率易，马虎大意。 ③以旅在上，其义焚也：指本爻为旅卦上九，以阳爻九居阴位六，不得位，所以说按道理看有被焚烧的危险。

译文

上九　鸟烧掉了巢，作为羁旅之人的周厉王先还嘻笑，后来才放声大哭，由于马虎大意遭到重大损失，处境是凶险的。

《象传》说：阳爻在旅卦居于上位，从道理看会被焚烧。“由于马虎大意遭到重大损失”，自己却终于不知道。

按：本爻反映了周厉王再一次被武人烧掉房子，被责以轻心率意。《象传》先用爻位说，但接着指出遭受重大损失而自己却不知道，倒是能说明爻辞“丧牛于易”的“易”字的。

巽

☴　巽下巽上

巽[①]　小亨，利有攸往，利见大人。

注释

①巽（xùn）：顺伏，归顺服从。篆文像二人跪在几上，是顺伏的意思。《彖传》“柔皆顺乎刚”，《杂卦传》：“巽，伏也”，是前人也都把“巽”讲成顺伏。是什么人归顺什么人？是什么人服从什么人？从本卦初六“进退，利武人之贞”并联系履卦六三“武人为于大君”看，显然是说篡夺了王位的武人必须归顺服从于周厉王。旅卦六五“射雉，一矢亡，终以誉命”，是作者设想

周厉王能荡平武人，于是本卦就设想武人向周厉王投降了。卦象是巽下巽上，巽为风，风能使被吹的东西倒伏，这就是顺伏。

译文

武人如果能归顺服从于周厉王，就会小有亨通，发展下去还会有好处，更将以朝见周厉王得到赏赐。

按：这些设想都是《周易》作者为周厉王招徕武人，是在开展“射雉”打击以后又进行怀柔。

《彖》曰：重巽以申命①。刚巽乎中正而志行②，柔皆顺乎刚③，是以“小亨，利有攸往，利见大人”。

注释

①重（chóng）巽：把巽卦的两个经卦（基本卦）重叠起来。申命：说明命令。 ②刚巽乎中正：指九五这个阳爻进入既得中又得正的位置，是爻位说。巽：入，进入。 ③柔皆顺乎刚：指初六这个柔爻随顺着九二这个刚爻，六四这个柔爻随顺着九五这个刚爻，是关系说。

译文

《彖传》说：本卦是把巽卦两个经卦重叠起来，用巽卦意义是顺伏说明对于命令要服从。象征大人的阳爻九五进入既得中又得正的位置使意志施行，初六和六四两个阴爻分别随顺着九二和九五两个阳爻，就“会小有亨通，发展下去还有好处，并将以朝见大人得到赏赐”。

按：“重巽以申命”能说明本卦，但所根据的却是爻位说和关系说。

《象》曰：随风①，巽。君子以申命行事。

注释

①随：跟随。

译文

《象传》说：两个象征风的巽卦基本卦相互跟随，成为巽卦。君子看到这个卦象就想到要服从命令和推行政事。

按：这条《象传》与《彖传》内容大体相同，“申命行事”指上级有作为，下级要服从照办，也有得于本卦顺伏的主旨。

初六　进退[①]，利武人之贞。

《象》曰：“进退”，志疑也。“利武人之贞”，志治也。

注释

①进退：冒进了还得后退。

译文

初六　冒进了就还得后退，这样才会以武人的正道得到好处。

《象传》说：“或进或退”，是思想上有疑虑。“以武人正道得到好处”，是思想上向往天下太平。

按：本爻是《周易》作者告诫武人，虽然已经进而窃据王位，还得退下来谨守臣节。《象传》用“志疑”解释“进退”，“进退”就成为或进或退，与爻辞意义不合。用“志治”解释“利武人之贞”，还有得于爻辞意义。

九二　巽在床下，用史巫纷若[①]，吉，无咎。

《象》曰：纷若之吉，得中也[②]。

注释

①史巫：史是史官，巫是沟通天人的迷信职业者。这两种人都有文化，能言善辩，所以武人要请他们去求得厉王谅解。纷若，纷纷然，多的样子。若：语末助词。 ②得中：指本爻居于下巽的中间，是得中说。

译文

九二　武人害怕得蜷伏在床下，请史和巫多次去向厉王求情，这样才吉利，没有坏处。

《象传》说：多次求情吉利，是由于本爻居于下巽中间。

《按》：本爻是《周易》作者的设想，希望武人主动向厉王投降，说得很形象，有趣味。《象传》用了得中说。

九三　频巽[①]，吝。

《象》曰：频巽之吝，志穷也[②]。

注释

①频巽：为巽而频，是为动句。指由于要归顺服从于周厉王而皱着额头。频：额头，这里指皱着额头。 ②志穷：思想穷屈，即心情不舒畅。

译文

九三　如果以归顺服从于周厉王而皱着额头，就有坏处。

《象传》说：为了归顺服从于周厉王而皱着额头的坏处，是心情不舒畅。

按：本爻是《周易》作者严厉警告武人，要他们心安理得地臣服于周厉王，不能再有二心。《象传》的“志穷”能解说“频巽”。

六四　悔亡，田获三品[1]。

《象》曰："田获三品"，有功也。

注释

①田：打猎。获三品：得到多种鸟兽。三：多。品：种类。

译文

六四　悔恨没有了，还有很大收获，像打猎得到多种鸟兽。

《象传》说："打猎得到多种鸟兽"，是有成就的。

按：本爻与上爻相对，由"频巽"转为"悔亡"，是要武人诚心诚意归顺服从于周厉王，不再三心二意，这样收获将会很多，是对武人的一种鼓励。《象传》的"有功"能说明问题。

九五　贞吉，悔亡，无不利，无初有终。先庚三日，后庚三日[1]，吉。

《象》曰：九五之吉，位正中也[2]。

注释

①先庚三日，后庚三日：指一共七天，"先庚三日，后庚三日"是六天，加上庚一共七天。根据复卦卦辞"七日来复"，是凡事到了第七天又会重新开始，结束不好的过去，开展美好的未来，因此说是"吉"。《周易》以"七日来复"表示吉利，除本卦和复卦外，还有蛊卦的"先甲三日，后甲三日"和震卦六二的"勿逐，七日得"以及既济卦六二的"妇丧其茀，勿逐，七日得"等。　②位正中：指本爻以阳爻居于阳位五，并在上巽正中间，既得正，又得中，是爻位说。

译文

九五　武人如果归顺服从于周厉王，就合于正道而吉利，没有悔恨，没有不好，尽管以前篡夺是没有好开头，现在顺伏却是

有了好结果。这合于“七日来复”的结束不好过去，开展美好未来的自然规律，是吉利的。

《象传》说：九五这一爻的吉利，是由于既得正又得中。

按：本爻紧接上爻加以申说，是进一步鼓励武人归顺服从于周厉王。《象传》用了爻位说。

上九　巽在床下，丧其资斧[①]，贞凶？

《象》曰：“巽在床下”，上穷也[②]。“丧其资斧”，正乎凶也。

注释

①丧其资斧：应作丧其齐斧，指武人把天子用来指挥天下的黄钺交还厉王，即交回天子权力。　②上穷：为上所穷，即受到上面压制，不能施展。

译文

上九　武人害怕得蜷伏在床下面，把窃去的天子权力奉还周厉王，这样很正确，难道还有凶险？

《象传》说：蜷伏在床下面，是受到上面压制。“失去了资斧”，正是凶险的。

按：本爻指出武人如果交出所窃去的天子权力，就正确而没有凶险，是进一步鼓励武人归顺服从于周厉王。“贞凶”是反诘句，即难道这样正确还有凶险？《象传》的“上穷”是站在武人立场，而“正乎凶”则是爻辞的反面。

兑

䷹　兑下兑上

兑[①]　亨，利贞[②]。

注释

①兑：一般训为说，说就是悦，快乐的意思。兑象征泽，孔颖达《周易正义》："泽以润生万物，所以万物皆说。"巽卦写武人归顺服从于周厉王，周厉王会有以安抚而怀柔之。这样周厉王就将与武人欢然相处，武人也将倾心于厉王，从而相互怡悦，于是厉王的复位，西周的中兴，都指日可待了。②利贞：凭着上下相互怡悦一本于孚的正道得到好处，九二"孚兑，吉"，是从正面说明，九五"孚于剥，有厉"，是从反面说明。孔颖达《周易正义》："说物恐陷谄邪，其利在于贞正。"程颐《易传》："为说之道，利于贞正。"都训贞为正，但不能指出是一本于孚的贞正，就还都不够确切。

译文

中兴事业将顺利达成，周厉王与武人都以一本于孚的正道相互怡悦得到好处。

按：卦辞以"亨，利贞"对厉王与武人相互怡悦作了高度肯定。

《彖》曰：兑，说也，刚中而柔外[①]。说以利贞，是以顺乎天而应乎人。说以先民[②]，民忘其劳。说以犯难[③]，民忘其死。说之大[④]，民劝矣哉[⑤]！

注释

①刚中而柔外：九二是阳爻，是刚，居下兑的中间，九五也是阳爻，是刚，居上兑的中间，这些叫"刚中"，象征君子内有刚健之德。六三是阴爻，是柔，居下兑的外面，上六也是阴爻，是柔，居上兑的外面，这些叫"柔外"，象征君子外抱柔顺态度。

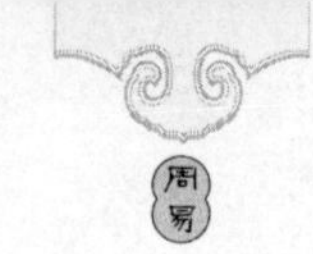

这些都是爻位说。 ②先民：使人民抢在前面干工作。 ③说以犯难：是悦以使民犯难的省略。 ④大：指意义重大。 ⑤劝：鼓舞。

译文

《彖传》说：兑的意义是和悦，它的卦象是阳爻九二和九五分别居于下兑和上兑的中间，阴爻六三和上六分别在下兑和上兑的外面。凭着正确道理得到好处的和悦，是顺应着天道和人心的。用和悦态度使人民抢在前面干工作，人民会忘记他们的劳累。用和悦态度使人民冒着困难工作，人民会忘记他们的死去。和悦的意义重大，人民可受到鼓舞啊！

按：解释卦义正确。用爻位说不恰当。总的来说是没有触及本卦内容，但对于如何叫人民努力并大胆工作，却说出了重要意见。

《象》曰：丽泽[①]，兑。君子以朋友讲习[②]。

注释

①丽泽：连接着的泽。丽是连接，兑为泽，即连接着的下兑和上兑。 ②朋友讲习：朋友之间相互研究和学习。高亨《周易大传注释》："两泽相连，其水交流，君子观此卦象及卦名，从而朋友讲习，以交流知识。"

译文

《象传》说：连接着的两个泽，构成兑卦。君子看到这个卦象就要促进朋友之间的相互研究和学习。

按：高亨对"朋友讲习"的解释得《象传》原意，从而看出《象传》无得于卦义。

初九　和兑[1]，吉。

《象》曰：和兑之吉，行未疑也[2]。

注释

①和兑：恰到好处的相互怡悦。苏蒿坪《周易通义》："和者，发而中节之谓。""发而中节"就是恰到好处。　②行：行动，指相互怡悦。

译文

初九　恰到好处的相互怡悦，是吉利的。

《象传》说：恰到好处相互怡悦的吉利，是对于相互怡悦没有怀疑。

按：本爻说明相互怡悦要处理得当，过与不及，都得不到应有的效果。《象传》用"行未疑"解释"和兑之吉"，欠确切，因为不怀疑相互怡悦不等于恰到好处的相互怡悦。

九二　孚兑，吉，悔亡。

《象》曰：孚兑之吉，信志也。

译文

九二　要一本于诚去相互怡悦，才会吉利，没有悔恨。

《象传》说：一本于诚相互怡悦的吉利，是由于具有诚信的思想。

按：本爻是《周易》作者要周厉王与武人交往必须从诚出发。《象传》用要具有诚信思想说明，讲得过去。

六三　来兑，凶。

《象》曰：来兑之凶，位不当也[1]。

注释

①位不当：指本爻以阴爻六居于阳位三，不得位，是爻位说。

译文

六三　走过来就相互怡悦，凶险。

《象传》说：走过来相互怡悦的凶险，是由于本爻所处的爻位不恰当。

按：所谓走过来就相互怡悦，是指既不是发而中节，又不是一本于诚，只是为了取悦对方。本爻是《周易》作者对周厉王和武人的告诫，要他们不能这样。程颐《易传》："就以求悦，所以凶也。"讲得正确。《象传》用了爻位说。

九四　商兑未宁[①]，介疾有喜[②]。

《象》曰：九四之喜，有庆也。

注释

①商：商量，考虑。宁：定，决定。　②介：大。有喜：在《周易》专指病愈。

译文

九四　尽管考虑如何相互怡悦还没有定下来，却已经像大病痊愈了。

《象传》说：九四的喜悦，是有值得庆贺的事。

按：本爻极言相互怡悦，意义重大，是《周易》作者要周厉王和武人，特别是周厉王，一定要同对方把关系搞好，以复国中兴。《象传》用"庆"解释"喜"，是同义重复，不知道"有喜"是病愈，是比喻重大问题得到解决。

九五　孚于剥[1]，有厉。

《象》曰："孚于剥"，位正当也[2]。

注释

①于剥：被损害。于：表被动的助词。剥：打击，损害。②位正当：指本爻以阳爻九居于阳位五，所处地位正好恰当，是爻位说。

译文

九五　诚被损害，就有危险。

《象传》说："诚被损害"，是本爻所处的爻位正确恰当。

按：本爻应该与九二"孚兑，吉，悔亡"合看。相互怡悦而有孚，就吉利而悔亡。反之，如果孚被损害，就有危险。这些都是强调孚在相互怡悦中的作用。本爻还可以与随卦九五"孚于嘉，吉"合看，因为是分别从正反两个方面突出孚的重大作用。《象传》"位正当"，从爻位说看是好，不是坏，而"孚于剥"却是坏。用"位正当"说明"孚于剥"，是适得其反，反爻位说也用错了。

上六　引兑[1]。

《象》曰：上六引兑，未光也[2]。

注释

①引：永远，与萃卦六二"引吉"的"引"相同。②光：广，大。

译文

上六　要永远相互怡悦下去，和好下去。

《象传》说：上六的永远和好下去，是事业还不够大。

按：本爻是《周易》作者希望周厉王永远与武人搞好关系，

以发扬光大西周王业，《象传》适得其反。

涣

䷺ 坎下巽上

涣[1]　亨，王假有庙[2]，利涉大川，利贞。

注释

①涣：流动。卦象是坎下巽上，坎为水，巽为风，风行水上，吹水流动，比喻厉王在影响武人。巽卦是武人归顺服从，兑卦是周厉王与武人相互怡悦，本卦是武人在厉王影响下愿意为王室效力，情况逐步向好处转化。水为风所吹以后就流动起来，有了荡涤污秽的力量，武人受厉王教育以后就行动起来，有了为王室除残去秽的可能，这些在卦爻辞中有比较充分的反映。②王：周厉王。假（gé）：至，到，与家人卦、萃卦和丰卦的“假”相同。有庙：在《周易》都指太庙。

译文

中兴事业将顺利达成，周厉王在恢复王位以后将到太庙祭祀祖先，从而克服巨大困难，凭着正确行动得到好处。

按：周厉王能够到太庙去祭祖，说明王位已经恢复，这是《周易》作者的设想。还要“涉大川”，是叫周厉王在胜利后不能掉以轻心。

《彖》曰：涣，亨，刚来而不穷[1]，柔得位乎外而上同[2]。“王假有庙”，王乃在中也[3]。“利涉大川”，乘木有功也[4]。

注释

①刚来：指本卦从渐卦（䷴）变来，九三下降成为九二，艮（☶）变成坎（☵），成为本卦，是卦变说。②柔得位乎外：指本卦阴爻六居于阴位四，是柔得位，是爻位说。上同：六四向上顺从九五，与九五同进退，是上同于九五，是关系说。③中：指太庙之中。④木：指上巽，巽经常象征风，但也象征木。在这里木指船。

译文

《彖传》说：涣卦有亨通的可能，原因是渐卦的刚爻九从三来到二，从而艮变为坎。坎为险，但刚爻却不为险所困穷，还由于柔爻六居于阴位四而得位，并向上顺从九五，与九五同进退。“王到了太庙”，是王到了太庙之中。以渡过大河得到利益，是坐船有好处。

按：用卦变说、爻位说、关系说解释“涣，亨”，全无是处。用“在中”说明“王假有庙”，等于没有说。“利涉大川”可以是“乘木有功”，但与卦义并无联系。

《象》曰：风行水上，涣。先王以享于帝，立庙①。

注释

①帝：上帝。“立庙”紧接着“享于帝”，是庙为上帝的庙。

译文

《象传》说：风在水面上吹拂着，构成涣卦。君子看到这个卦象就要向上帝进行祭祀，并建立上帝的庙。

按：只缘于卦辞有“王假有庙”，就傅会出这些说法，而且“享于帝，立庙”也与卦义无关。

初六　用拯马壮，吉。

《象》曰：初六之吉，顺也[1]。

注释

①顺：指本爻为阴爻，向上顺从着阳爻九二，是关系说。

译文

初六　去拯救厉王的力量很强大，因而吉利。

《象传》说：初六的吉利，是由于以阴爻顺从阳爻。

按：本爻是用比喻说。受到厉王感召，武人将救助厉王于危难之中，像强壮有力的马，能负重致远，使厉王摆脱囚禁，重登王位，因而吉利。这是从武人拯救厉王说，作为一卦的先导。明夷六二有“用拯马壮，吉”，是说将有如箕子这样的贤臣拯救厉王，这里与之相同。《象传》用了关系说。

九二　涣奔其机[1]，悔亡。

《象》曰：“涣奔其机”，得愿也。

注释

①机：古代抬尸体的用具。《礼记·曾子问》：“遂舆机而往。”郑玄注：“机，舆尸之床也。”

译文

九二　冲走了他那用来在死后抬尸体的床，悔恨就没有了。

《象传》说：“冲走了他那用来在死后抬尸体的床”，算是达成了愿望。

按：冲走在死后用来抬尸体的床，是祝愿周厉王健康长寿，久居王位，表现了归顺于厉王的武人对厉王高度关心。《象传》的“得愿”是得其所愿，即达成愿望，只有“涣奔其机”才能达到祝厉王长寿的愿望，是约略地有窥于爻辞含义的。

六三　涣其躬，无悔。

《象》曰："涣其躬"，志在外也[①]。

注释

①志在外：孔颖达《周易正义》："'志在外'者，释六三所以能'涣其躬'者，正为身在于内而应在上九，是志意在外也。"这说明《象传》用了相应说。

译文

六三　水冲洗着他的身体，没有悔恨。

《象传》说："水冲洗着他的身体"，是志意在外。

按：本爻是用比喻说，武人中那些诚心归顺的人在帮助厉王克服缺点，改正错误，以便与民更始，从而无悔。《象传》用了相应说。

六四　涣其群[①]，元吉。涣有丘[②]，匪夷所思[③]。

《象》曰："涣其群，元吉"，光大也。

注释

①群：群众。　②有丘：高丘，高大的山坡。有：表极度的形容语。"有丘"与"群"相对，比喻厉王。这个"丘"与贲卦六五"贲于丘园"的"丘"都比喻厉王，颐卦"于丘颐"的"丘"比喻武人，《周易》只有这三个"丘"字。　③匪：不是。夷：一般。

译文

六四　冲干净了许多人的身体，这大为吉利。冲干净了高大山坡，这不是一般人想得到的。

《象传》说："冲干净了许多人身体，大为吉利"，这表现了冲洗范围广大。

按：本爻以“涣其群”和“涣有丘”对比，来突出帮助厉王克服缺点、改正错误的重大意义，是六三“涣其躬”的加强，也是《周易》作者确实认为周厉王有缺点和错误的证明。《象传》只说明“涣其群”，未涉及“涣有丘”，是没有抓住重点。

九五　涣汗其大号[1]，涣王居，无咎。

《象》曰：王居无咎，正位也[2]。

注释

①涣汗：叠韵连绵词，用来形容“大号”，是摹状声音洪大。大号（háo）：大声号叫。　②正位：正指得中，位指得位，是说本爻居于上巽中间，是为得正（即得中），以阳爻九居于阳位五，是为得位，都是爻位说。

译文

九五　水呼拉轰隆地像人在大声号叫，把厉王居住的地方冲得干干净净，没有坏处。

《象传》说：冲干净王的住处，没有坏处，是由于本爻既得中，又得位。

按：本爻是上一爻“涣有丘”的具体化，因为明确地说“涣王居”，是用比喻说厉王得到武人帮助，清洗了王宫的小人，革除了王宫的弊端。《象传》用了爻位说。

上九　涣其血，去逖出[1]，无咎。

《象》曰：“涣其血”，远害也[2]。

注释

①逖（dí）：远。　②远害：远离祸害。

译文

上九　冲掉那些血，而且冲得远远的，没有坏处。

《象传》说："冲掉那些血"，以远远离开祸害。

按：血是杀伐的产物，现在要把它冲洗掉，还要冲得远远的，这是用比喻说明要根绝战祸，永保太平，是《周易》作者设想武人为厉王所用以后的美好前景。《象传》说"涣其血"是远离祸害，有可取。

节

䷻　兑下坎上

节[①]　亨。苦节，不可贞。

注释

①节：节制，控制。卦象是兑下坎上，兑为泽，坎为水，是水容纳于泽中，受到泽的节制，象征武人被安排在朝廷之上，受到周厉王的控制，卦名叫做节，就是指此而言。孔颖达《周易正义》："节者"，"制止之义"。朱熹《周易本义》："节者，有限而止也。"都与卦义相合。涣卦设想武人为周厉王作出很大贡献，可能居功骄傲，不受约束，因此对他们适当加以节制，就很有必要了。

译文

由于武人受到控制，中兴事业会顺利达成。武人如果认为受到厉王控制是痛苦，那就不合于正道。

按：卦辞是规劝武人接受周厉王控制，安心在朝廷供职，对西周王业作出更大贡献。

《彖》曰："节，亨"，刚柔分而刚得中[①]。"苦节，不可贞"，其道穷也。说以行险[②]，当位以节[③]，中正以通[④]。天地节而四时成，节以制度，不伤财，不害民。

注释

①刚柔分而刚得中：本卦上卦是坎，坎是阳卦，是刚。下卦是兑，兑是阴卦，是柔。这叫"刚柔分"。九五是阳爻，是刚，居上坎正中。九二是阳爻，是刚，居下兑正中。这叫"刚得中"。前者是关系说，后者是得中说，都不能说明《周易》的问题。②说以行险：下兑是悦，上坎是险，自下而上，从兑到坎，是"说以行险"。说同悦。 ③当位以节：指上坎九五是阳爻，是刚，居阳位，是当位，六四和上六是阴爻，是柔，居阴位，也是当位，这些是爻位说。 ④中正以通：指九五既得中，又得正，也是爻位说。

译文

《彖传》说："节卦之所以有亨通的可能，是由于上坎的刚和下兑的柔分开，而且上坎九五和下兑九二都分别居于坎和兑的中间。"认为受到节制是痛苦，不合于正道"，是为人处世的道理都没有了。本卦是用和悦的态度，通过险阻，上坎各爻都各当其位而受到节制，而且九五还既得中，又得正，以达到亨通的。天地由于受到节制而成为春、夏、秋、冬，制定法度对社会进行节制，既不伤财，也不害民。

按：这条《彖传》大部分是爻位说，夹杂着关系说，因而所发的议论都没有正确根据。

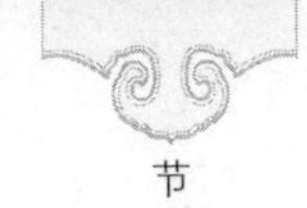

《象》曰：泽上有水，节。君子以制数度①，议德行②。

注释

①制数度：创立制度。 ②议德行：研究品德和行为。

译文

《象传》说：湖泊中容纳着水，构成节卦。君子看到这个卦象就要去建立制度，研究人们的品德和行为。

按："制数度，议德行"，体现了节制，有得于卦义。

初九 不出户庭①，无咎。

《象》曰："不出户庭"，知通塞也②。

注释

①户：内户，厅堂内房间的一扇单门，这里泛指房门。庭：这里指厅堂。 ②通：通达，顺利。塞：否塞，不顺利。

译文

初九 不走出房门和厅堂，没有坏处。

《象传》说："不走出房门和厅堂"，就知道事情顺利不顺利。

按：本爻属于下兑，属于容水之泽，是就周厉王说。"不出户庭"，前人讲成"慎密不出"（《系辞上传》第八章）或"慎密不失"（王弼注），都是要严格保密，因此本爻是说周厉王控制武人必须不动声色，而行之于不知不觉，才能成功。《象传》的意思是"秀才不出门，能知天下事"，与爻辞意义不合。

九二 不出门庭①，凶。

《象》曰："不出门庭，凶"，失时极也②。

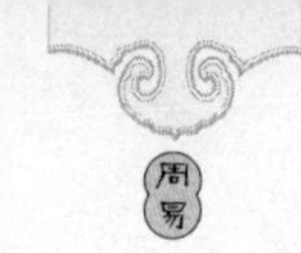

注释

①门：《一切经音义》："在于宅区域曰门。"即屋子的大门。庭：朱熹《周易本义》："出门之庭。"即院子，与初九的庭指厅堂不同。　②极：中，恰到好处。

译文

九二　只是不走出大门和院子，这就凶险。

《象传》说："不走出大门和院子，凶险"，是失去时机的恰到好处。

按：只是不走出大门和院子，是已经在较大范围内活动，从而保密不够。本爻是用比喻指出，周厉王控制武人如果为武人察觉，就会引起反感，遭到反对，是从反面说要严格保密。《象传》没有涉及这些。

六三　不节若[1]，则嗟若。无咎。

《象》曰：不节之嗟，又谁咎也？

注释

①若：语末助词，相当于今天的"啊"。

译文

六三　周厉王如果不控制武人啊，就会唉声叹气啊。由于对武人进行了控制，于是就没有坏处。

《象传》说：由于不控制而叹气，又能怪谁呢？

按：本爻还是就周厉王讲，是承接上面两爻而来，明确交代不严格控制武人，会后患无穷。《象传》指出"不节之嗟"，是咎由自取，有得于爻辞意义。

六四　安节，亨。

《象》曰：安节之亨，承上道也[1]。

注释

①承上道：程颐《易传》："上承九五刚中正之道。"认为本爻是柔爻，必须服从九五这个刚爻，是关系说。

译文

六四　安于受控制，就会顺利。

《象传》说：安于受控制的顺利，是由于本爻以柔爻服从上面九五这个刚爻。

按：本爻属于上坎，是被容纳于泽的水，比喻受控制于周厉王的武人。"安节，亨"是《周易》作者对武人的告诫和勉励，要他们安于接受周厉王控制。《象传》用了关系说。

九五　甘节，吉，往有尚。

《象》曰：甘节之吉，居位中也[1]。

注释

①居位中：所居的地位在上坎的当中，是得中说。

译文

九五　认为受控制快乐，这就吉利，发展下去还会有很多好处。

《象传》说：以受控制为乐的吉利，是由于所居爻位在上坎的正当中。

按：本爻是《周易》作者对武人的鼓励，要他们以接受周厉王控制为乐，主动靠拢周厉王。"往有尚"与坎卦卦辞"行有尚"意义相同。《象传》用了得中说。

上六　苦节，贞凶；悔亡。

《象》曰："苦节，贞凶"，其道穷也。

译文

上六　以受控制为苦，即使正确也凶险；以终于接受控制，悔恨就没有了。

《象传》说："以受控制为苦，即使正确也凶险"，是原则没有了。

按：以上两爻从正面指出武人接受周厉王控制的必要，本爻从反面指出不接受周厉王控制的坏处，正反两方面结合，把话讲得很充分。还归结为终于接受控制，基本思想就更为突出。《象传》的"其道穷也"与爻辞意义相合。

中孚

䷼　兑下巽上

中孚[①]　豚鱼吉[②]，利涉大川，利贞。

注释

①中孚：心中有诚。中：心中。孚：诚。孚在《周易》至为重要，绝大多数训为"诚"。在《周易》，集中讲孚（诚）的首先推本卦，其次是无妄卦。以前各卦训为诚的孚，其最大作用是"行有尚"，还限定在人事之内。本卦的孚能使"豚鱼吉"，就化及异类，从而把孚的作用大大扩展了。　②豚鱼：江里像猪的那种鱼。豚（tún）：猪。

译文

内心有诚能使豚鱼吉利，还能以克服巨大困难得到好处，更能以处处正确而吉利。

按：这条卦辞对孚作了无以复加的歌颂，提到前所未有的高度，等于把全书中训为诚的孚作了一个总结。

《彖》曰：中孚，柔在内而刚得中①，说而巽②，孚乃化邦也。“豚鱼吉”，信及豚鱼也。“利涉大川”，乘木舟虚也③。中孚以利贞，乃应乎天也。

注释

①柔在内而刚得中：中孚卦内两爻是阴爻（六三、六四），阴爻是柔，这是“柔在内”。外四爻是阳爻（初九、九二、九五、上九），阳爻是刚，而九二居下兑中间，九五居上巽中间，这叫“刚得中”。“柔在内”是就阴爻与阳爻的关系讲，是关系说。“刚得中”是就内外卦中间一爻的位置讲，是得中说。 ②说而巽：内卦是兑，兑为悦（说），外卦是巽，巽为逊。既和悦又谦逊，有诚者往往如此。 ③木舟：巽可以为木，在大泽之上，好像乘坐着木舟。

译文

《彖传》说：中孚卦是两个柔爻在内、四个刚爻分别居于下兑和上巽，卦的性质和悦而谦逊，于是孚就能化及邦国了。“豚鱼吉”，是诚信达到了豚鱼。“以徒涉过大河得到好处”，是由于乘坐着空虚的木舟。内心有诚而且凭着正确得到好处，这就与上天相呼应了。

按：这条《彖传》主要错误是用了关系说和得中说，而“乘木舟虚”也不能阐明“利涉大川”是讲孚能解决巨大困难，以“中孚”，“应乎天”，更没有提出任何根据。只有用“信及豚鱼”讲“豚鱼吉”勉强可以，但还是以信训孚，不是以诚训孚。

《象》曰：泽上有风，中孚。君子以议狱缓死。

译文

湖泊上面有风在吹拂，构成中孚卦。君子看到这个卦象就要研究怎样办案子和从宽处理死囚。

按："议狱缓死"是当时德政，《象传》认为有诚信的君主才能做到，可成为卦义之一。

初九　虞吉[①]，有它不燕[②]。

《象》曰：初九虞吉，志未变也。

注释

①虞：安，指安于接受孚的感化。　②燕（yàn）：安乐，美好。

译文

初九　要安于接受孚的感化才吉利，有别的考虑就不好。

《象传》说：初九说要安于接受孚的感化才吉利，是指乐意接受孚的感化的思想没有改变。

按：本爻属于下兑，是为风所吹拂的湖泊，象征为孚所感化的人或有生命的物，用安于接受感化才吉利来突出孚的作用。《象传》说接受孚感化的思想没有改变，有得于爻辞意义。

九二　鸣鹤在阴[①]，其子和之[②]。我有好爵[③]，吾与尔靡之[④]。

《象》曰："其子和之"，中心愿也。

注释

①阴：同荫，树荫。《周易》只有这一个阴字，还是树荫的荫，不是阴阳的阴。　②和（hè）：声音相应。　③好爵：好酒。

爵：盛酒的器皿，样子像小雀，如同于今天的酒杯，在这里指代酒。 ④靡（mò）：没有，完结，这里指把酒喝干。

译文

九二　叫着的白鹤栖息在树荫里，那些小白鹤都跟着它叫。我有一杯美酒，与你一起喝干。

《象传》说："那些小白鹤跟着叫"，是出于内心的意愿。

按：本爻用白鹤的相互和鸣，人们的开怀畅饮，说明受到孚的感化，无往而不快乐。《象传》"中心愿"说明接受孚的感化出自内心，是正确的。

六三　得敌：或鼓，或罢[1]，或泣，或歌。

《象》曰："或鼓，或罢"，位不当也[2]。

注释

①罢：同疲，疲倦。 ②位不当：指本爻以阴爻六居于阳位三，是爻位说。

译文

六三　俘虏了敌人：有的人还能鼓起勇气，有的人却已经疲倦不堪，有的人在悲哀哭泣，有的人在高兴歌唱。

《象传》说："有的人能鼓起勇气，有的人疲倦不堪"，是由于所处的爻位不恰当。

按：俘虏敌人是大好事，说明为孚所感化的人作用大。尽管有"或鼓，或罢，或泣，或歌"的区别，但其为"得敌"却是一致的。《象传》用了爻位说已经不恰当，而把完全相反的"鼓"和"罢"都说成"位不当"，更是不对的

六四　月几望[1]，马匹亡，无咎。

《象》曰："马匹亡"，绝类上也。

注释

①几（jì）：接近。望：农历十五。

译文

六四　一个月快要接近十五，马匹丢掉了，但是没有坏处。

《象传》说："马匹丢掉了"，是"绝类上"。

按：本爻属于上巽，是就着孚讲。"月几望"是阴气盛，"马匹亡"是损失多，都"无咎"，说明孚的作用很大，与坎卦卦辞"有孚维心，亨，行有尚"和井卦上六"有孚，元吉"相同。《象传》的"绝类上"无法索解，是《易大传》语言期艾的一个突出的例子。有人勉强解释，是曲为之说。

九五　有孚挛如①，无咎。

《象》曰："有孚挛如"，位不当也②。

注释

①挛（luán）：连续不断，指充分。如：语末助词，相当于今天的"啊"。　②位正当：指本爻以阳爻九居于阳位五，是得正，处于上巽中间，是得中（即所谓"当"）。得正和得中都是爻位说。

译文

九五　有诚很充分，没有坏处。

《象传》说："有诚很充分"，是由于本爻既得正，又得中。

按：本爻明确指出上巽是有孚的实体，孚极为充实，所以没有坏处。《象传》用了爻位说。

上九　翰音登于天①，贞凶。

《象》曰："翰音登于天"，何可长也？

注释

①翰音：鸡。《礼记·曲礼》："鸡曰翰音。"

译文

上九　鸡飞上了天，即使正确也凶险。

《象传》说："飞上了天"，这怎么可以长久呢？

按：鸡飞上天是虚妄，是孚的反面。本爻以批判虚妄衬托孚，使孚越发突出。《象传》指责虚妄不能长久，与爻辞相合。

小过

☳☶ 艮下震上

小过[①] 亨，利贞。可小事[②]，不可大事。飞鸟遗之音[③]，不宜上，宜下[④]。大吉。

注释

①小过：小有所过，即稍微超过一点。好像人安步徐行，不迅猛前进，但结果还是占了先着。把这种情况用于军事斗争，作为策略思想就是以退为进，以后取先，作为战略思想就是以柔克刚，以弱胜强。中孚卦比较全面地总结了孚的作用，本卦则对策略和战略思想进行总结。卦象是雷仅逾于山，远未至于天，所过者小而不大，所以卦名叫做小过。　②可：肯定。　③遗之音：给人们声音，即鸟在叫。　④下：低下，指鸟在低下的地方叫。

译文

中兴复国事业会顺利，凭着战略和策略的正确得到好处。肯定小事情，不肯定大事情。好像飞着的鸟在叫，不宜于在高处

叫，宜于在低处叫。这样就大为吉利。

按：卦辞指出，要以取小而得大，以取低而得高，这正是以退为进，以后取先，以柔克刚，以弱胜强的体现。

《彖》曰：小过，小者过而亨也。过以利贞，与时偕行也。柔得中[①]，是以“小事吉”也。刚失位而不中[②]，是以“不可大事”也。有飞鸟之象焉。“飞鸟遗之音，不宜上，宜下，大吉”，上逆而下顺也[③]。

注释

①柔得中：指六二居于下艮中间，六五居于上震中间，是得中说。 ②刚失位而不中：指阳爻九居于阴位四，而且不居于上震中间，是一般爻位说结合得中说。必须指出，九三虽然不中，却不失位，用“刚失位而不中”概括本卦阳爻情况是有错误的。③上逆而下顺：孔颖达《周易正义》：“此就六五乘九四之刚，六二乘九三之阳，释所以‘不宜上，宜下，大吉’之义也。”六五在九四上面，以柔乘刚，是逆；由于出现在上震，是为“上逆”。六二在九三下面，以柔承刚，是顺：由于出现在下艮，就是“下顺”。这些都是关系说。

译文

《彖传》说：小过是小者超过而亨通。凭着合于正道得到好处而超过，是随顺着时机发展的。柔爻居于上下卦中间，因此小事情吉利。刚爻失去应有位置又不居于上下卦中间，因此干起大事情来就不顺利。说“飞鸟遗之音，不宜上，宜下，大吉”，是由于六五在九五之上，以柔乘刚而逆于上，六二在九三之下，以柔承刚而顺于下的缘故。

按：以小过为小者超过，不是小有超过，就没有抓住本卦实

质。其余或用爻位说，或用得中说，或用关系说，都是错误的。

《象》曰：山上有雷，小过。君子以行过乎恭，丧过乎哀，用过乎俭。

译文

《象传》说：山上面有雷在轰鸣，构成小过卦。君子看到这个卦象就要行为更恭敬一些，居丧更悲哀一些，用钱更节俭一些。

按：对“山上有雷”为什么是小过未作说明，所谓“行过乎恭，丧过乎哀，用过乎俭”，都应该是大过，不是小过。

初六　飞鸟以凶①。

《象》曰：“飞鸟以凶”，不可如何也。

注释

①以：而，就，关系副词。

译文

初六　飞着的鸟就凶险。

《象传》说：“飞着的鸟就凶险”，是无可奈何。

按：飞翔是刚强得先，不是柔弱取后，违反了卦辞的“宜下，不宜上”，与整个战略思想和策略思想相反，所以凶险。爻辞指责“飞鸟以凶”，《象传》认为无可奈何，是不一致的。

六二　过其祖①，遇其妣；不及其君，遇其臣：无咎。

《象》曰：“不及其君”，臣不可过也。

注释

①过：访问。

译文

六二　去访问祖父，却碰上祖母；没遇着君，却碰上臣：这些都没有坏处。

《象传》说："见不着君"，臣也不可去访问。

按：本爻表明，不刚强而柔弱，不取先而取后，就没有坏处。意思是否定刚强，肯定柔弱，否定取先，肯定取后，祖和君，意味刚强得先，妣和臣，意味柔弱居后。《象传》说："不及其君"则"臣不可过"，是虽不得先，也不居后，与爻辞相左。

九三　弗过防之[①]，从或戕之[②]，凶。

《象》曰："从或戕之"，凶如何也？

注释

①过：努力。朱熹《周易本义》："自恃其刚，不肯过为之备。"就是把"过"讲成努力。　②从：从而。或：无定代词，讲成"有人"。戕（qiāng）：杀害。

译文

九三　不努力防止刚强取先，从而有人来杀害他，这就凶险。

《象传》说："从而有人来杀害他"，凶到了什么样子！

按：从本卦内容看，要努力防止的不是柔弱居后，而是刚强取先。本爻明确指出刚强取先凶险，意外之意就是要柔弱居后，才会吉利。两个之字，第一个指代刚强取先，第二个指代不努力防止刚强取先的人。《象传》只是对爻辞作了部分文字的重复。

九四　无咎，弗过遇之[①]。往厉，必戒。勿用[②]，永贞。

《象》曰："弗过遇之"，位不当也[③]。"往厉，必戒"，终不可长也。

注释

①遇之：追求刚强取先。　②勿用：不要有作为，即无为。③位不当：指本爻以阳爻九居于阴位四，是爻位说。

译文

九四　没有坏处，只要不努力追求刚强取先。刚强取先发展下去有危险，一定要防止。只有无为，才永远正确。

《象传》说："不努力追求刚强取先"，是所处的爻位不恰当。"发展下去有危险，一定要防止"，是说危险终于不会长久。

按："过"仍然训为努力，"之"仍然指代刚强取先，"遇"训追求。本爻继续反对刚强取先，提倡柔弱居后，还发展到无为，与大壮九三"君子用罔"相呼应，都说明《周易》重视无为。《象传》反对爻辞的不应该努力追求刚强得先，已经错误，而且还用了爻位说。用"终不可长"说明"往厉，必戒"，也是重复爻辞。

六五　密云不雨，自我西郊，公弋取彼在穴[①]。

《象》曰："密云不雨"，已上也[②]。

注释

①弋（yì）：用带着绳子的箭射。　②已上：朱熹《周易本义》："已上，太高也。"

译文

六五　密布着的云层还没有下雨，但已经从我西方郊外拥来，尊贵的"公"在这个时候把那藏在洞穴深处的野兽猎取到

手了。

《象传》说："密布着的云层还没有下雨"，是云层太高了。

按："密云不雨"是行将大雨滂沱，暗示柔弱居后行将取得胜利，所以用"公弋取彼在穴"比喻用厉王中兴事业即将成功。《象传》说密云太高，所以不雨，是对爻辞意义不理解。

上六　弗遇过之[①]，飞鸟离之[②]，凶，是谓灾眚。

《象》曰："弗遇过之"，已亢也[③]。

注释

①遇：追求，指追求柔弱取后。过：超过，指刚强得先。②离之：碰上罗网。　③已亢：孔颖达《周易正义》："已在亢极之地。"指过于突出不好。

译文

上六　不柔弱取后，却刚强得先，就会像飞鸟投入罗网，遭到凶险，这叫做灾祸。

《象传》说："不柔弱取后，却刚强得先"，这太突出了。

按：本爻再一次反对刚强得先，肯定柔弱居后，突出了中心思想。《象传》认为本爻反对过于突出，与爻辞意义相合。

既济

䷾　离下坎上

既济[①]　亨，小利贞，初吉，终乱。

注释

①既济：已经成功。既：已经。济：成功。本卦卦象是离下

坎上，离为火，坎为水，是火在烹水，使之沸腾而既济。所谓“已经成功”是就周厉王复国大业说，这当然只是《周易》作者的设想。在《周易》作者看来，周厉王以有孚而无不利，又以战略策略的正确荡平武人，于是就既济了。既济是《周易》全书的中心，是作者最大希望所在，一部《周易》就是为了周厉王的既济写的。

译文

中兴事业会成功，但凭着正确的战略策略却只能得到小的好处，而且还是开始吉利，最后糟糕。

按：《周易》开始提出循环论，按照这种理论，事物都不断向反面转化，既济必然转化成为未济，从而“小利贞，初吉，终乱”了。不过必须着重指出，循环论使既济成为未济，还将使未济成为既济，并凝定于既济而不移。从这一点看，既济不但是《周易》全书中心，也是全书结尾，虽然六十四卦最后一卦是未济，但却是要归于既济的。

《彖》曰：既济亨，小者亨也。利贞，刚柔正而位当也①。初吉，柔得中也②。终止则乱，其道穷也。

注释

①刚柔正而位当：指阳爻居于初、三、五阳位，阴爻居于二、四、上阴位，是各得其位而当，这些都是阳爻位说。 ②柔得中：指阴爻居下离当中，是得中说。

译文

《彖传》说：既济亨通，是小的事业亨通。凭着正确得到好处，是由于阳爻阴爻都各得其位。开始吉利，是由于阴爻居于下离中间。终止就混乱，说明处世之道穷困。

按：爻位说和得中说不能阐明卦义。“小亨”是小有亨通，即虽然亨通，却小而不大，不能是“小者亨”。“终乱”是到后来就糟糕，不能是“终止则乱”。这条《彖传》很成问题。

《象》曰：水在火上，既济。君子以思患而豫防之。

译文

《象传》说：坎水在离火上面，形成既济卦。君子看到这个卦象就想到有祸患并要加以豫防。

按：“君子以思患而豫防之”，是就着卦辞的“终乱”说。但“乱”还会转化为“吉”，并凝定于“吉”而不移，这一点《象传》作者就不知道了。

初九，曳其轮①，濡其尾②，无咎。

《象》曰：“曳其轮”，义无咎也。

注释

①曳：向后拉。轮：车轮。 ②濡（rú）：被水弄湿。尾：车尾。

译文

初九，把车轮向后面拉，车尾被水沾湿，但没有坏处。

《象传》说：“把车轮向后面拉”，从道理上看没有坏处。

按：车轮本来应该向前，现在却使之后退，车轮本来应该完好，现在却使之沾湿，情况颠倒错乱，说明还在未济。由于未济将转化为既济，所以“无咎”。《象传》的“义无咎”没有讲出所以然。

六二　妇丧其茀①，勿逐②，七日得③。

《象》曰："七日得"，以中道也[4]。

注释

①茀：妇人的首饰。 ②勿逐：不要去寻找。逐：寻找。③七日得：与震卦六二"七日得"相同，都是用七日表示一度循环，因为"七日来复"（复卦卦辞），事物就回到原处，失去的东西就得了回来，不必再去寻找。 ④中道：居于"中道"，即本爻在下离中间，是得中说。

译文

六二，妇人失掉了她的首饰，不要去寻找，七天就会得到。

《象传》说："七日就会得到"，是由于本爻居于下离中间。

按："妇丧其茀"是未济，"七日得"是既济，这说明未济必将变成既济。《象传》用了得中说。

九三　高宗伐鬼方[1]，三年克之[2]，小人勿用。

《象》曰："三年克之"，惫也[3]。

注释

①高宗：殷代杰出的君王，名武丁，是盘庚后第三代。鬼方：当时华夏西北的一个强大部落。 ②三年克之：《竹书纪年》记载武丁三十二年伐鬼方，三十四年克鬼方，用了三年时间。③惫（bèi）：极度疲乏。

译文

九三　殷高宗征伐鬼方，用了三年时间才打赢，小人不能任用。

《象传》说："用了三年时间才打赢"，非常疲乏。

按：克鬼方是既济，由于任用小人，以致花了很长时间，是既济包含未济，这以后就开始向未济转化。《象传》的"惫也"

没有对这些加以说明。

六四　繻有衣袽[1]，终日戒[2]。

《象》曰："终日戒"，有所疑也。

注释

①繻：应该作濡。衣：穿。袽（rú）：棉衣。先秦没有棉花，所谓棉衣是指铺着乱麻或丝的衣服。本句是倒装句，"繻有衣袽"是"有衣袽繻"。　②戒：戒备，小心。

译文

六四　有一件穿着的棉衣被水弄湿了，整天小心翼翼的。

《象传》说："整天小心翼翼"，是有所怀疑。

按：本爻用比喻说明，既济向未济进一步转化，因为冬天弄湿棉衣，其狼狈是可以想见的。《象传》没有说明这些。

九五　东邻杀牛[1]，不如西邻之禴祭[2]，实受其福。

《象》曰："东邻杀牛"，不如西邻之时也[3]。"实受其福"，吉大来也。

注释

①东邻：指殷纣王。杀牛：指用大牲祭祀。　②西邻：指周文王。禴（yuè）：一种薄祭，只用饭菜，不用大牲。　③时：美好。

译文

九五　东方邻国殷纣王杀牛祭祀，不及西方邻国周文王用饭菜祭祀，真得到的好处多。

《象传》说：东方邻国殷纣王杀牛祭祀，不及西方邻国周文王的薄祭好。真得到好处，是吉祥大量降临。

按：纣是君，用厚祭。文王是臣，用薄祭。君的厚祭不如臣的薄祭，表明既济更进一步向未济转化。《象传》只就辞句解释。

上六　濡其首[1]，厉。

《象》曰："濡其首，厉"，何可久也？

注释

①首，指车头。

译文

上六　水沾湿了车头，很危险。

《象传》说："水沾湿了车头，很危险"，这怎么可以长久呢？

按：本爻用比喻说明既济已经转化为未济，加一个"厉"字，更加清楚。王弼注："处既济之极，既济道穷，则之于未济。"说得很正确。《象传》的"何可久"没有接触实际问题。

未济

䷿　坎下离上

未济[1]，亨，小狐汔济[2]，濡其尾，无攸利。

注释

①未济：没有成功。未，没有。济，成功。卦象是坎下离上，坎为水，离为火。孔颖达《周易正义》："火在水上，不成烹饪。"是正确地从卦象说明了卦名未济的意义的。王弼注："未济之极，则反于既济也。"是正确地认识到未济必然还要向既济转化的。从《序卦传》"物不可穷也，故受之以未济终焉"，到郭沫若《周易时代的社会生活》"一切都没有绝对的尽头"，都把未济

看成是说宇宙间万事万物的发展是无穷无尽，这些符合于事物实际，但与《周易》却是不符合的。 ②汔（qì）：快要。济：渡过河。

译文

中兴事业将要成功，但目前还像小狐狸在渡河快要渡过的时候沾湿了尾巴，没有好处。

按："小狐汔济，濡其尾，无攸利"是未济，但断之以"亨"，却是既济。这说明未济还会向既济转化，概括了全卦主旨。

《彖》曰："未济，亨"，柔得中也①。"小狐汔济"，未出中也②。"濡其尾，无攸利"，不续终也。虽不当位③，刚柔应也④。

注释

①柔得中：指六五以阴爻居于上离正中，是得中说。 ②未出中：指六五没有越出上离的正当中，也是得中说。 ③不当位：指本卦阴爻都居于阳位，例如初六，六三，六五，阳爻都居于阴位，例如九二，九四，上九，是爻位说。 ④刚柔应：指九四与初六相应，九二与六五相应，上九与六三相应，是相应说。

译文

《彖传》说："虽然没有成功，却还能够亨通"，是由于阴爻六五居于上离的正当中。"小狐狸快要渡过河"，是由于阴爻六五没有越出上离的正当中。"弄湿了尾巴，没有好处"，是不能继续渡河，达到终点。本卦的各个爻所处的位置虽然都不恰当，但却是刚与柔相应的。

按：或用得中说，或用爻位说，或用相应说，无一而可。而

“濡其尾，无攸利，不续终也”，也是就事论事，没有接触未济向既济转化的问题。

《象》曰：火在水上，未济。君子以慎辨物居方。

译文

《象传》说：离火在坎水上面，形成未济卦。君子看到这个卦象就要审慎地去分辨一切事物，并自居于恰当地位。

按：与本卦是从未济转化成为既济的主旨无关。

初六　濡其尾，吝。

《象》曰：“濡其尾”，亦不知极也[1]。

注释

①极：中，正确。

译文

初六，弄湿了尾巴，不好。

《象传》说：“弄湿了尾巴”，是不知道什么是正确。

按：本爻是紧接着卦辞说，仍然是在讲未济。程颐《易传》：“濡其尾，言不能济也。”《象传》用不知道什么是正确说明“濡其尾”，未能触及将由未济转化成为既济的问题。

九二　曳其轮，贞吉。

《象》曰：九二贞吉，中以行正也。

译文

九二　把车轮向后面拉，因包含着正道而吉利。

《象传》说：九二这一爻包含着正道而吉利，是由于在下坎正当中而履行正道。

按："曳其轮"还是未济，但车子终归要前进，是未济包含着既济，所以吉利。《象传》"中以行正"，朱熹《周易本义》："九居二，本非正，以中故得正也。"指出《象传》是用了得中说。

六三　未济，征凶；利涉大川。

《象》曰："未济，征凶"，位不当也[①]。

注释

①位不当：指阴爻六居于阳位三，是爻位说。

译文

六三　事情没有成功，发展下去凶险；但又将以克服重大困难得到好处。

《象传》说："事情没有成功，发展下去凶险"，是由于本爻所处的位置不恰当。

按：本爻明白指出未济，还指出情况可能比未济更坏。其所以仍然"利涉大川"，是因为未济要向既济转化，而且越是未济，向既济转化就越快。《象传》用了爻位说。

九四　贞吉，悔亡。震用伐鬼方[①]，三年有赏于大国[②]。

《象》曰："贞吉，悔亡"，志行也[③]。

注释

①震：孔颖达《周易正义》"震发威怒"，形容统兵主将出征时的威猛精神和敌忾情绪，用以比喻大力克服未济，转入既济。

②大国：指殷。在《尚书》中，周自称小邦，称殷为大国。

③志行：目的达到。志：志愿，目的。

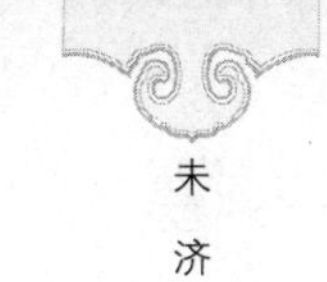

译文

九四，因归于既济就合于正道而吉利，未济的悔恨就没有了。大将赫然震怒征伐鬼方，三年把它打败，从大国殷得到赏赐。

《象传》说："合于既济的正道而吉利，悔恨就没有了"，是说目的达到了。

按：本爻明白指出，未济已经转化成为既济。对于这一重要内容，《象传》说是"志行"，不确切。

六五　贞吉，无悔，君子之光[①]。有孚，吉。

《象》曰："君子之光"，其晖吉也[②]。

注释

①君子：指周厉王。光：伟大。　②晖：光辉。晖：同辉。

译文

六五　以合于既济的正道而吉利，没有悔恨，周厉王是伟大的。周厉王有孚，能变未济为既济而吉利。

《象传》说："君子伟大"，他的光辉（影响）是好的。

按：九四已经从未济转化为既济，本爻承之以"贞吉"，是凝定于既济，不再转化为未济，而以周厉王当之，《周易》作者是迫切希望周厉王"贞吉，无悔"的。《象传》的"其晖吉"，不确切。

上九　有孚，于饮酒[①]，无咎。濡其首，有孚失是？

《象》曰：饮酒，濡首，亦不知节也[②]。

注释

①饮酒：西周初年严禁喝酒，《尚书·酒诰》“祀兹酒”（祭祀才能喝酒），“无彝酒”（不能经常喝酒）。因为当时君王认为喝酒可以亡国，“越小大邦用丧，亦罔非酒惟辜”（小国或大国的灭亡，没有不是酒造成的过失）。②节：节制，控制。

译文

上九　周厉王有孚，即使喝酒，也没有坏处。水沾湿了脑袋，如果有孚，怎么会有这种失误？

《象传》说：喝酒，水沾湿脑袋，都是不知道自己控制自己。

按：本爻的“有孚，于饮酒”，是说上爻的君子。君子有孚，饮酒就无咎，是既济不再转为未济，而凝定于既济的。“濡其首”是未济，君子只要有孚，就不会“濡其首”，也是既济不再转为未济，而凝定于既济的。六五和上九两爻都表示了既济的凝定，最能反映出《周易》循环论的不彻底，和希望周厉王永远吉利，西周王朝万古千秋。《象传》的“不知节”也只是从表面现象说。

《系辞》上传①

天尊地卑，乾坤定矣。卑高以陈，贵贱位矣。动静有常，刚柔断矣。方以类聚②，物以群分，吉凶生矣。在天成象，在地成形，变化见矣③。

注释

①《系辞》上传：与《系辞》下传都是战国时人所撰写的《周易》杂说，有三点值得指出：一、《周易》提出道，随卦九四“有孚在，道以明”，道以诚而彰明，即道以诚而产生，这种道显然是唯心主义的。《系辞》上传说“一阴一阳之谓道”，认为道是

阴阳二气的矛盾统一，这就把道作了朴素唯物主义的改造了。二、《周易》提出循环论，复卦卦辞“反复其道”，是一种事物的无穷循环。《系辞》上传说“往者，屈也，来者，信（伸）也，屈信相感而利生焉”，就是矛盾着的事物在进行循环，并产生出新事物，而类似于辩证发展了。三、《周易》不讲占筮，革卦九五“大人虎变，未占有孚”，表明《周易》作者不信占筮。《系辞》上下传用变爻变卦以《周易》为占筮，在《周易》全无根据，因此把《周易》说成占筮之书是对《周易》的最大歪曲。②方：高亨《周易大传今注》认为是人字的讹误。 ③见：同现，表现。

译文

天尊显，地卑下，乾和坤的位置就定下来了。地卑天高的情况在明摆着，贵和贱就可以区分开了。天运动，地静止，有一定的规律，于是天刚强，地柔和，就是肯定的了。人以同类相聚，物以异群相分，于是吉和凶就产生了。在天上形成天象，在地面形成地形，于是千变万化的情况也就表现出来了。

按：这一节把乾坤说成天地，乾坤在《周易》各卦确实也可以象征天地。但从乾卦用龙比喻周厉王，坤卦用牝马比喻周厉王王后看，乾坤本来是讲周厉王和厉王王后的。由于王的地位象天，坤的地位象地，于是乾坤也就孳生出天或地的意义了。

是故刚柔相摩[①]，八卦相荡[②]。鼓之以雷霆，润之以风雨。日月运行，一寒一暑。乾道成男[③]，坤道成女。乾知大始[④]，坤作成物[⑤]。

注释

①刚柔：指乾坤，乾刚、坤柔。摩：发生矛盾。 ②八卦：

八经卦，即乾、坤、坎、离、震、巽、艮、兑。荡：意义与摩同。 ③道：这里指本质。 ④知：主管，掌握。大始：最初，指生成人类的第一步。大读太，最的意思。 ⑤作：干着。

译文

因此乾和坤相互矛盾，八经卦也相互矛盾。还用雷霆去鼓动，用风雨去润泽。岁月流行，寒暑相间。乾的本质是产生男，坤的本质是产生女。乾掌握着生成人类的第一步，坤干着长养万物的工作。

按：这一节主要讲乾坤产生人类，也产生万物。能指出人类以及万物都是由乾坤和八卦的矛盾冲突产生，这就有了朴素唯物辩证法因素。不过《周易》的乾坤卦本来是指厉王和厉王王后，由之产生的六十二卦也只是一系列政治事件，因此本节还是《系辞》作者的思想，不是《周易》作者的思想。

乾以易知[①]，坤以简能[②]。易则易知，简则易从。易知则有亲，易从则有功。有亲则可久，有功则可大。可久则贤人之德，可大则贤人之业。易简而天下之理得矣，天下之理得而成位乎其中矣[③]。

注释

①知：同智，智慧。 ②能：功能。 ③成位：得到安排。

译文

乾以平易作为智慧，坤以简单作为功能。平易就容易理解，简单就容易遵从。容易理解就会有亲切之感，容易遵从就会有功业出现。有亲切之感就可以维持关系于长久，有功业出现就可以不断扩大其事业。可以维持关系于长久是贤人的德行，可以不断扩大其事业是贤人的业绩。掌握了平易和简单的乾坤之理对于天

下的真理就掌握了，掌握了天下的真理就一切在真理当中得到安排了。

按：这一节讲乾坤具有至高无上的智慧和功能，是真理的体现。《系辞》作者要人们掌握乾坤，也就是去掌握宇宙真理。这些都是《系辞》作者的思想，为《周易》乾坤两卦所无。

以上第一章。本章以乾坤为天地，由之产生人类和万物，还号召人们去研究和掌握宇宙真理。这些虽然都不是《周易》乾坤两卦原有的内容，但却是把乾坤两卦作了改造和发展。

圣人设卦观象①，系辞焉而明吉凶②，刚柔相推而生变化③。

注释

①圣人：《系辞》下传第二章说伏牺画卦，是圣人指伏牺。但伏牺的意义是驯养兽类，是一个历史阶段的形象概括，认为实有其人，并画出要有很高文化水平的人才能画得出的八卦，是不能相信的。而且伏牺画卦只于《系辞》下传一见，先秦其余典籍都没有记载，是一条孤证，也难以信从。 ②系辞：写上几句话，不是《系辞》上下传。 ③刚柔：阳爻和阴爻。相推：相互推移，或由阳变阴，或由阴变阳。

译文

古代圣人画出八卦并且观察卦象，还写上一些话来说明什么是吉，什么是凶，从阳爻阴爻相互推移所出现的爻的变化就产生了卦的变化。

按：这一节是讲以变爻变卦为占筮去明辨凶吉。变爻变卦为《周易》所无，是后人利用《周易》为占筮而搞的外加，最早见于《左传》庄公二十二年的“遇观之否”，即观卦（䷓）六四变

九四，成了否卦（䷋）。周史取变爻爻辞即观卦六四爻辞“观国之光，利用宾于王”，来向陈厉公说他的小儿子的后代一定会大有前途。这完全是臆造，是迷信；是对《周易》的歪曲。通观《易大传》，大讲变爻变卦的是《系辞》上下传，《说卦传》也是为占筮而作的。至于《彖传》、《象传》、《文言》、《序卦》、《杂卦》则没有涉及占筮，可见《易大传》作者不是一人，其中有相信占筮的，但大部分不相信，可惜不相信派对后世竟然不起作用，占筮说遂流毒于无穷。

是故吉凶者，失得之象也。悔吝者[①]，忧虞之象也[②]。变化者，进退之象也。刚柔者，昼夜之象也。六爻之动，三极之道也[③]。

注释

①悔：不幸。吝：困难。 ②忧：忧虑。虞：惊恐。 ③三极：天、地、人。极：高。天、地、人在宇宙为至高，所以说是三极。

译文

因此或吉利或凶险，表现为或有所失或有所得的卦象。或不幸或困难，表现为或忧虑或惊恐的卦象。变化不定，表现为或进或退的卦象。阳刚阴柔，表现为或如白昼或如黑夜的卦象。在一卦当中六个爻的变动包含着天、地、人的根本情况。

按：这一节说不同的情况从不同的卦象反映出来，从一卦当中六个爻的变化可以看出宇宙间的一切，是把变爻变卦的结果落到实处，是对占筮的进一步宣扬，对《周易》的进一步歪曲。

是故君子所居而安者[①]，《易》之象也，所乐而玩者[②]，爻

之辞也。是故君子居则观其象而玩其辞，动则观其变而玩其占，是以“自天祐之，吉无不利”[3]。

注释

①居：平居的居，即平常或平日。安：安土重迁的安，即谨守。 ②玩（wòng）：研究。 ③自天祐之，吉无不利：大有上九爻辞。祐，今作佑。

译文

因此君子平常严格遵守的是《周易》的卦象，所高高兴兴研究的是爻辞。因此君子平常就观察卦象研究爻辞，有行动就观察变爻变卦去研究占筮的结果，因此“天老爷保佑他们，就吉利而没有不吉利的”。

按：这一节重点是“动则观其变而玩其占”，以争取“自天祐之，吉无不利”，是对占筮更加努力的宣扬。

以上第二章。本章以《周易》本来没有的变爻变卦去沦《周易》于占筮，全是歪曲和诬蔑。

彖者言乎象者也[1]。爻者言乎变者也。吉凶者言乎其失得也。悔吝者言乎其小疵也。无咎者善补过者也。

注释

①彖：指卦辞，不是《彖传》。这个“彖”也训断，卦辞根据卦象对一卦进行论断。

译文

卦辞是讲卦象的。爻辞是讲变化的。吉凶是讲或失或得的。不幸和困难是讲有小毛病的。没有坏处是讲善于弥补过失的。

按：这一节先解释卦辞和爻辞。说卦辞是就一卦进行概括，正确。说爻辞变化不定，不正确，因为把爻看成阴阳可以互相变

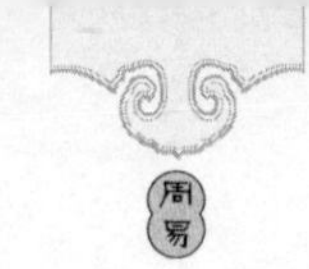

化，在《周易》没有根据，是在贯彻变爻和变卦的谬说。“吉凶者”以下三句是通过以变爻为占筮所得出的结果，是对占筮的落实。

是故列贵贱者存乎位[①]，齐小大者存乎卦[②]，辨吉凶者存乎辞，忧悔吝者存乎介[③]，震无咎者存乎悔[④]。是故卦有小大，辞有险易，辞也者，各指其所之[⑤]。

注释

①列贵贱：排列出爻的或贵或贱。存乎位：在于爻位，例如二爻为臣位，五爻为君位等，这说明《系辞》也讲爻位说。②齐小大：定出一个卦的或小或大。齐：定。《周易》以阴为小，以阳为大，纯阴或一阴二阳的卦为小，例如坤（☷）、巽（☴）、离（☲）、兑（☱）；纯阳或一阳二阴的卦为大，例如乾（☰）、震（☳）、坎（☵）、艮（☶）。存乎卦：在于看卦的具体情况。③忧悔吝：为不幸和困难担忧。存乎介：在于注意小事情。介：纤介，细小。 ④震：动，指行动。 ⑤所之：所往，所要指出的内容。之：往。

译文

因此排列出爻的或贵或贱在于爻位的具体情况，定出卦的或小或大在于卦的具体情况，辨明事情的或吉或凶在于变爻爻辞，为不幸和困难担忧在于注意小事情，行动起来没有过失在于能够悔改。因此卦是有小大的，爻辞是有凶险或平易的；爻辞是要各指出它所要指出的内容的。

按：这一节讲到爻的位次，卦的大小，但重点是“辨吉凶者存乎辞”，要人们注意变爻爻辞，以《周易》为占筮，是对上一节的申说。

以上第三章。本章进一步宣扬以变爻变卦为占筮，是对第二章的加强。

《易》与天地准[①]，故能弥纶天地之道[②]。仰以观于天文，俯以察于地理，是故知幽明之故[③]。原始反终[④]，故知死生之说。精气为物，游魂为变，是故知鬼神之情状。与天地相似，故不违。知周乎万物而道济天下[⑤]，故不过。旁行而不流[⑥]，乐天知命，故不忧。安土敦乎仁[⑦]，故能爱。

注释

①准：等同。 ②弥纶：包括。 ③幽明之故：隐蔽和明显的事物。故：实，事物。 ④原始反终：考察开始，寻求结果。原：考察。反：寻求。 ⑤知：同智。 ⑥旁行：广泛有所作为。旁：广泛。行：作为。 ⑦敦乎仁：厚于仁，很仁厚。敦：厚。

译文

《周易》所讲明的道理与天地所表现的情况相同，所以能够包括天地间的一切。写作《周易》的人抬起头去观察天上面的情况，低着头去观察地面上的情况，所以能够了解宇宙间或隐蔽或明显的事物。他考察事物的开始，寻求事物的结果，所以懂得死和生的原因。他知道精粹的气成为物体，游动的灵魂只是一种变态，所以对于鬼神的情状也弄清楚了。他的胸怀与天地相类似，所以不会违背天地。他的智慧高，能遍知万物，原则强，能兼济天下，所以不犯错误。他广泛有所作为而不流于邪辟，既乐天，又知命，所以不忧愁。他安于所居的地方，还非常仁厚，所以能泛爱一切的人。

按：这一节尽情歌颂了精于《易》道的人，乍一看来，似乎

是虚夸，但根据却是《易》与天地准，故能弥纶天地之道。把这两句话结合第五章“一阴一阳之谓道”看，本节就不无道理了。阴阳是宇宙间两种基本功能，具备物质性。《易》道能统率阴阳，就是《易》道能包括宇宙一切，从而精于《易》道的人就既能看透宇宙奥秘，又能兼济天下了。不过这些理论都为《周易》古经所无，是《系辞》作者的科学发展。

范围天地之化而不过[①]，曲成万物而不遗[②]，通乎昼夜之道而知[③]，故神无方而《易》无体。

注释

①范围：包括。 ②曲成：普遍生成。 ③昼夜：指阴阳，阳刚阴柔。第二章：“刚柔者，昼夜之象也。”

译文

《易》道包括天地的变化而恰到好处，普通生成万物而无所遗漏，贯通阴阳而具有高度智慧，所以神妙的《易》道没有一定的范围，也不拘于不变的模式。

按：这一节把朴素辩证唯物主义的《易》道作了高度概括。

以上第四章。本章说明了朴素辩证唯物主义《易》道的基本情况，为《周易》古经所无，但有论有据，不是虚夸。

一阴一阳之谓道[①]。继之者善也，成之者性也。仁者见之谓之仁，知者见之谓之知[②]，百姓日用而不知，故君子之道鲜矣[③]。

注释

①一阴一阳之谓道：《周易》随卦九四“有孚在，道以明”，是道由孚产生，孚是一种心理状态，因而道是派生于主观唯心主

义的客观唯心主义。这里的道是阴和阳的矛盾统一。 ②知：智。 ③鲜（xiǎn）：少。

译文

一种阴和一种阳的矛盾统一叫做道。随顺着道而发展就美好，使道成为道的是事物的必然性。仁厚的人见了道叫它做仁，聪明人见了道叫它做智，一般人每天都在运用道却不知道是在运用道，因此体现着阴阳矛盾统一并概括着宇宙真理的“君子之道”就很少看到了。

按：这一节对由《周易》提出的道作了朴素辩证唯物主义的改造，但认为仁者、知者和百姓都不了解道，却又把道神秘化了。

显诸仁①，藏诸用，鼓万物而不与圣人同忧②，盛德大业，至矣哉！富有之谓大业，日新之谓盛德，生生之谓《易》。成象之谓乾，效法之谓坤③。极数知来之谓占，通变之谓事，阴阳不测之谓神。

注释

①诸：在这里与“其”同。 ②鼓：鼓动，产生。 ③效法：表现为一定的形态。效：表现。法：形态。

译文

道显示出它的仁厚，隐藏着它的作用，产生万物却不与圣人同忧虑（道生万物，全是自然，与圣人有心于天下而忧虑天下不同，道在圣人之上）。道具备盛德，完成大业，真是非常了不起啊！无所不有叫做大业，随时发展叫做盛德，生生不已叫做《易》道。生出各种物象的叫乾，使各种物象表现为一定形态的叫坤。穷尽数字筮知未来叫占，通晓事物变化叫事，阴阳变化不

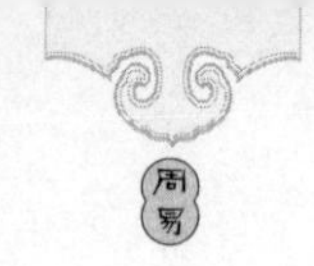

可测度叫神。

按：这一节主要讲道的伟大作用，即规律的伟大作用，不是人世的圣人所能比拟，这些都可取。但拦入了占筮说，则是精华与糟粕杂陈。

以上第五章。本章体现了《系辞》在哲学上的杰出成就，以朴素辩证唯物主义的道而卓然有以自异于《易》、《老》，是很值得肯定的。

夫《易》广矣大矣，以言乎远则不御①，以言乎迩则静而正②，以言乎天地之间则备矣。

注释

①不御：畅通无阻。李鼎祚《周易集解》引虞翻曰："御，止也。" ②静而正：精审而正确。《说文》："静，审也。"

译文

《易》道是广大的，从远处来说它畅通无阻，从近处来说它精审正确，从天地之间来说它就包罗万象了。

按：这一节歌颂《易》道广大，精审正确，是《系辞》就其所提出的朴素辩证唯物主义的《易》道而言。

夫乾，其静也专①，其动也直②，是以大生焉。夫坤，其静也翕③，其动也辟④，是以广生焉。广大配天地，变通配四时，阴阳之义配日月，易简之善配至德。

注释

①专：专一。 ②直：直达。 ③翕（xī）：闭拢。 ④辟：张开。

译文

乾啊，它静止的时候专一，运动的时候直达，因此大就产生了。坤啊，它静止的时候闭拢，运动的时候张开，因此广就产生了。《易》道以它的广大配合天地，以它的变通配合四时，以它阴阳的含义配合日月，以它易简的美善配合至德。

按：这一节讲朴素辩证唯物主义的《易》道广大无边，能配合一切美好事物，是上一节的深化。

以上第六章。本章言朴素辩证唯物主义的《易》道，无往不在，无所不包，真理是融贯在一切事物当中的。

子曰[①]："《易》其至矣乎？"夫《易》，圣人所以崇德而广业也[②]。知崇礼卑[③]，崇效天，卑法地，天地设位而《易》行乎其中矣。成性存存，道义之门。

注释

①子曰：历来认为指孔子。 ②崇德：提高品德。广业：扩大事业。 ③知：同智。

译文

孔子说："《易》道该是最了不起吧？"《易》道是圣人用来提高品德和扩大事业的。圣人智慧崇高，礼节谦卑，崇高效法天，谦卑效法地，天地设立它的上下之位，《易》道就运行在它的中间了。《易》道能成就人的本性，能保存人所应该保存的美德，从而成为进入道义的大门。

按：这一章还是在歌颂朴素辩证唯物主义的《易》道，但重点却落在"崇德"和"广业"上，是以《易》道言人事的。

以上第七章。本章言人事以《易》道而醇美，与《周易》专讲厉王复国不同。

圣人有以见天下之赜[①]，而拟诸其形容[②]，象其物宜[③]，是故谓之象[④]。圣人有以见天下之动，而观其会通[⑤]，以行其典礼[⑥]，系辞焉以断其吉凶，是故谓之爻[⑦]。言天下之至赜而不可恶也[⑧]，言天下之至动而不可乱也。拟之而后言，议之而后动[⑨]，拟议以成其变化。

注释

①见：看见，认清楚。赜（zé）：复杂。 ②拟：表明。形容：形态。 ③物宜：物性之所宜，如火宜炎上，水宜润下等。④象：指卦象。 ⑤会通：融会贯通，指内在联系。 ⑥典礼：典法礼仪，指重要行动。 ⑦爻：指爻象。 ⑧恶（wù）：讨厌。 ⑨拟和议是互文，应该合在一起讲，拟议是研究的意思。

译文

圣人有能力认清楚天下复杂的事物，并表明它们的形态，说明它们的物性之所宜，因此把画出来的卦叫做象。圣人有能力认清楚天下复杂事物的运动，并观察它们的内在联系，来指导重要行动，还加上一些话来断定它们的吉或凶，因此把画出来的卦画叫做爻。圣人写作《周易》是说明天下最复杂的事物不可厌恶，天下最变动的事物不可搞乱。圣人对宇宙万物是通过研究然后说，通过研究然后动，用研究来完成宇宙万物变化的阐述的。

按：这一节以卦爻象征最复杂常运动的事物，有朴素辩证唯物主义因素，并用来服务于社会政治。以下分别举出七条爻辞印证，但多与原意不合。

"鸣鹤在阴[①]，其子和之[②]。我有好爵[③]，吾与尔靡之[④]。"子曰："君子居其室，出其言善，则千里之外应之[⑤]，况其迩者乎[⑥]？出其言不善，则千里之外违之[⑦]，况其迩者乎？言出

乎身，加乎民，行发乎迩，见乎远。言行，君子之枢机[8]，枢机之发，荣辱之主也。言行，君子之所以动天地也，可不慎乎？”

注释

①阴：同荫，树荫。 ②和（hè）：声音相应，跟随着唱。③好爵：美酒。爵：盛酒的器具，指代酒。 ④靡（mò）：尽，指把酒喝干。 ⑤应：响应。 ⑥迩：近。 ⑦违：反对。⑧枢机：弩弓的枢机。弩弓正中有臂，臂下有机，以铁制成，中有枢柱与其他机件，所以叫枢机。这里是要害或关键的意思。

译文

“叫着的白鹤在树荫里，它的一群小白鹤跟随着它叫。我有好酒，我和你把它喝干。”孔子说：“君子住在他的房子里，讲出来的话好，千里以外的人都会响应，何况那些近处的人呢？讲出来的话不好，千里以外的人都会反对，何况那些近处的人呢？话从口里说出来，进入别人耳朵，行动从本身表现出来，远处的人也会看见。讲话和行动是君子的重要行为，它的表现是光荣和耻辱的主要根据。讲话和行动是君子用来感动天地的，可以不慎重吗？”

按：这一节引中孚九二爻辞进行解释。“鸣鹤在阴，其子和之。我有好爵，吾与尔靡之。”是用白鹤的相互和鸣，人们的欢然畅饮，说明受到孚的感化，无往而不快乐。但这里却说成人要力求其言行正确，并避免错误，与原意不一致。

“同人[1]，先号咷而后笑[2]。”子曰：“君子之道，或出或处，或默或语，二人同心，其利断金，同心之言，其臭如兰[3]。”

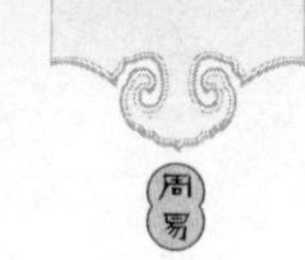

注释

①同人：集合人。同：集合。 ②号咷（háotáo）：放声大哭。 ③臭（xiù）：气味。

译文

“集合人，先号咷大哭，然后哈哈大笑。”孔子说：“君子的原则，不论是出去活动或者呆着不动，也不论是默默不言或者发表意见，都只要是两个人一条心，就会像锋利的刀能截断黄铜，而且同心的人所说出来的话，它的气味像兰草一样芳香。”

按：这一节引同人九五爻辞进行解释。这条爻辞是说周厉王将要集合人众，打击武人。这里用“同心”讲“同人”，与原意不合。

“初六，藉用白茅[①]，无咎。”子曰：“苟错诸地而可矣[②]。藉之用茅，何咎之有？慎之至也。夫茅之为物薄而用可重也，慎斯术也以往，其无所失矣。”

注释

①藉（jiè）：垫在下面。 ②苟：只要。错：同措，安放。

译文

“初六，把白色茅草垫在祭品下面，没有坏处。”孔子说：“只要安放在地面上就可以了，现在还用白色茅草垫在下面，有什么坏处，是慎重到极点了。白茅作为一种东西来说是不算什么，但作用却可以重大，把这种原则发展下去，该没有什么过失了。”

按：这一节引大过初六爻辞进行解释。白茅比喻国家有良好基础，用来表示周厉王复国有可靠依据。这里说用白茅垫祭品是“慎之至”，并要把“慎”加以发展，不是爻辞原意。

“劳谦[①]，君子有终，吉。”子曰：“劳而不伐[②]，有功而不德，厚之至也，语以其功下人者也。德言盛[③]，礼言恭，谦也者，致恭以存其位者也[④]。”

注释

①劳谦：以谦虚而劳累，这种谦虚是装模作样，是虚伪的。②伐：夸张。 ③言：而。 ④致恭：极端恭敬。

译文

“以谦虚而劳累，这样的君子有好结果，是吉利的。”孔子说：“劳累了却不自我吹嘘，有功劳都不自以为德行好，是厚道到了极点，是讲有功德却愿意居于人之下的。德行而求其美好，礼节而求其恭敬，谦虚啊，是以极端恭敬来保存地位的。”

按：这一节引谦卦九三爻辞进行解释。谦卦的谦历来多讲成谦虚，也就是本于这里的“劳而不伐，有功而不德”，和“语以其功下人者也”。其实从六五爻辞“利用侵伐，无不利”和上六爻辞“利用行师，征邑国”看，本卦的谦分明是一种用以退为进和以后取先的手段，去达到伐人邑，灭人国的目的，与谦虚相去很远，甚至背道而驰。因此这里借孔子之口对谦卦九三爻辞所作的解释也是说不过去的。

“亢龙有悔[①]。”子曰：“贵而无位，高而无民，贤人在下位而无辅，是以动而有悔也。”

注释

①亢龙：飞得太高的龙。王肃曰：“穷高曰亢。”

译文

“飞得太高的龙会有悔恨。”孔子说：“这是由于虽然尊贵却没有地位，虽然高贵却没有人民，贤臣又屈居于下位而没有辅佐，所以一有行动就有悔恨。”

按：这一节引乾卦上九爻辞进行解释，所言与乾卦《文言》相同。这种解释有得于爻辞原意。

“不出户庭[①]，无咎”。子曰：“乱之所生也，则言语以为阶[②]。君不密则失臣，臣不密则失身，几事不密则害成[③]，是以君子慎密而不出也。”

注释

①户庭：内户和厅堂。“不出户庭”比喻能保守机密。②阶：阶梯。 ③几事：机密的事。几读为机。

译文

“像一个人一样，不走出内户和厅堂，深深地藏起来，这没有坏处。”孔子说：“祸乱之所以发生，是讲话不慎重引起的。君不能保守机密就会失去臣的支持，臣不能保守机密就会有杀身的危险，机密事不能保守机密就会酿成灾祸，因此君子是谨慎严密不乱说话的。”

按：这一节引节卦初九爻辞进行解释。节卦讲周厉王对武人应该加以节制，这就要保密。“不出户庭”讲的就是这个意思。所引“子曰”，大体近是。

子曰：“作《易》者其知盗乎？《易》曰：‘负且乘，致寇至[①]。’负也者，小人之事也，乘也者，君子之器也，小人而乘君子之器，盗思夺之矣。上慢下暴，盗思伐之矣。慢藏诲

盗[2]，冶容诲淫[3]，《易》曰：'负且乘，致寇至。'盗之招也。"

注释

①致：招致，招来。②慢藏：随便收藏，不认真保管。③冶容：妖冶其容，把模样弄得很漂亮。

译文

孔子说："写作《周易》的人该懂得盗贼吧？《周易》说：'背着东西去乘车，会招来盗贼的劫夺。'因为背东西是小人的事情，所乘坐的车子是君子的器具，小人去乘坐君子的器具，盗贼就会想到要对他进行劫夺了。上面马虎，下面残暴，盗贼就会想到要对他们进行攻打了。把东西随便收藏着等于教诲盗贼夺取，把模样弄得很漂亮等于教诲人们淫乱。《周易》说：'背着东西去乘车，会招来盗贼的劫夺。'这确实会引来盗贼啊。"

按：这一节引解卦六三爻辞进行解释。"负且乘，致寇至"，是比喻人如果非分地自我炫耀，就会有极坏的后果，这抽象地有得于卦义，但仍未具体到是指责武人不安分守己将受到惩罚的这一内容。

以上第八章。本章先把《周易》卦象爻象与人事联系，再引七条爻辞为证，并且用孔子的话加以解释。所引孔子的解释多不太贴切，但不能据此说孔子不懂《周易》，因为是附会于孔子的。

天一，地二，天三，地四，天五，地六，天七，地八，天九，地十。

译文

天数是一，地数是二，天数是三，地数是四，天数是五，地数是六，天数是七，地数是八，天数是九，地数是十。

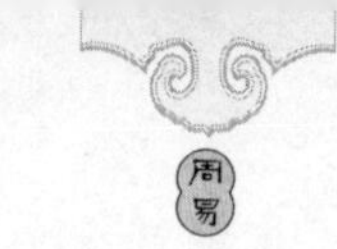

按：这一节本来在第十章“《易》有圣人之道四焉”前面，是错简，张载《横渠易说》、程颐《易传》、朱熹《周易本义》都认为应该调到这里来。本章讲筮法，这一节是从筮法的开始讲起，调到这里来是对的。这里先排出十个数，分为五奇五偶，凡奇数都代表天，凡偶数都代表地，以附会筮法是天地之间的神奇事物。

天数五，地数五，五位相得而各有合（和）。天数二十有五，地数三十，凡天地之数五十有五，此所以成变化而行鬼神也。

译文

天数一共有五个（一、三、五、七、九），地数一共有五个（二、四、六、八、十），天数地数累计相加各有它的和，天数的和是二十五，地数的和是三十，天数地数的总和是五十五。这五十五根蓍草就是用来完成变化和驱使鬼神的。

按：这一节本来在“大衍之数五十”一节之后，朱熹《周易本义》认为应该移到这里来，才合于筮法要求。从“天数五、地数五”紧接着上一段看，朱氏的说法正确，据以改正。占筮者认为五十五是天数地数的总和，是“大衍之数”，是用来进行伟大演算的数字（伟大演算指占筮）。有了这个数字就可以完成占筮的变化并驱使鬼神为自己服务。“行鬼神”明显表现出占筮的迷信性质。

大衍之数五十①，其用四十有九②。分而为二以象两③；挂一以象三④；揲之以四以象四时⑤；归奇于扐以象闰⑥，五岁再闰，故再扐而后挂。

注释

①大衍：伟大的运算，指占筮。先秦称占筮为演，也作衍。五十：金景芳《易通》：“大衍之数五十有脱文，当作大衍之数五十有五，脱‘有五’二字。”从上一节“凡天地之数五十有五”看，应脱“有五”二字，因为“大衍之数”就是“天地之数”，金氏说法正确。 ②其用四十有九；大衍之数既然是五十有五，为什么只用四十九策运算？根据孔颖达《周易正义》：“天地之数五十有五，省其六以象六画之数，故减之而用四十九。” ③两：两仪，即天地。 ④三：天地人。 ⑤揲（shé）：数（sù）。⑥奇：奇零，剩余，指以四为一组数了以后所剩下来的蓍草。扐(lè)：手指中间。挂：停止。

译文

供伟大运算的数字是五十五个，但用于运算时只取四十九个。把四十九根蓍草分成两部分，一部分放在上面，一部分放在下面，这是象征天地；再取一根蓍草挂在上下两部分蓍草的中间，这一根蓍草和原来上下两部分蓍草加在一起象征天地人；再把上下两部分蓍草以四为一组来数，这象征一年之中有春、夏、秋、冬四时；数了以后把剩余下来的蓍草夹在手指中间用来象征闰月，五年有两次闰月，所以再一次“归奇于 ”以后就把构成卦的工作停止下来。

按：这一节讲如何构成一个卦的方法和步骤，包括“分二”、“挂一”，“揲四”和“归奇于 ”四个环节，这就是再下一节所说的“四营而成易”。这样每三变才能画一爻，一卦有六个爻，这就是再下一节所说的“十有八变而成卦”。这些都是迷信搞法，在《周易》找不出任何根据，是绝对不能相信的。

乾之策二百一十有六[①]，坤之策百四十有四[②]，凡三百有六十，当期之日[③]。二篇之策万有一千五百二十[④]，当万物之数也。

注释

①策：蓍草一根叫一策。二百一十有六：乾卦六爻，每爻蓍草九揲，每揲四策，共二百一十六策。 ②百四十有四：坤卦六爻，每爻四揲，每揲四策，共一百四十四策。以上是说乾坤两卦是由蓍草的排列组合而成。 ③当期之日：合得上一年的天数。当：合。期（jī）：一周年。 ④二篇：指《周易》上下经。万有一千五百二十：指《周易》六十四卦的策数。以上是说六十四卦都是由蓍草的排列组合而成。

译文

构成乾卦的蓍草根数是二百一十六，构成坤卦的蓍草根数是一百四十四，一共三百六十根蓍草，合得上一年的天数。上下经六十四卦的蓍草根数是一万一千五百二十，合得上万物的数目。

按：这一节是说乾坤两卦与其余六十二卦都是由蓍草的排列组合而成，这些在《周易》全无根据，是后来以《周易》为迷信的人所附会，决不可信。

是故四营而成易，十有八变而成卦[①]。八卦而小成[②]，引而伸之，触类而长之，天下之能事毕矣[③]。道显神德行[④]，是故可与酬酢[⑤]，可与佑神矣。子曰："知变化之道者，其知神之所为乎[⑥]！"

注释

①这两句的解释见第三节。 ②八卦而小成：指八个经卦是《周易》的基础，只是小成，还不是大成。 ③这三句指八经卦

通过排列组合，成为六十四卦，这就是大成。 ④道：指由占筮形成的迷信之道，不是一阴一阳之谓道的朴素辩证唯物主义的道。 ⑤酬酢：本为宾主饮酒相应对，现借为蓍草与占筮者相应对。 ⑥“子曰”两句本在第十一章之首，朱熹《周易本义》认为应在本章之末，从上文讲“可与佑神”看，有道理。

译文

因此经过四次营运就成了易卦的一个爻，再经过一十八次变化就成了一个卦。八卦是基础，是小成，要在这个基础上引伸发展，触类旁通，构成六十四卦，才算大成，才算把天下神妙的事情都做完了。《易》道显示出神的道德和行为，因此通过《易》卦就可以与神应对往来，甚至可以对神进行帮助了。孔子说：“了解变化之道的人，该了解神在做什么吧?”

按：这一节讲通过蓍草的排列组合，得出八卦和六十四卦，就妙不可言，出神入化，全是对占筮迷信的歌颂。《论语·子路》孔子说“不占而已矣”，是不主张占筮，这里说孔子要通过变爻变卦去“知神之所为”，是不能相信的。

以上第九章。本章大谈筮法，全是迷信，但过去甚至今天都有人相信，应该到觉醒的时候了。

《易》有圣人之道四焉[①]：以言者尚其辞[②]，以动者尚其变，以制器者尚其象，以卜筮者尚其占。

注释

①道：指重要行动。 ②尚：尊尚，重视。

译文

《周易》体现圣人的重要行动有四个方面：研究语言的圣人重视它的文辞，注意活动的圣人重视它的变化，留心制造器物的

圣人重视它的图象，进行卜筮的圣人重视它的占卜。

按：这一节不把《周易》的作用完全限定在占卜，认为占卜只是《周易》作用的一种，似乎比较客观。但《周易》并没有占卜作用，因而这种提法仍然不妥。至于下文全就以《周易》为占卜进行论述，就更不妥当了。

是以君子将有为也，将有行也，问焉而以言，其受命也如响，无有远、近、幽、深，遂知来物[①]。非天下之至精，其孰能与于此[②]？

注释

①来物：即将出现的事物。　②与：至，达到。

译文

因此君子要有所作为，要有所行动，用话去询问《易》卦，《易》卦接受询问，如响应声，不存在什么遥远、邻近、幽隐、深邃的问题，都会知道即将出现的事物是什么情况。不是天下最精妙的东西，该有谁还能达到这个水平呢？

按：这一节把占筮说得神乎其神。

参伍以变，错综其数。通其变，遂成天下之文[①]。极其数，遂定天下之象[②]。非天下之至变，其孰能与于此？

注释

①成：定，断定。文：指交错复杂的事情，即疑难的事情。②定：断定，认清。象：现象。

译文

《周易》各个卦的爻或三或五在变，出现了错综复杂的数字。弄通了爻画或三或五在变的所以然，就能断定天下疑难的事

情。完全明确了爻的数目在变化的原因，就能认清天下复杂的现象。不是天下最善于变化的东西，该有谁还能达到这个水平呢？

按：这一节讲通过变爻变卦进行占筮的作用无穷，是对占筮进一步神化，殊不知变爻变卦在《周易》是并不存在的。

《易》无思也，无为也，寂然不动，感而遂通天下之故[①]。非天下之至神，其孰能与于此？

注释

①故：事。

译文

《易》卦看起来是没有思想，没有行动的，它们静悄悄地一动也不动，可是为占筮者所感动就能通晓天下事物。不是天下最神奇的东西，该有谁还能达到这个水平呢？

按：这一节讲《易》卦之所以能通晓一切，是由于为占筮者所感动，在突出《易》卦作用的同时，也突出了占筮者的作用，是对人们进行占筮的鼓励。

夫《易》，圣人之所以极深而研几也。唯深也，故能通天下之志。唯几也，故能成天下之务。唯神也，故不疾而速，不行而至。子曰“《易》有圣人之道四焉”者，此之谓也。

译文

《周易》，是圣人用来穷极深隐研究几微的。由于《易》道深隐，所以能贯通天下人的思想。由于《易》道几微，所以能断定天下人的事情。由于《易》道神奇，所以能不疾速而疾速，不行动而达到。孔子说“《周易》体现圣人的重要行动有四个方面”，就是讲这些。

按：本章全就占筮立言，本节仍然用“《易》有圣人之道四焉”作结语是不恰当的。至于讲是孔子说的，更全是附会，如前所指出，孔子是不主张搞占筮的。

以上第十章。本章以“至精”“至变”“至神”对以《周易》为占筮作了尽情歌颂，是对《周易》的最大歪曲。

子曰：“夫《易》何为者也？夫《易》，开物成务①，冒天下之道②，如斯而已者也。”是故圣人以通天下之志，以定天下之业③，以断天下之疑。是故蓍之德圆而神，卦之德方以知，六爻之义易以贡④，圣人以此洗心⑤，退藏于密，吉凶与民同患⑥。神以知来，知以藏往，古之聪明睿知神武而不杀者夫⑦？

注释

①开物：揭开事物隐秘。成务：完成工作任务。　②冒：包括。　③定：完成。　④贡：告诉。　⑤洗心：很多版本都作“先心”，意思是指导思想。王引之《经义述闻》：“作先之义为长，盖先犹导也。”　⑥吉凶：偏义复词，撇去吉，只取凶。⑦睿（ruì）知：通达。知：同智。杀：残暴。

译文

孔子说：“《周易》是干什么的？《周易》指导人们揭开事物隐秘，完成工作任务，能包括天下一切，像这样也就算差不多了。”因此圣人用《周易》来沟通天下人的思想，来完成天下人的事业，来断定天下人的疑惑。因此蓍草的形体是圆的，而性质却神，八卦的形体是方的，而性质却智（蓍与卦能预知未来，所以神智），至于六爻的作用则是把变化告诉人们的。圣人用《周易》指导思想，把占筮结果藏在隐秘地方，作为未来的指导。圣人通过以《周易》为占筮，就能神奇地知道未来，聪明地记住以

往，有谁能达到这个水平，该是古代的聪明通达，神武而不残暴的圣人吧！

按：这一节对以《周易》为占筮更作了淋漓尽致的歌颂，流毒于无穷。用孔子的话开头是附会。

是以明于天之道，而察于民之故[①]，是兴神物[②]，以前民用。圣人以此斋戒[③]，以神明其德夫。

注释

①察：清楚。故，事，情况。 ②兴：取。神物：指著草。③斋戒：指严格要求。

译文

因此通过以《周易》为占筮，就能把天的一切弄明白，把民的情况弄清楚，圣人是取著草这种神奇的东西，叫民摆在行动之前的（指每次行动之前必须占筮）。圣人是用占筮严格要求自己，使自己的品德神而明之的。

按：这一节讲占筮不仅能“知来”“藏往”，还能“神明其德”，把占筮从事务领域提高到道德领域，是作了更多的夸张的。

是故阖户谓之坤[①]，辟户谓之乾[②]，一阖一辟谓之变，往来不穷谓之通。见乃谓之象[③]，形乃谓之器，制而用之谓之法。利用出入，民咸用之谓之神。

注释

①阖：同合，闭拢，关上。 ②辟：张开，打开。 ③见：同现，出现。

译文

因此关上门户叫做坤卦，打开门户叫做乾卦，一关上一打开叫做变化，这样往来不停叫做通达。卦体出现了就叫做形象，成形了就叫做器物，掌握起来加以运用叫做法则。人利用占筮，或这样或那样，不拘一格，使民都能运用就叫做神妙。

按：这一节把乾坤阴阳的矛盾变化与占筮相联系，使迷信披上科学外衣，以便能更加迷惑人。“阖”“辟”指矛盾变化，至于“阖户”、“辟户”，则是为了把话讲得形象些。

是故《易》有太极[①]，是生两仪[②]，两仪生四象[③]，四象生八卦[④]，八卦定吉凶，吉凶生大业。是故法象莫大乎天地[⑤]，变通莫大乎四时[⑥]，悬象著明莫大乎日月，崇高莫大乎富贵。备物致用，立功成器[⑦]，以为天下利，莫大乎圣人。探赜索隐，钩深致远，以定天下之吉凶，成天下之亹亹者[⑧]，莫大乎蓍龟[⑨]。

注释

①太极：即第五章的“一阴一阳之谓道”的道。《系辞》称最高之物为“极”，“道”高于天地，是至高无上，所以称为“太极”。 ②两仪：两种物象，即阴阳。以阴阳为物象，是把阴阳看成物质性的。 ③四象：四种物象，即老阴、老阳、少阴、少阳，认为这些也是物质性的。所谓老阴是六，所谓老阳是九，是构成八卦以至六十四卦的阴爻和阳爻，这是经常看到的，是存在的。所谓少阴是八，所谓少阳是七，是在《周易》中从未看到的，是《系辞》作者的附会，是不存在的。 ④四象生八卦：只能说阴阳爻产生八卦，因为少阴少阳不存在，从而老阴老阳也不能提。 ⑤大：超过。 ⑥四时：春、夏、秋、冬。 ⑦立功：

高亨《周易大传今注》："功字今本脱。《汉书·货殖传》引《易》曰：'立功成器'，今据增。" ⑧亹亹（wěi wěi）：奋力前进。 ⑨蓍：蓍草，筮用。龟：龟甲，卜用。

译文

因此《周易》有太极，太极产生出阴阳，阴阳产生出老阴、老阳、少阴、少阳，老阴、老阳、少阴、少阳产生出乾、坤、坎、离、震、巽、艮、兑等八个卦，通过占筮，从八个卦可以决定吉凶，从吉凶的矛盾变化中能产生出伟大的事业。因此具备法则的形象没有超过天地的，讲变化交通没有超过春、夏、秋、冬的，悬挂形象显示光明没有超过日月的，讲崇高没有超过富贵的。准备东西发挥作用，建立功业制成器物，使天下人得到好处，没有超过圣人的。探求天下复杂隐蔽的事物，摸索天下深奥幽远的道理，来决定天下人的吉凶，促成天下人的奋力前进，没有超过蓍龟的。

按："太极"和"两仪"之说，有朴素辩证唯物因素，而"四象"则真伪并存。从"法象莫大乎天地"到"立功成器，以为天下利"，是极力歌颂人世的伟大事物，但归结为以占筮最神奇，于是占筮就更加突出了。

是故天生神物[①]，圣人则之[②]。天地变化，圣人效之。天垂象，见吉凶[③]，圣人象之。河出图[④]，洛出书[⑤]，圣人则之。《易》有四象，所以示也。系辞焉，所以告也。定之以吉凶，所以断也。

注释

①神物：神奇的东西，指蓍草和龟甲。 ②则之：以之为则，以蓍草和龟甲作为准则，以蓍草造筮法，以龟甲造卜法，来

断定凶吉。 ③见：同现，表现。 ④河出图：是说有龙马负图出于黄河，上面有文字，伏牺仿效着画出八卦。 ⑤洛出书：是说有神龟出于洛水，背上有文字，夏禹仿效着作了《书》，成为《尚书·洪范》的起源。以上两者都只是传说，不可信。

译文

因此天产生出神奇的东西，圣人用于占筮来作为判断事物的准则。天地有变化，圣人用卦象仿效着它的变化。天出现一些情况，表现出吉凶，圣人仿效着作六十四卦，也有吉有凶。黄河浮现出龙马所背的图，洛水浮现出神龟背上的书，圣人也以之为准则，从而画出八卦，写出《尚书》。《周易》有老阴、老阳、少阴、少阳四象，是用来显示情况的。在各个卦各个爻都写上几句话，是用来告诉道理的。把吉凶定下来，是用来进行判断的。

按：这一节讲以蓍龟为占筮，并扯上传说中的河图洛书。

以上第十一章。本章仍然大讲占筮，并附会出所谓“四象”，作为变爻变卦根据，实际上是不可变的少阴八和少阳七并不存在，就不能说还有老阴六和老阴九，而且能够变化。

《易》曰：“自天祐之，吉，无不利。”①子曰：“祐者，助也。天之所助者顺也，人之所助者信也。履信思乎顺，又以尚贤也，是以‘自天祐之，吉，无不利’也。”

注释

①这三句话引自大有卦上九爻辞。祐，同佑，帮助。

译文

《周易》说：“由天来帮助他，就吉利，没有不吉利的。”孔子说：“祐是帮助。天所帮助的是顺理而行的人，人所帮助的是讲求信用的人。既履行信用，又想要顺理而行，并且尊重贤者，

因此，由上天来帮助他，就吉利，没有不吉利的。”

按：这一节借孔子对大有卦上九爻辞进行解释，提倡顺理而行和讲求信用，是正确的。

子曰：“书不尽言，言不尽意。”然则圣人之意其不可见乎？子曰：“圣人立象以尽意，设卦以尽情伪[1]，系辞焉以尽其言，变而通之以尽利，鼓之舞之以尽神。”

注释

①以上两句是互文，即圣人设立卦象以尽意与情伪。情伪：真假，泛指一切情况。

译文

孔子说：“写的文字不能完全表达要讲的话，讲的话不能完全表达思想。”那么圣人的思想难道就不可以认识了吗？孔子说：“圣人设立卦象把思想和一切情况都加以表现，并用一些话把所要讲的话讲清楚，还从卦象的变化和沟通当中尽量取得好处，从而鼓舞欢呼来尽量歌颂《易》的神妙。”

按：这一节讲《周易》卦象能表现宇宙的一切，从变爻变卦的占筮中能得到一切好处，还是对占筮的歌颂。

乾坤其《易》之缊邪[1]，乾坤成列而《易》行乎其中矣。乾坤毁则无以见《易》，《易》不可见则乾坤或几乎息矣[2]。

注释

①缊（wūn）：缊藏，内涵。 ②或几乎：差不多。息：毁灭。

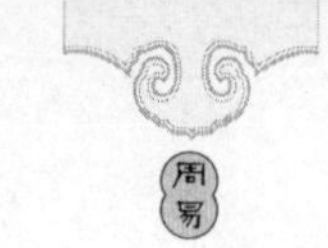

译文

乾和坤该是《周易》的内涵吧？乾和坤相并成列《易》道就贯穿在它们当中了。乾和坤如果毁灭了就无法看到《易》道，《易》道无法看到那么乾和坤就可能毁灭了。

按：这一节讲《易》道以乾坤阴阳为基础，《易》道是乾坤阴阳的矛盾统一，与第五章“一阴一阳之谓道”的提法一致，体现了朴素唯物辩证法。

是故形而上者谓之道，形而下者谓之器。化而载之谓之变[①]，推而行之谓之通，举而错之天下之民谓之事业[②]。

注释

①载：改造。 ②错：同措，措施，运用。

译文

因此存在于形体以上的叫做道，表现为有形体的叫做器。对有形体的事物加以变化改造叫做变，对变化改造了的事物加以推行叫做通，把变通了的事物拿来用于天下的人叫做事业。

按：这一节提出了有形而上的道和形而下的器，由于提法正确，一直为后人沿用。其余三句是说只有掌握了形而下之器同时也有得于形而上之道的圣人才能达到的水平，是对前面两句话的发挥。

是故夫象，圣人有以见天下之赜[①]，而拟诸其形容[②]，象其物宜[③]，是故谓之象。圣人有以见天下之动，而观其会通[④]，以行其典礼[⑤]，系辞焉以断其吉凶，是故谓之爻。极天下赜之者存乎变，推而行之存乎通，神而明之存乎其人[⑥]，默而成之，不言而信，存乎德行。

注释

①赜（zé）：复杂。 ②拟：表明。形容：形态，样子。③物宜：物性之所宜，如火宜炎上，水宜润下等。 ④会通：融会贯通，内在联系。 ⑤典礼：典法礼仪，指重要行动。 ⑥神而明之：指心领神会。

译文

因此卦象，是圣人有能力认识清楚天下复杂的事物，并且表明它们的形态，象征地说明它们的物性之所宜，因此叫做卦象。圣人有能力认识清楚天下的运动，并且能看出它们的内在联系，来指导重要行动，还加上几句话断定吉凶，因此叫做爻。包罗天下复杂事物的在于卦，能发动天下人的在于卦爻辞，把天下事物消化并加以控制的在于爻的变化，能推动实行在于精通《易》理，能心领神会在于一定的人，默默地完成了对于《易》道的理解，不说话也能使别人相信，在于有高尚的德行。

按：这一节讲卦爻对于人的指导作用，多虚夸之辞。

以上第十二章。本章以乾坤阴阳为《易》道内涵，有朴素辩证唯物因素，但言多虚夸，并时时在鼓吹占筮作用。

《系辞》下传

八卦成列，象在其中矣，因而重之，爻在其中矣[①]。刚柔相推，变在其中矣，系辞焉而命之，动在其中矣[②]。吉凶悔吝者生乎动者也。刚柔者立本者也，变通者趣时者也[③]。吉凶者贞胜者也。天下之道贞观者也[④]。日月之道贞明者也。天下之动贞夫一者也。

注释

①以上四句是互文，本来应该是："八卦成列，因而重之，象爻在其中矣。" ②以上四句是互文，本来应该是："刚柔相推，系辞焉而命之，变动在其中矣。" ③趣时：顺应着占筮之时。趣：同趋，本义是疾行，这里引申为顺应。 ④观：昭示。

译文

八卦排成行列，并加以重叠，于是卦象和爻象都包括在各个卦的当中了。阳刚之爻和阴柔之爻相互推移，并写几句话加以说明，于是变动就体现在各个卦的当中了。吉凶悔吝产生于卦和爻的变动。阳刚之爻和阴柔之爻是所要建立的根本，爻的变化则应顺应着占筮时的要求。人事的或吉或凶要由卦象和爻象所表现出来的正确与否决定。天地之道是以正确昭示于人。日月之道是以正确产生光明。天下事物的变动是以正确达成一致。

按：这一节讲人事的吉凶悔吝由变爻变卦决定，是鼓吹占筮的重要。

夫乾确然示人易矣[①]。夫坤隤然示人简矣[②]。爻也者，效此者也[③]，象也者像此者也[④]。爻象动乎内，吉凶见乎外[⑤]。功业见乎变，圣人之情见乎辞[⑥]。

注释

①确然：刚劲的样子。 ②隤（kuī）然：柔顺的样子。 ③效：表现。 ④像：表现。 ⑤见：同现，表现。 ⑥辞：指卦辞爻辞。

译文

乾卦刚劲地示人以平易，坤卦柔顺地示人以简约。爻象表现这些，卦象也表现这些，爻象和卦象在一卦之内变动，吉和凶就

在外面表现出来。人们所建立的功业由变爻变卦表现，圣人的实际情况由卦辞和爻辞表现。

按：这一节讲《周易》以乾卦和坤卦为主，各卦围绕着它们展开，占筮时应该重视这一点。

天地之大德曰生。圣人之大宝曰位。何以守位曰仁。何以聚人曰财。理财正辞[①]，禁民为非曰义。

注释

①辞：文辞，这里指法律。

译文

天地的伟大德行在于生长一切。圣人的伟大宝物在于拥有权位。凭什么守住权位，只有凭仁厚。凭什么把人聚集起来，只有凭财物。管理财物，端正法律，禁止人民干坏事就是义。

按：这一节讲掌握了占筮的人可以为政于天下，是把占筮吹嘘到了一个新的高度。

以上第一章。本章讲了以乾坤两卦为中心的卦爻变化，并认为掌握占筮者可以做天下君王，把占筮提高到无以复加。

古者包牺氏之王天下也[①]，仰则观象于天，俯则观法于地，观鸟兽之文与地之宜[②]，近取诸身，远取诸物，于是始作八卦，以通神明之德[③]，以类万物之情[④]。

注释

①包牺氏：有的书作伏牺氏。包牺画卦在先秦别无记载，只此一见，其可靠性值得怀疑。而且包牺是作为渔猎时代的象征，是一个历史时代的形象概括，不能看成具体的人，说他画卦，值得考虑。由于记载残缺，八卦为谁所画，已无法考定，只能存

疑。 ②地之宜：地所宜于生长的东西，如草木黍稷等。③通：弄通，探索。 ④类：归类，概括。

译文

古代包牺氏在做天下君王的时候，抬起头往天上看天象，低着头从地面看地理，观察鸟兽身上的花纹和地上所宜于生长的东西，近从本身取象，远从外物取象，于是开始画出八卦，用来探索宇宙真理，概括万物情况。

按：这一节说八卦为包牺所画，自不足信，但说八卦产生于对客观事物的观察和概括，却体现了朴素唯物论的反映论。

作结绳而为罔罟[①]，以佃以渔[②]，盖取诸离[③]。

注释

①作：多余的字，应该去掉。王念孙《读书杂志》："作字涉上文'作八卦'而衍。"罔：古网字。罟（gǔ）：也是网。"罔罟"是同义词叠用，就是网。 ②佃：同田，猎取鸟兽。渔：捕鱼。 ③离：卦名，卦象是☲，像网罟有目的样子。

译文

把绳子结起来做成网，去打猎去捕鱼，这大概是取象于离卦。

按：这一节与以下十一节都是讲观象制器的。器物是历史产物，不能是看到某一个卦象受到启示后制出，更何况这十二节所提到的器物（有些不是器物，是某种事件）基本上都应该出现在卦象之前呢？这也是一种历史唯心主义，并为《周易》所无。不过每一节都用了"盖"字，也还是游移不定的。

包牺氏没，神农氏作[①]，斫木为耜[②]，揉木为耒[③]，耒耨之

利以教天下[④]，盖取诸益[⑤]。

注释

①神农氏：古代传说中的帝王，其实是人类进入农业时代的形象概括，不能看成真有其人。作：起来。 ②斫（zhuó）：同斫，砍削。耜（sì）：木锄头。 ③揉：使东西弯曲。耒（lěi）：古代犁头上的木把。 ④耒耨：指耕种。耨（nòu）：除草。⑤益：卦名，卦象是上巽下震，巽为木，震为动，耜耒是木在地上动，所以说取象于益。

译文

包牺氏死了，神农氏起来做天下君王，把木头削成锄头，把木头弄弯作为犁头上的木把，用耕种的好处来教导天下人，大概是取象于益卦。

按：这一节也是历史唯心主义。

日中为市[①]，致天下之民[②]，聚天下之货，交易而退，各得其所，盖取诸噬嗑[③]。

注释

①日中：中午，正午。为市：做生意。 ②致：招来。③噬嗑（shì hé）：卦象是上离下震，离为火，为日，震为雷，为动，象征日下有人在动，有日中为市之象，所以说取象于噬嗑。

译文

在正午做生意，招来天下的人，聚集天下的货物，做完买卖就回去，每一个人都满足了要求，这大概是聚象于噬嗑卦。

按：这一节讲“日中为市”，不是制器，算是例外。以噬嗑卦象为日下有人在动，并讲成“日中为市”，都是附会。

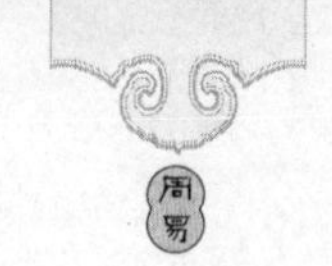

神农氏没，黄帝、尧、舜氏作①，通其变②，使民不倦，神而化之，使民宜之。《易》，穷则变，变则通，通则久。是以“自天祐之，吉，无不利③”。

注释

①黄帝：姬姓，号轩辕氏，是我国中原各族的共同祖先。尧：陶唐氏，名放勋，史称“唐尧”。舜：有虞氏，名重华，史称“虞舜”。 ②通：研究。 ③引大有卦上九爻辞。

译文

神农氏死了，黄帝和尧舜起来做君王，研究器物的变化，不断更新，使人民不感到厌倦，还把器物做得特别好，以至出神入化，使人民感到用起来很适宜。这就是《周易》所主张的困穷了就会变化，变化了就会畅通，畅通了就会长久。因此“由上天保佑他们，很吉利，没有不吉利的”。

按：这一节不主于一器，不主于一卦，是讲观象制器要不断更新，体现了朴素唯物辩证法。

黄帝、尧、舜垂衣裳而天下治①，盖取诸乾坤②。

注释

①垂衣裳：上衣和下裳长长地拖下来。孔颖达《周易正义》：“以前皮衣，其制短小，今衣丝麻布帛所作衣裳，其制长大，故云‘垂衣裳’也。” ②乾坤：乾为天，在上，是衣的象征，坤为地，在下，是裳的象征，所以说“衣裳”，“盖取诸乾坤”。

译文

黄帝和尧舜都拖着衣裳使天下太平，衣裳大概是取象于乾坤的。

按：这一节出于附会，非常明显，因为衣裳与天地实在相去

太远了。

刳木为舟[①]，剡木为楫[②]，舟楫之利，以济不通，致远以利天下，盖取诸涣[③]。

注释

①刳（kū）：挖空。 ②剡（yǎn）：削尖。楫：木桨。③涣：卦名，卦象是坎下巽上，坎为水，巽为木，是船行水上之象，因此被说成是舟楫的取象。

译文

挖空了一根树木做船，削尖了一些树枝做桨，船和桨的好处是渡过本来通不过的水域，达到远方，使天下人得到利益，这大概是取象于涣卦。

按：《周易》写成于西周末年，根据旧说也只是西周初年，要说到这个时候才取象于涣卦而有舟楫，是绝对不符合实际的。

服牛乘马[①]，引重致远，以利天下，盖取诸随[②]。

注释

①服、乘：都是驾的意思。 ②随：卦名，卦象是震下兑上，兑前震后。兑为泽，处于卑下，牛马为卑贱之物，所以兑又象征牛马。震为雷，为动，以车声辚辚，又象征车。兑前震后是牛马在车之前，用牛马驾车之象。

译文

驾着牛马，拉着重东西达到远方，使天下人得到好处，这大概是取象于随卦。

按：这一节说用牛马驾车取象于随卦。把兑说成牛马，把震说成车声，从而使随卦成为用牛马拉车之象，完全是以意为之。

重门击柝[1]，以待暴客[2]，盖取诸豫[3]。

注释

①重门：关上几层门。重（chóng）：重叠的重，有层的意思。击柝（tuò）：敲梆子，巡更。 ②待：等待，这里有防备的意思。暴客：盗贼。 ③豫：卦名。卦象是坤下震上，坤为地，震为雷，是有雷声响于地面，与击柝相类似，因此说“重门击柝，以待暴客，盖取诸豫”。

译文

关上几层门还敲着梆子巡更，来防备盗贼，这大概是取象于豫卦。

按：这一节讲关门巡夜是取象于豫卦。把巨雷响震于地上说成“击柝”，更辗转说成“以防盗贼”，是比附太多。

断木为杵，掘地为臼，杵臼之利，万民以济[1]，盖取诸小过[2]。

注释

①济：成，指得到好处。 ②小过：卦名，卦象是艮下震上，艮为山，震为雷，是雷动于山上，即动于土石之上，可以表示以木杵捣物于土臼或石臼之内，以说“杵臼之利”，“盖取诸小过”。

译文

斩断木头做成杵，掘开地面作为臼，杵和臼的作用让万民得到好处，这大概是取象于小过卦。

按：这一节把雷响于山顶上，说成杵动于地面上，也是因缘附会之辞。

弦木为弧[①]，剡木为矢，弧矢之利，以威天下，盖取诸睽[②]。

注释

①弧：弓。　②睽：卦名，卦象是兑下离上，意为火光照耀在湖泊上。为了比附于“弦木为弧”，高亨《周易大传今注》说“离为绳”，李鼎祚《周易集解》引虞翻注说“兑为小木”，从而绳在小木之上就成了“弦木为弧”之象。

译文

把弓弦加在木条上做成弓，把树枝削尖做成箭，弓和箭的锋利能威慑天下的人，这大概是取象于睽卦。

按：这一节说弓箭的出现是受到睽卦启示，实难讲通，因此前人也就只能曲为之说，更显示出所谓观象制器的穿凿附会。

上古穴居而野处，后世圣人易之以宫室，上栋下宇[①]，以待风雨[②]，盖取诸大壮[③]。

注释

①栋：屋梁。宇：屋檐。　②待：对待，这里有防御的意思。　③大壮：卦名，卦象是乾下震上，乾为天，震为雷，象征有雷雨起于天上，应该有“上栋下宇，以待风雨”，因此出现了宫室。

译文

上古时人们住在洞里呆在野外，后代圣人造成房屋改变了这种情况，房屋有屋梁屋檐，能防御风雨，这大概是取象于大壮卦。

按：这一节讲房屋的出现是圣人受到大壮卦的启示。大壮卦

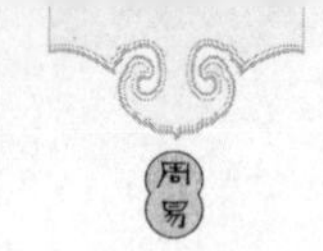

是雷响于天上，由之引出风雨，从而造出房屋，也是辗转附会。

古之葬者厚衣之以薪，葬之中野，不封不树[①]，丧期无数。后世圣人易之以棺椁[②]，盖取诸大过[③]。

注释

①封：垒土。树：种树。 ②棺椁：内棺外椁。 ③大过：卦名，卦象是巽下兑上，巽为木，兑为泽，为坑洼，是大过，指木在坑洼之内，犹之棺椁在土穴之中，所以说“棺椁”“盖取诸大过”。

译文

古时候把要埋葬的人用柴草厚厚地包起来，埋葬在野外，不垒土做坟，不种植树木，服丧日期没有一定的天数。后代圣人用内棺外椁改变了这种葬法，这大概是取象于大过卦。

按：这一节讲棺椁是受到大过卦的启示，以泽为坑洼，也是抽换概念的说法。

上古结绳而治[①]，后世圣人易之以书契[②]，百官以治，万民以察，盖取诸夬[③]。

注释

①结绳而治：上古的一种记事方法，最初用绳结记物的数量，后来还能表示物的性质和关系。 ②书契：指文字。书：文字。契：刀刻。书契即文字之用刀刻者。 ③夬：卦名，卦象是乾下兑上。前引虞翻注“兑为小木”，而《说卦》说乾可以为金，金又可以为刀，是夬卦象征刀在小木上刻字，所以说“书契”是“盖取诸夬”。其实这些解释都是附会，“兑为小木”不见于《周易》各卦所取象，乾为金也只是《说卦》之言，更何况还引申为

刀？而且木在上，刀在下，也不能是刀在木上刻字之象。

译文

上古时候用把绳子打结来记事，后代圣人用文字改变这种情况，去治理百官，考察万民，这大概是取象于夬卦。

按：这一节讲文字的出现是受到夬卦启示。其为附会，已见注释③。

以上第二章。本章讲包牺画卦和观象制器，有些体现了朴素唯物辩证法，但大都是历史唯心主义。

是故《易》者，象也。象也者，像也。彖者[1]，材也[2]。爻也者，效天下之动者也[3]，是故吉凶生而悔吝著也。

注释

①彖：指六十四卦每一个卦的卦辞，不是《彖传》。 ②材：材料，内容。 ③效：表现。

译文

因此《周易》是由卦象构成的。卦象是用图像表达的。卦辞是说明每一个卦的内容的。爻象是表现天下事物的变动的，于是吉凶因之而产生，悔吝也因之而显著了。

按：以上第三章。本章讲《周易》用卦象反映问题，用卦辞判断卦义，都与《周易》情况相合。至于说爻象表现天下事物的变动，从中可以看出吉凶悔吝，则是讲占筮，与《周易》无关。

阳卦多阴[1]，阴卦多阳[2]，其故何也？阳卦奇[3]，阴卦耦[4]。

注释

①阳卦多阴：本章所讲的卦指乾（☰）、坤（☷）两经卦以外的坎（☵）、离（☲）、震（☳）、巽（☴）、兑（☱）、艮

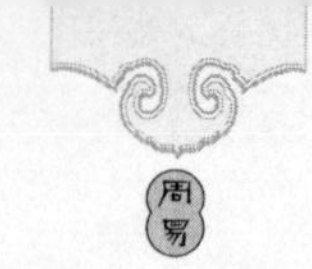

(☵)六个经卦。从这六个经卦看，坎、震、艮都是一个阳爻，两个阴爻，是阳卦多阴。 ②阴卦多阳：离、巽、兑都是一个阴爻，两个阳爻，是阴卦多阳。乾卦三个爻都是阳爻，是阳卦，无所谓多阴。坤卦三个爻都是阴爻，是阴卦，无所谓多阳。 ③阳卦奇：阳卦的爻画是单数，具体说是五个爻画，例如坎卦就是阳爻一画，阴爻四画，一共五画。奇（jī）：单数。 ④阴卦耦：阴卦的卦画是双数，具体说是四个爻画，例如离卦就是阳爻两画，阴爻两画，一共四画。耦：同偶，双数。

译文

阳卦多阴爻，阴卦多阳爻，原因是什么呢？是由于阳卦的爻画是单数，阴卦的爻画是偶数。

按：这一节把《周易》的六个经卦分成阳卦和阴卦（乾为阳卦，坤为阴卦，不言而喻），对于分析《周易》卦象很重要，因为从中可以看出所象征事物的性质，至于“阳卦奇”，由于其爻画是五画，即一阳爻一画，二阴爻四画，从而“阳卦多阴”。“阴卦耦”，由于其爻画是四画，即一阴爻二画，二阳爻二画，从而“阴卦多阳”。

其德行何也①？阳一君而二民②，君子之道也。阴二君而一民③，小人之道也。

注释

①德行：指情况。 ②阳一君而二民：即一个阳爻，两个阴爻，阳为君，阴为民，阳爻是主爻，阴爻是辅爻，于是卦成为阳卦，这完全正确。 ③阴二君而一民：即两个阳爻，一个阴爻，以阳爻为君，以阴爻为民，从而阳爻还是主爻，阴爻还是辅爻，于是卦还是成为阳卦，这就不对了。因为要讲的是阴卦，为什么

成了阳卦呢？原来阴卦应该是阴爻为君，阳爻为民，阴爻是主爻，阳爻是辅爻，但《系辞》作者死守住阳贵阴贱的观点，就把阴卦的主爻和辅爻讲颠倒了。

译文

阳卦和阴卦的情况怎么样呢？阳卦一个阳爻为君，两个阴爻为民，是君子的情况。阴卦两个阳爻为君，一个阴爻为民，是小人的情况。

按：这一节分析阳卦和阴卦的主爻和辅爻，正确和错误互见。

以上第四章。本章提出《周易》的经卦有阴阳之分，其爻画有主辅之别（乾坤两经卦以中爻为主爻，上下两爻为辅爻），对于分析《周易》卦象有重要意义。

《易》曰①：“憧憧往来②，朋从尔思③。”子曰：“天下何思何虑？天下同归而殊途，一致而百虑，天下何思何虑？”

注释

①《易》曰：指咸卦九四。咸卦九四有“憧憧往来，朋从尔思”。 ②憧憧（chōng chōng）：不停顿的样子。 ③思：语末助词，如同于《诗经·周南·汉广》的“汉有游女，不可求思”的“思”。以“思”为语末助词，《周易》只此一例。下文引子曰把“思”看作思想的思是错误的。

译文

《周易》咸卦九四说：“不停顿地往来，朋友都要跟随着你啊”。孔子说：“天下有什么非思虑不可的？天下人同时到达一个地方可以走不同的道路，取得同样成果可以通过不同的思考，天下人有什么非思虑不可的？”

按：这一节指出一切都有其发展规律，不必强求，具有顺应自然的合理思想。

日往则月来，月往则日来，日月相推而明生焉。寒往则暑来，暑往则寒来，寒暑相推而岁成焉。往者屈也，来者信也[①]，屈信相感而利生焉。

注释

①信：同伸，伸张。

译文

太阳去了就月亮来，月亮去了就太阳来，太阳和月亮相互推移光明就产生了。寒冷去了就炎热来，炎热去了就寒冷来，寒冷和炎热相互推移一年就完成了。去是屈抑，来是伸张，屈抑和伸张相互交感利益就产生了。

按：这一节讲从循环着的矛盾中不断出现新事物，如“明”，如“岁”，如“利”，而以“利”为概括。《周易》已经提出循环论，是前无古人的发现，如复卦卦辞的“反复其道”等。但只是单纯循环，还不能是循环过程即是矛盾不断发展的过程。老子把矛盾纳入于循环之中，如《老子》第五十八章的“祸兮福之所倚，福兮祸之所伏，孰知其极”，但“其无正？正复为奇，善复为妖”，以正、奇、善、妖的转化不定，亦正而亦奇，亦善而亦妖，使矛盾呈现着消解的趋势。庄子在这种基础上把循环中的矛盾彻底消解，《齐物论》“果且有彼是乎哉？果且无彼是乎哉？彼是莫得其偶，谓之道枢”，就全无矛盾而归于相对主义了。老庄把矛盾纳入循环，是一大贡献，但又通过消解矛盾，把循环也给取消了。《系辞》这一节讲循环着的矛盾能不断产生新事物，是一种朴素唯物辩证法，把为《周易》所首创的循环论引向了科学

道路，贡献是很大的。

尺蠖之屈[①]，以求信也[②]。龙蛇之蛰[③]，以存身也。精义入神，以致用也。利用安身，以崇德也。过此以往，未之或知也。穷神知化，德之盛也。

注释

①尺蠖（huò）：一种昆虫的名称，走起来一屈一伸的。 ②信：同伸，伸开。 ③蛰（zhì）：动物冬眠，潜伏土中或洞穴中，不食不动。

译文

尺蠖虫的弯曲，是为了伸开。龙和蛇的冬眠，是为了保存自己。精研义理到达神妙，是为了得到运用。使工作有利身体安康，是为了提高品德。除了这些以外，就不可能知道什么。要穷极神奇懂得造化，才是德的最高水平。

按：这一节是对《周易》的以退为进和以后取先进行了有力的论证。

《易》曰：“困于石，据于蒺藜[①]，入于其宫[②]，不见其妻，凶。”子曰：“非所困而困焉，名必辱。非所据而据焉，身必危。既辱且危，死期将至，妻其可得见邪[③]？”

注释

①蒺藜：一种长着刺的植物。 ②宫：家。 ③其：岂，难道，表反诘语气的助词。

译文

《周易》说：“被困在乱石堆里，撑拒在蒺藜丛中，走进家里，看不见妻子，这是凶险的。”孔子说：“不是应该受到困厄的

时候却受到困厄，名声必然受到污辱。不是应该撑拒的地方却去撑拒，本人必然会有危险。已经受到污辱而且还有危险，是死亡的日子将要到了，妻子难道还可能见到吗？”

按：这一节引困卦九三并借孔子之口加以解释，与卦义相合。

《易》曰：“公用射隼于高墉之上[①]，获之，无不利。”子曰：“隼者，禽也。弓矢者，器也。射之者，人也。君子藏器于身，待时而动，何不利之有？动而不括[②]，是以出而有获，语成器而动者也[③]。”

注释

①隼（sǔn）：一种凶猛的鸟，鹞鹯之属。 ②括：停止。③成器：成套的器具，比喻一系列的本领。

译文

《周易》说：“公在高高的城墙上射隼鸟，得到了，没有不利的。”孔子说：“隼是鸟类。弓箭是器物。射隼鸟的是人。君子把器物藏在身上，等待着时机行动，有什么不利的？行动不停止，因此出去就有收获，这是说有一系列本领去行动的人。”

按：这一节引解卦上六并借孔子之口加以解释。本爻本来是说对武人中那些凶残不化的人应该狠狠打击，但《系辞》却说成有本领的君子将无往不利，与原意不合。

子曰：“小人不耻不仁，不畏不义，不见利不劝[①]，不威不惩[②]。小惩而大诫[③]，此小人之福也。《易》曰：‘屦校灭趾[④]，无咎。’此之谓也。”

注释

①劝：努力。 ②惩：戒惧，害怕。 ③诫：应作戒，警惕，李鼎祚《周易集解》作戒。 ④屦（jù）：鞋子。校：古时候套在犯人脖子上、手上或脚上的木枷。灭：这里是遮住的意思。

译文

孔子说："小人不认为不仁可耻，不认为不义可怕，不见利益不努力，不见威严不害怕。如果在小问题上害怕又在大问题上警惕，这就是小人的福气。《周易》说：'鞋子上面套上木枷遮住脚趾，没有坏处。'讲的就是这些。"

按：这一节借孔子引噬嗑初九加以解释。噬嗑是《周易》作者告诉周厉王应该以宽缓治理刑狱的卦。本爻是说治狱不能急迫，必须宽缓，好像脚上套上木枷，遮住脚趾，只有安步徐行，才能无咎。这是以柔退治狱的思想，可是《系辞》却认为是"小惩而大戒"，是不合卦义的。

"善不积不足以成名，恶不积不足以灭身。小人以小善为无益而弗为也，以小恶为无伤而弗去也，故恶积而不可掩，罪大而不可解。《易》曰：'何校灭耳①，凶。'"

注释

①何：同荷，担着。

译文

"好处不积累不能成就名誉，坏处不积累不能消灭自身。小人认为小的好处无益就不去做，认为小的坏处无害就不去管，因此罪恶积累到多得无法掩盖，大得无法解脱。《周易》说：'颈子套上木枷遮住耳朵，这是凶险的。'"

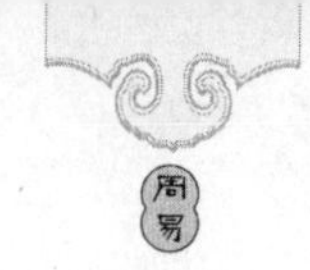

按：这一节引噬嗑上九加以解释。本爻是说治狱太严峻不好，好像把犯人颈子套上木枷以至遮住耳朵，是太过分了。意思是应该用宽缓态度治狱。《系辞》虽然不能有得于卦义，但所论却极为卓越。

子曰："危者，安其位者也。亡者，保其存者也。乱者，有其治者也。是故君子安而不忘危，存而不忘亡，治而不忘乱，是以身安而国可保也。《易》曰：'其亡[1]？其亡？系于苞桑[2]'。"

注释

①其：难道，表反诘语气的助词。　②系：拴。苞桑：丛桑。桑树的根很牢固，一丛桑树更牢不可拔。

译文

孔子说："目前处于危险当中的人，是曾经安于其位的人。目前处于灭亡当中的国家，是曾经保持着存在的国家。目前经历着动乱的社会，是曾经有过太平日子的社会。因此君子处于平安却不忘记危险，保持存在却不忘记灭亡，处于太平却不忘记动乱，于是本人平安，国家也可以保存。《周易》说：'难道会灭亡吗？难道会灭亡吗？像拴在一丛桑树上面那样牢靠'。"

按：这一节借孔子之口引否卦九五加以解释，指出安危、存亡、治乱可以转化，在一定条件下也可以不转化，有朴素辩证法思想。

子曰："德薄而位尊，知小而谋大[1]，力少而任重，鲜不及矣[2]。《易》曰：'鼎折足[3]，覆公餗[4]，其形渥[5]，凶。'言不胜其任也。"

注释

①知：同智。 ②鲜（xiǎn）：少。 ③鼎：古代用来煮食物的器具，有三只脚。 ④𫗧（shù）：稀饭。 ⑤渥（wò）：沾湿。

译文

孔子说："品德差却地位高，智慧小却谋虑大，力量少却负担重，很少不陷入危险的。《周易》说：'鼎断了脚，把贵人稀饭倾了，样子又沾又湿，够凶险了。'是说这只鼎不能完成它的任务。"

按：这一节借孔子之口引鼎卦九四加以解释。爻辞是用比喻指出，周厉王在改革中如果不小心谨慎，就会发生危险。并不是什么"德薄而位尊，知小而谋大，力少而任重"的问题，《系辞》所言，不符合爻辞原意。

子曰："知几[①]，其神乎[②]？君子上交不谄[③]，下交不渎[④]，其知几乎？几者动之微，吉凶之先见者也。君子见几而作，不俟终日[⑤]。《易》曰：'介于石[⑥]，不终日，贞吉。'介如石焉[⑦]，宁用终日[⑧]，断可识矣[⑨]。君子知微知彰，知柔知刚，万夫之望[⑩]。"

注释

①几（jī）：事物将要出现的苗头。 ②其：表揣测语气的助词。 ③谄（chǎn）：谄媚，巴结，奉承。 ④渎（dú）：轻慢，马虎。 ⑤俟（sì）：等待。 ⑥介：夹住。 ⑦如：同于。 ⑧宁：哪里，表反诘语气助词。 ⑨断：肯定。 ⑩万夫：指极多的人。

译文

孔子说："知道事物将要出现的苗头，该是神人吧？君子与上面的人相交不奉承，与下面的人相交不轻慢，该是知道事物将要出现的苗头吧？苗头是动得很微小的，是吉凶首先表现出来的。《周易》说：'泥土被石块夹住，服服帖帖，还不要一天，就合于正道而吉利。'像泥土被石块夹住，其服服帖帖，哪里要一整天？这是肯定可以知道的。君子懂得微小，也懂得彰明，懂得柔弱，也懂得刚强，是许多人所仰望的。"

这一节借孔子之口引豫卦六二加以解释。爻辞是说武人对周厉王要像泥土被石块夹住那样服服帖帖，这样不到一个整天（意思是在极短时间内）就会一切都好起来。《系辞》只抓住"不终日"做文章，并把"见几而作"说成要"不俟终日"，这与爻辞原意相去太远。不过对于"几"的论述却颇为中肯，如说"几者，动之微，吉凶之先见者也"，就既准确，又明白。特别是要"知微知彰，知柔知刚"，以辩证看问题去掌握"动之微"，其意义更是深刻的。

子曰："颜氏之子其殆庶几乎①？有不善未尝不知，知之未尝复行也。《易》曰：'不远复，无祇悔②，元吉。'"

注释

①颜氏之子：颜回，孔子最杰出的学生。孔子赞扬他"其心三月不违仁"，即思想经常正确。其殆：都是大概的意思，是同义虚词连用，表示商榷。庶几：差不多，赞美之辞。
②祇：大。

译文

孔子说："姓颜的那个人大概差不多吧？有缺点错误没有不知道，知道以后就不再犯。《周易》说：'不远就回头，没有大悔恨，还非常吉利。'"

按：这一节借孔子之口引复卦初九来赞扬颜回。爻辞是讲周厉王受到打击不久就会回来恢复王位，《系辞》却说成要迁善改过，未得其本义。

天地絪缊[①]，万物化醇，男女构精[②]，万物化生。《易》曰："三人行则损一人，一人行则得其友。"言致一也。

注释

①絪缊（yīn yùn）：又作氤氲，指阴阳二气交感。 ②构精：交合。

译文

天地之间阴阳二气交感，万物就产生了。男和女交合，万物就出现了。《周易》说："三个人走就损失一个人，一个人走就得到朋友。"这是说要专一。

按：这一节涉及阴阳二气交感产生万物，有朴素唯物主义因素。但语言杂乱，难以理解。例如"男女构精"本来应该是生人，却讲成"万物化生"。损卦六三爻辞本来是说益了就会损，损了就会益，却讲成要专一。

子曰："君子安其身而后动，易其心而后语[①]，定其交而后求。君子修此三者，故全也。危以动，则民不与也。惧以语，则民不应也。无交而求，则民不与也。莫之与，则伤之者至矣。《易》曰：'莫益之，或击之，立心勿恒[②]，凶。'"

注释

①易其心：平易其心，即心平气和。②恒：指善良。

译文

孔子说："君子站稳脚跟才动，心平气和才讲，有了交情才请求。君子做到这三点，所以安全。如果处于危险还去动，人们不会赞同。提心吊胆还去讲，人们不会理睬。没有交情还去请求，人们不会答应。没有人答应他，那么伤害他的人就来了。《周易》说：'没有人帮助，却有人打击，这种人居心不善，是凶险的。'"

按：这一节引益卦上九，并借孔子之口加以解释。爻辞是要贤臣帮助周厉王，不能打击周厉王，如果不帮助而打击，就是居心不善。《系辞》所言去经义太远。

以上第五章。本章多借孔子引《周易》爻辞加以解释，大都不合卦义，有的部分甚至语言杂乱无章。但所论不乏精采，特别是用朴素唯物辩证法改造了《易》《老》《庄》的循环论。

子曰："乾坤其《易》之门邪？乾，阳物也；坤，阴物也。阴阳合德而刚柔有体，以体天地之撰①，以通神明之德。其称名也②，杂而不越③，于稽其类④，其衰世之意邪？"

注释

①体：体现，表示。撰：情况。②称名：用辞。③越：乱。④于：爰，语助词。稽：考察。类：事类，内容。

译文

孔子说："乾卦和坤卦该是《周易》的门户吧？乾卦所表现的是阳刚事物，坤卦所表现的是阴柔事物。阴和阳统一形成或刚或柔事物，能表示天地间复杂情况，并显示其神妙高明品德。

《周易》的用辞，反映了复杂内容，但并不杂乱，考察一下它的内容，该是衰败时代的思想吧？”

按：这一节借孔子来讲乾坤、阴阳、刚柔为《周易》门户，是抓住了《周易》要害。但《周易》本来只涉及与周厉王复国有关的问题，要说它“体天地之撰”，“通神明之德”，就是一种虚夸。在这个基础上，后人不断推波助澜，以致把《周易》说得神乎其神，使它完全改变了本来面目。至于说《周易》有“衰世之意”，倒是有些搔着痒处，但也落不了实。

“夫《易》彰往而察来，而微显阐幽[①]，开而当名辨物，正言断辞，则备矣。其称名也小，其取类也大，其旨远，其辞文，其言曲而中[②]，其事肆而隐[③]。因贰以济民行[④]，以明失得之报[⑤]。”

注释

①微显阐幽：根据前人考定，应该是显微阐幽。　②中：中肯。　③肆：直遂。　④因：就着。贰：疑惑。济：帮助。⑤报：应验，所以然，缘故。

译文

“《周易》明确已往，洞察未来，能显示细微，阐明幽隐。打开《周易》可以看到对名词和事物有正确的辨别和判断，而且很完备。《周易》所讲的事情小，但所包含的意义大，它内容深远，文辞华美，所论曲折而又中肯，所陈直遂而又隐约。就着人们有疑惑去帮助他们，并说明或失或得的缘故。”

按：这一节仍然是借孔子说《周易》卦爻辞的特点和作用，语涉虚夸，还赞美占筮。

以上第六章。本章分析《周易》有中肯处，但颇多虚夸，并

赞美占筮，是其不足。

《易》之兴也[①]，其于中古乎[②]？作《易》者其有忧患乎[③]？

注释

①兴：出现。　②中古：从写作《系辞》的战国时代来讲，“中古”应该是指殷末周初，或殷周之际，与第十一章第一节“《易》之兴也，其当殷之末世，周之盛德邪？当文王与纣之事邪”一致。　③忧患：担心和害怕。

译文

《周易》的出现，该是在殷周之际的中古时期吧？写作《周易》的人该是有担心和害怕吧？

按：认为《周易》作于殷周之际，不可信，参看本书前言。认为“作《易》者其有忧患”，有窥于《周易》作者思想，作者是为厉王复国忧心忡忡的。由于有忧患，就得修德，以下三节分别就修德讲。

是故履，德之基也[①]，谦，德之柄也[②]，复，德之本也[③]，恒，德之固也[④]，损，德之修也[⑤]，益，德之裕也[⑥]，困，德之辨也[⑦]，井，德之地也[⑧]，巽，德之制也[⑨]。

注释

①履可以训礼，德以礼为基础，所以说：“履，德之基也。”考之履卦，履指踩上一脚，不能是“德之基”。②谦可以训谦虚，要谦虚才能掌握德，所以说，“谦，德之柄也。”考之谦卦，谦的主要作用是掩饰侵伐，不能是“德之柄”。③复可以讲成反归善道，所以说：“复，德之本也。”考之复卦，复是指周厉王

复国，不能是“德之本”。 ④恒可以讲成经久不变，指对德牢固掌握，所以说：“恒，德之固也。”考之恒卦九三“不恒其德，或承之”，是合于卦义的。 ⑤损可以讲成抑损，指去掉坏习惯，所以说：“损，德之修也。”考之损卦六四“损其疾，使遄有喜，无咎”，是合于卦义的。 ⑥益可以讲成助益或帮助，指提高道德，所以说：“益，德之裕也。”考之益卦六二“或益之十朋之龟，弗克违，永贞吉”，是合于卦义的。 ⑦困可以讲成穷困，但穷困不能是辨别道德的标准，考之困卦，也没有根据，因此与卦义不合。 ⑧井是水井，比喻西周王业如有源头活水，可以传于无穷。讲“井，德之地”，只是就井水能养活人讲，与卦义不合。 ⑨巽可以讲成逊顺服从，考之巽卦，是指武人必须老实臣服于周厉王，说成是德的节制，与卦义不合。

译文

因此履是德的基础，谦是德的关键，复是德的根本，恒是德的巩固，损是德的修补，益是德的提高，困是德的辨别，井是德的依据，巽是德的节制。

按：这一节取履、复、恒、损、益、困、井、巽九卦说明修德，但不少与《周易》原意不合。

履，和而至①，谦，尊而光②，复，小而辨于物③，恒，杂而不厌④，损，先难而后易⑤，益，长裕而不设⑥，困，穷而通⑦，井，居其所而不迁⑧，巽，称而隐⑨。

注释

①和而至：仍然以礼训履，《论语》：“礼之用，和为贵。”与卦义不合。 ②尊而光：仍然把谦看成最好的美德，与卦义不合。 ③小而辨于物：与复卦是说厉王复国无关。 ④杂而不

厌：与卦义为恒久于德相合。 ⑤先难而后易：与卦义为抑损无关。 ⑥长裕而不设：长时期有助于人，毫无虚假，与卦义相合。设：假设，虚假。 ⑦穷而通：虽然穷困，却能通达，与卦义相合。 ⑧居其所而不迁：停止在一个地方，不变动，与井卦是比喻西周王业永存的卦义相合。 ⑨称而隐：虽然明白，却不显露，与卦义不合。称：明白。隐：幽隐，不显露。

译文

履卦是和顺达到极点，谦卦是尊贵伟大的品德，复卦是事物还细微就能辨别，恒卦是虽然处于邪正相杂也能长守正道而不厌，损卦体现了先难后易，益卦是要人们长时期有助于人，毫无虚假，困卦是虽然穷困，却能通达，井卦是停止在一个地方不动，巽卦是虽然明白，却不显露。

按：这一节对以上所引九卦作进一步解释，对卦义有的相合，有的不相合。

履以和行[①]，谦以制礼[②]，复以自知[③]，恒以一德[④]，损以远害[⑤]，益以兴利[⑥]，困以寡怨[⑦]，井以辨义[⑧]，巽以行权[⑨]。

注释

①说履能使行为和顺，还是以礼训履。 ②说谦能规定礼，还是以谦为“德之柄”。 ③说复能使自己了解自己，全非厉王复国之义。 ④说恒能使品德专一，与上文“德之固”相同，与卦义相合。 ⑤说损能远害，与上文“德之修”相同，与卦义相合。 ⑥说益能兴利，与上文“德之裕”相同，与卦义相合。 ⑦说困能寡怨，与本卦是要周厉王摆脱困境的内容不合。 ⑧说井能辨义，与本卦是希望西周王业永远存在的内容不合。 ⑨说巽卦是运用权术，与本卦是要武人服从周厉王的内容不合。

译文

履能使行为和顺，谦能规定礼，复能了解自己，恒能使品德专一，损能远离灾害，益能得到好处，困能减少怨恨，井能辨别义理，巽能运用权术。

按：这一节对以上所引九卦再作发挥，于卦义也有合有不合。

以上第七章：本章看出作《易》者有忧患，对《易》是为周厉王复国而作的基本倾向有识。由于有忧患就要修德，因此用九个卦说明修德，其中有的合于卦义，有的不合于卦义。

《易》之为书也不可远，为道也屡迁，变动不居[①]，周流六虚[②]。上下无常，刚柔相易，不可为典要[③]，唯变所适。

注释

①居：停留。　②六虚：六个空着的爻位，还没有阳爻或阴爻进入。③典要：固定法则。

译文

《周易》作为一种书来说不可以远离身边，它所体现的道理在于经常变动，它的爻运动不停，周遍流转于六个空着的爻位。爻的变化或者在上卦，或者在下卦，没有一定，或者阳爻变阴爻或者阴爻变阳爻，不可以设下固定法则，只是趋向于变罢了。

按：这一节讲变爻变卦，为下一节讲占筮作准备。

其出入以度[①]，内外使知惧，又明于忧患与故[②]。无有师保[③]，如临父母。初率其辞而揆其方[④]，既有典常[⑤]。苟非其人，道不虚行。

注释

①度：法度，规律。 ②故：事故，事情。 ③师保：师氏和保氏，古代贵族的老师。《礼记·文王世子》："入则有保，出则有师，是以教喻而德成也。" ④方：义理。 ⑤典常：规律。

译文

变爻出于本卦入于之卦有一定的规律，观察本卦联系之卦从变爻变卦中受到启示，能知所惕惧，还知道忧患与一些事情。虽然没有师氏和保氏的教诲，也如同面临父母的训示。一开始研究《周易》卦爻辞而体会其义理，都有一定的规律。如果不是有贤明的人，《易》道是不会凭空实行的。

按：这一节讲以《周易》为占筮要有贤人，是美化占筮。

以上第八章。本章把通过变爻变卦所进行的占筮讲得很严肃，很神圣，全是虚夸之辞。

《易》之为书也，原始要终[①]，以为质也[②]。六爻相杂，唯其时物也[③]。其初难知，其上易知，本末也[④]。初辞拟之[⑤]，卒成之终[⑥]。若夫杂物撰德[⑦]，辨是与非，则非其中爻不备。噫，亦要存亡吉凶，则居可知矣[⑧]。知者观其彖辞[⑨]，则思过半矣。

注释

①原始：推原事物的开始。要（yāo）终：探求事物的结果。②质：体，整体。 ③时物：在一定时间内的事物。 ④本末：开始和结果。 ⑤初辞：初爻之辞。拟：拟议。 ⑥卒：指上爻。成：定，决定。 ⑦撰德：具列其德性。 ⑧居：坐着不动。 ⑨知：同智。彖辞：指卦辞，不是《彖传》。

译文

《周易》作为一本书，它推原事物的开始，探求事物的终了，形成一个整体，在一卦之中，六爻相互错杂，所说的都是一定时间内的事物。对于一个卦，如果只看初爻，难以知道全卦，要看了上爻，才容易知道全卦，因为既有本，也有末，表现了一件事的全过程。初爻只能拟议事物的开始，要到上爻才能决定事物的终了。至于错杂其事物，具列其德性，辨别其是非，没有中间四爻就不完备。唉，用《周易》去探求人事的存亡吉凶，那么坐着不动就可以知道了。聪明的人只要看卦辞，要思考的已经超一半了。

按：这一节讲卦象和爻象是研究《周易》的根据，更是以《周易》为占筮的根据，重点落在占筮上。

二与四同功而异位①，其善不同②，二多誉③，四多惧④，近也⑤。柔之为道，不利远者，其要无咎⑥，其用柔中也。三与五同功而异位⑦，三多凶⑧，五多功⑨，贵贱之等也。其柔危，其刚胜邪？

注释

①二：第二爻，即下卦中爻。四：第四爻，即上卦初爻。同功：同在偶次。异位：或在下卦之中，或在上卦之初。 ②善：优点，这里指情况。 ③誉：称誉，以居于下卦之中。 ④惧：恐惧，以居于上卦之初。 ⑤近：指第四爻接近第五爻，爻位说以第五爻为君位，以臣接近君，所以多惧。 ⑥要：终归。 ⑦三：第三爻，即下卦上爻。五：第五爻，即上卦中爻。同功：同在奇次。异位：或在下卦之上，或在上卦之中。 ⑧凶：凶险，以居于下卦之上。 ⑨功：成绩，以居于上卦之中。

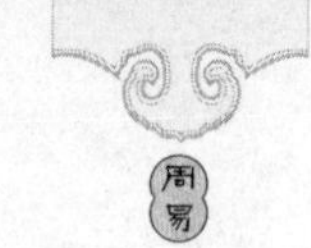

译文

第二爻和第四爻同在偶次但位置不同，因而情况也不同，第二爻以得中多称誉，第四爻以在初多恐惧，更由于接近君王。柔顺作为一种原则，不利于建立远大事业，但终归没有坏处，因为它的作用是柔顺和适中。第三爻和第五爻同在奇次但位置不同，第三爻以在下卦之上多凶险，第五爻以在上卦之中多成就，这其间还有贵贱的差别（三为贱，五为贵）。该是阴柔就危险，该是阳刚就很好吧？

按：这一节用爻位说分析一个卦中间四个爻的情况，《系辞》只在这里用了爻位说。如前面所指出，爻位说是把生动活泼千变万化的情况纳入于僵死的框架之中，是对《周易》的极大歪曲，绝不可信。

以上第九章，本章以《周易》的卦象爻象为占筮根据，还突出了机械的爻位说，与《彖传》《象传》应和。而斥阴柔，贵阳刚，也与《周易》策略思想不合。

《易》之为书也，广大悉备，有天道焉，有人道焉，有地道焉。兼三材而两之①，故六②。六者非它也，三材之道也。

注释

①三材：天、地、人。两之：分别用两个爻表示天、地、人，上五两爻表示天、四三两爻表示人，二初两爻表示地。

②六：指上五、四三、二初六个爻。

译文

《周易》作为一本书，广阔和伟大都具备了，里面有关于天的道理，有关于人的道理，有关于地的道理，把天、地、人统摄起来各用两个爻表示，所以一共要六个爻。这六个爻不是别的，

就是讲的天、地、人的道理。

按：这一节讲《周易》无所不包，全为虚夸之辞，后人在这个基础上把《周易》进一步神秘化。其实《周易》只是为周厉王复国而作，并没有这样神妙。

道有变动，故曰爻。爻有等①，故曰物。物相杂，故曰文。文不当②，故吉凶生焉。

注释

①等：类，类别。 ②当（dàng）：恰当。

译文

道理有变动，所以叫做爻。爻有类别，所以叫做物。物相错杂，所以叫做文，文不恰当，所以吉凶就产生了。

按：这一节讲爻的变动是缘于天、地、人三材之道的变动。姑无论无所谓变爻，即使有变爻，又何能象征三材的变动？也全是虚夸之辞。爻有类别指爻分阴爻阳爻，以阴阳爻都表示一定事物，所以也叫做物。“文不当”而“吉凶生”，是就占筮说。

以上第十章。本章对《易》加以虚夸，并鼓吹占筮。但“物相杂，故曰文”，却有美学上的价值。

《易》之兴也，其当殷之末世，周之盛德邪？当文王与纣之事邪？

译文

《周易》的出现，应该是在殷朝末代，或周朝具备美盛德业的时候吧？应该与文王和纣王的事情相关吧？

按：这一节推断写作《周易》的时代，与上文“《易》之兴也，其于中古乎”基本一致，但更加具体。这一说法历来多为人

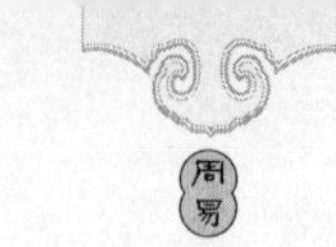

所遵奉，但用《周易》进行考察，却大成问题，请参看本书《前言》。

是故其辞危，危者使平，易者使倾。其道甚大，百物不废。惧以终始，其要无咎。此之谓《易》之道也。

译文

因此它的话表现为栗栗危惧，知道危惧就会转为平安，掉以轻心必然倾复。《周易》的内容很广阔，一切事物都不能在外。它以栗栗危惧贯穿终始，但终于没有问题。这些就叫做《周易》的规律。

按：这一节是讲《周易》为文王所作，因为受纣王迫害，所以“惧以终始”。其不可信，请参看本书《前言》。

以上第十一章。本章认为《周易》为文王所作，不可信。但“惧以终始，其要无咎”，却概括了《周易》基本内容，与作者关心厉王情况相合。

夫乾，天下之至健也，德行恒易以知险。夫坤，天下之至顺也，德行恒简以知阻。能说诸心①，能研诸侯之虑②，定天下之吉凶，成天下之亹亹者③。

注释

①说：同悦。诸：之于的合音。　②能研诸侯之虑：“侯之”是衍文，应去掉。　③亹亹（wěi wěi）：勤奋的样子。

译文

乾卦是天下最刚健的，性质经常是简易却懂得艰险。坤卦是天下最柔顺的，性质经常是简易却懂得险阻。乾卦和坤卦能让人心里欢悦，能在思想上考虑，还能决定天下的吉凶，促成天下人

奋勉前进。

按：这一节讲乾卦和坤卦的巨大作用。说乾卦刚健，坤卦柔顺是正确的，但不知道这两卦是《周易》为厉王复国所提出来的纲领，而且“定天下之吉凶”还流于占筮。

是故变化云为①，吉事有祥②。象事知器，占事知来。天地设位，圣人成能。人谋鬼谋，百姓与能。八卦以象告，爻彖以情言③，刚柔杂居，而吉凶可见矣。变动以利言，吉凶以情迁。是故爱恶相攻而吉凶生④，远近相取而悔吝生，情伪相感而利害生⑤。凡《易》之情，近而不相得则凶，或害之，悔且吝。将叛者其辞惭，中心疑者其辞枝，吉人之辞寡，躁人之辞多，诬善之人其辞游，失其守者其辞屈⑥。

注释

①云为：有为。云：《尔雅释诂》：“有也”。 ②有祥：不断出现。有：表程度加深的副词，可讲成不断。祥：出现。 ③彖：指卦辞。 ④恶（wù）：憎恶。 ⑤情伪：真实和虚伪。 ⑥“将叛者其辞惭”以下六句与上文在意义上不相关联，应是衍文，但仍加以翻译。

译文

因此《周易》以变化而有作为，好事情不断出现。取象于事就知道制造器物，以事为占筮就知道未来情况。天地设上下尊卑之位，圣人成就修齐治平之能。《周易》无论是谋于人（讲人事），谋于鬼（讲占筮），一般人都能掌握。八卦是用卦象告诉人们情况的，爻辞卦辞是就着事情说的。一卦之内阳爻阴爻交错在一起，吉凶就可以看到了。卦爻的变化是要趋利避害，或吉或凶随情况转移。因此人们以喜爱或憎恨的感情相攻击吉凶就出现

了，以亲疏或远近的关系相争取悔吝就出现了，以真实或虚伪的行为相感触利害就出现了。从《周易》实际情况看，两个爻在一起如果不和谐就凶险，有时甚至进行戕害，从而既悔且吝。将要背叛的人他的话表现出惭愧，内心有疑虑的人他的话表现出枝蔓，好人的话少，浮躁的人话多，把好事讲成坏事的人他的话游移不定，丧失操守的人他的话屈而不伸。

按：这一节杂论《周易》的作用，仍以占筮为主。

以上第十二章。本章以乾卦坤卦为《周易》纲领，但不知道是为周厉王复国的纲领，还多从占筮立说。

《说卦传》[①]

昔者圣人之作《易》也，幽赞于神明而生蓍[②]，参天两地而倚数[③]。观变于阴阳而立卦，发挥于刚柔而生爻[④]，和顺于道德而理于义[⑤]，穷理尽性以至于命。

注释

①《说卦传》：主要讲八个经卦所象征的事物，即乾为天，坤为地，坎为水，离为火，震为雷，巽为风，艮为山，兑为泽。事实证明，这八种卦象在分析六十四卦时是随处吻合的，其它引申卦象就不尽然，如乾为马，坤为牛等。总而言之，《说卦传》除八种基本卦象可以相信以外，其余引申卦象都是为了占筮需要而附会的，有时甚至连占筮也用不上，如“巽，其于人也为寡发，为广颡，为多白眼”等。至于以八卦配四时和八方，也是筮人常用的巫术，对后世有恶劣影响，求之《周易》，无一而合。但认为八卦能反映客观世界，并体现矛盾统一，却包含着朴素唯物辩证法因素。 ②赞：帮助。神明：神明的人，即神人。

③参天：以三为天数。两地：以二为地数。倚数：立数，立卦爻之数。 ④发挥：发展。 ⑤理于义：为义所控制。理：掌握，控制。

译文

以前圣人在写作《周易》的时候，由于有神人在幽冥中帮助生出了蓍草，以三为天数，以二为地数，得出了卦爻的数目。观察阴阳的变化建立了卦，发挥刚柔的性质产生了爻，八卦温和顺从于道德并为义所控制，穷尽事物的道理和人的本性去达到与天命的统一。

以上第一章。

按：本章对《周易》的写作加以神化和虚夸。所谓“参天两地而倚数”，请参看《系辞》上传第九章的揲蓍求卦之说。但认为卦爻表现了阴阳刚柔的变化发展却有可取。

昔者圣人之作《易》也，将以顺性命之理[①]。是以立天之道，曰阴与阳，立地之道，曰柔与刚，立人之道，曰仁与义，兼三才而两之[②]，故《易》六画而成卦。分阴分阳，迭用柔刚[③]，故《易》六位而成章[④]。

注释

①性命之理：等于说自然之理，即自然规律，自然指下文的天地人。 ②兼：包括。三才：天地人。两之：两次包括天地人。《周易》每一卦都分上下卦，每个上卦或下卦都是三爻，上面一爻象征天，中间一爻象征人，下面一爻象征地，上下卦合起来是两次包括天地人。 ③迭：接连着。 ④章：指卦。

译文

以前圣人在写作《周易》的时候，要把《周易》写得顺应着自然规律。建立天的规律的是阴和阳，建立地的规律的是柔和刚，建立人的规律的是仁和义，每一卦包括天地人，而且是两次，因此《周易》要六画才成为一卦。爻既然分阴分阳，又接着用柔用刚，因此《周易》要六个爻位才成为一卦。

以上第二章。

按：本章讲古代哲人取法于天地人的规律写成《周易》，爻画可以象征天地人，语涉虚夸；但认为《周易》能反映客观世界这一点却是正确的。

天地定位，山泽通气，雷风相薄①，水火不相射②。八卦相错。

注释

①薄：迫，逼迫。②水火不相射：帛书《周易》作“水火相射”，“不”是衍文。

译文

天和地定出上下位置，山和泽彼此沟通声气，雷和风相互逼迫，水和火相互激射。八卦是相互交错的。

以上第三章。按：本章讲八卦的矛盾和统一。天和地，山和泽，雷和风，水和火，都各自成为一对矛盾，这从卦象也可以看得出来，例如乾（☰）和坤（☷）是三阳和三阴的矛盾，山（☶）和泽（☱）是一阳一阴和二阴二阳的矛盾，雷（☳）和风（☴）是二阴二阳和一阳一阴的矛盾，水（☵）和火（☲）是一阴一阳、一阳一阴和一阴一阳的矛盾。八卦相互交错各以有对方而存在，因而矛盾又是统一的。本章体现了朴素唯物辨证法。

数往者顺[①]，知来者逆，是故《易》逆数也。

注释

①数（shǔ）：计算。

译文

计算过去要顺着数，预知未来要倒着数（《周易》是预知未来的），因此《周易》是要倒着数的。

按：这几句高亨《周易大传注释》考定为错简，本来应该在前文“故《易》六位而成章”下面，并作了如下解释。“易卦六爻，其顺序如自上而下数之，是顺数也，今自下而上数之，是逆数也。六爻何为逆数哉？因用易卦以占知来事也。人之数远者皆自远而近，如云‘夏、商、周、秦、汉’是也。自远而近，是顺数也，故曰‘数往者顺’。人之知来者皆自近而远，如云‘今后一年、二年、三年、四年’是也。自近而远，是逆数也，故曰‘知来者逆’。用《易经》占事，在于知来，所以六爻逆数。”高氏解释合于这几句话的原意，《说卦》是从占筮讲的，但《说卦》所言并不符合《周易》实际，《周易》各卦以下卦为内，以上卦为外，自内而外，所以从下往上数，与占筮是不相干的。

雷以动之，风以散之。雨以润之，日以烜之[①]，艮以止之，兑以说之[②]。乾以君之，坤以藏之。

注释

①烜（xuān）：晒干。 ②说：同悦。

译文

雷（震）能振奋鼓动万物，风（巽）能散布流通万物。雨（坎）能滋润万物，日（离）能晒干万物。艮（山）能留住万物，兑（泽）能欣悦万物。乾（天）能君临万物，坤（地）能

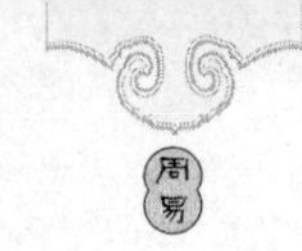

储藏万物。

以上第四章。

按：本章承接上一章，又将八卦两两对举，说明其作用不同。前四句用物名，后四句用卦名。孔颖达《周易正义》：“上四举象，下四举卦者，王肃云：‘互相备也。’明雷风与震巽同用，乾坤与天地同功也。”

帝出乎震[①]，齐乎巽[②]，相见乎离，致役乎坤[③]，说言乎兑[④]，战乎乾[⑤]，劳乎坎[⑥]，成言乎艮[⑦]。

注释

①帝：天帝。出：产生万物。 ②齐：整齐。 ③致役：得到帮助。致：得到。役：帮助。 ④说：同悦。言：焉，语助词。 ⑤战：搏斗。 ⑥劳：疲劳。 ⑦成：成长。言：焉，语助词。

译文

天帝在震产生万物，万物发展到巽就整齐了，发展到离就彼此相见了，发展到坤就各自取得帮助了，发展到兑都喜悦了，发展到乾都在阴阳搏斗之中了，发展到坎都疲劳了，发展到艮都成长了。

按：这一节提出万物为天帝所生，是一种迷信的观点。从震到艮，分别表示从春到冬的八个阶段，是以八卦配四时。本节是纲要，下一节要逐步申说，使人得到确切具体的理解。

万物出乎震[①]。震，东方也[②]。齐乎巽[③]。巽，东南也[④]。齐也者，言万物之洁齐也[⑤]。离也者，明也[⑥]，万物皆相见[⑦]，南方之卦也[⑧]。圣人南面而听天下[⑨]，向明而治，盖取诸此也。

坤也者，地也[10]，万物皆致养马，故曰“致役乎坤”。兑，正秋也，万物之所说也[11]，故曰：“说言乎兑。”“战乎乾”，乾，西北之卦也[12]，言阴阳相薄也[13]。坎者，水也，正北方之卦也[14]，劳卦也[15]，万物之所归也[16]，故曰“劳乎坎”。艮，东北之卦也[17]，万物之所成终而成始也[18]，故曰“成言乎艮”。

注释

①万物出于震：《说卦传》以八卦配四时。古代历法，粗略言之，一年四时共三百六十日，用八除，得四十五日。《说卦传》分一年为八个阶段，每卦配一个阶段，为四十五日。震为正春四十五日的阶段，这个阶段万物都生长出来了，所以说“万物出乎震”。 ②震，东方也：《说卦传》又以八卦配八方，八方是东，东南，南，西南，西，西北，北，东北。由于以八卦配四时从震开始，从而以八卦配八方也从震开始，因此震是东方之卦。 ③齐乎巽：《说卦传》以八卦配四时，巽为春末夏初四十五日的阶段，这时候万物上长整齐，所以说“齐乎巽”。 ④巽，东南也：《说卦传》又以八卦配八方，巽为东南方之卦。 ⑤洁齐：整齐。 ⑥离也者，明也：离为火，火光照耀，所以说“离也者，明也”。 ⑦万物皆相见：《说卦传》以八卦配四时，离为盛夏四十五日的阶段。这时候草木皆盛长，鸟兽皆出动，昆虫皆生出，所以说“万物皆相见”。 ⑧南方之卦：《说卦传》以八卦配八方，离分配在南方，所以说是“南方之卦”。 ⑨听：治理。⑩坤也者，地也：坤象征地，所以接着说“万物皆致养焉”。《说卦传》以八卦配四时，坤为夏末秋初四十五日的阶段，以八卦配八方，坤分配在西南方。 ⑪兑，正秋也，万物之所说也：《说卦传》以八卦配四时，兑为正秋四十五日的阶段，所以说：“兑，正秋也。”这时候万物皆成长喜悦，所以说“万物之所说也”。⑫乾，西北之卦也：《说卦传》以八卦配八方，乾分配在西北方，

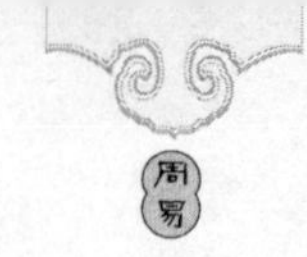

所以说“乾，西北之卦也”。⑬言阴阳相薄也：《说卦传》以八卦配四时，乾为秋末冬初四十五日的阶段，这时候秋末的阳气与冬初的阴气相搏斗，所以说“言阴阳相薄也”。⑭正北方之卦也：《说卦传》以八卦配八，坎分在正北方，所以说“正北方之卦也”。⑮劳卦也：《说卦传》以八卦配四时，坎为正冬四十五日的阶段。这时候万物在战乎乾之后都已经疲劳，因而坎是劳卦。⑯万物之所归也：万物因疲劳而回去休息，所以说“万物之所归也”。⑰艮，东北方之卦也：《说卦传》以八卦配八方，艮分配在东北方，所以说是“东北方之卦”。⑱万物之所成终而成始也：《说卦传》以八卦配四时，艮为冬末春初四十五日的阶段，冬末是万物成其终之时，春初是万物成其始之时，所以说“万物之所成终而成始也”。

译文

万物到正春四十五日阶段都生出来了。震是东方的卦，万物到春末夏初四十五日阶段都长整齐了。巽是东南方的卦。齐是万物长得整齐。离是光明，属于正夏四十五日阶段，这时候万物盛长，彼此相见。离是南方的卦。圣人面朝南治理天下，就是对离卦意义有所吸取。坤象征地，万物都从土地中得到营养，所以说“从坤得到帮助”。兑是正秋四十五日阶段，这时候万物都以长成而喜悦，所以说“到了兑就喜悦了”。“到了乾就阴阳搏斗”，乾是西北方的卦，并属于秋末冬初这四十五日阶段，这时候阴和阳是相互搏斗的。坎象征水，是正北方的卦，并属于正冬四十五日阶段，这时候万物都已经疲劳，因而坎为劳卦，是万物归藏的地方，所以说“到了坎一切都疲劳了”。艮是东北方的卦，属于冬末春初四十五日阶段，这时候万物既完成了终结，又完成了开始，所以说“到了艮就完成了”。

按：这一节就上一节所提出的纲领作出具体解释。

以上第五章。本章全是筮人为了推行其占筮之术所附会出来的无稽之谈，与《周易》没有半点相干，后世江湖术士加以发展，流毒于无穷。

神也者，妙万物而为言者也。动万物者莫疾乎雷，桡万物者莫疾乎风[①]，燥万物者莫熯乎火[②]，说万物者莫说乎泽[③]，润万物者莫润乎水，终万物始万物者莫盛乎艮[④]。故水火相逮[⑤]，雷风不相悖[⑥]，山泽通气，然后能变化既成万物也[⑦]。

注释

①桡（ráo）同挠，弯曲，这里有倒伏的意思。 ②熯（hán）：炎热。 ③说：同悦。 ④盛：美盛。 ⑤逮：及，联系。 ⑥悖：违背。 ⑦既：尽，都。

译文

神是从比万物都更加神妙说的。鼓动万物没有比雷更迅猛的，倒伏万物没有比风更疾速的，干燥万物没有比火更炎热的，欣悦万物没有比泽更和悦的，滋润万物没有比水更湿润的，最终成就万物又重新萌生万物没有比艮更美盛的。所以水火是相互联系的，雷风是不相违背的，山泽是彼此通气的，这样以后才能在变化之中使万物都产生出来。

以上第六章。本章讲了除乾坤两卦以外六个卦的物质性，认为万物都是从矛盾斗争的联系统一产生，有朴素辩证唯物因素。

乾，健也[①]，坤，顺也[②]。震，动也[③]，巽，入也[④]。坎，陷也[⑤]，离，丽也[⑥]。艮，止也[⑦]，兑，说也[⑧]。

注释

①乾，健也：乾为六龙循环不停，所以是健。 ②坤，顺也：坤“利牝马之贞”，所以是顺。 ③震，动也：震为巨雷，震动四方，所以是动。 ④巽，入也：巽为长风，无孔不入，所以是入。 ⑤坎，陷也：坎为水泽，物进则陷，所以是陷。 ⑥离，丽也：离为炬火，火必附丽于物，所以是丽。 ⑦艮，止也：艮为高山，巍然不动，所以是止。 ⑧兑，说也：兑为大泽，能供养水族和人，使之欢悦，所以是悦。

译文

乾卦是刚健的，坤卦是柔顺的。震卦是震动万物的，巽卦是进入万物的。坎卦意味陷没，离卦意味附丽。艮卦表示静止，兑卦表示和悦。

以上第七章。本章所指出八经卦的性质或情况，求之六十四卦而皆合，为历来治《易》者所遵奉。

乾为马，坤为牛，震为龙，巽为鸡，坎为豕，离为雉，艮为狗，兑为羊。

译文

乾卦象征马，坤卦象征牛，震卦象征龙，巽卦象征鸡，坎卦象征猪，离卦象征野鸡，艮卦象征狗，兑卦象征羊。

以上第八章。本章讲八卦还可以象征如所指出的八种动物，应是筮人的附会。

乾为首，坤为腹，震为足，巽为股，坎为耳，离为目，艮为手，兑为口。

译文

乾卦象征脑袋，坤卦象征肚子，震卦象征脚，巽卦象征大腿，坎卦象征耳朵，离卦象征眼睛，艮卦象征手，兑卦象征口。

以上第九章。本章讲八卦还可以象征人的八种器官，求之六十四卦无一相合，也应是筮人的附会。

乾，天也，故称乎父。坤，地也，故称乎母。震一索而得男[①]，故谓之长男[②]。巽一索而得女[③]，故谓之长女[④]。坎再索而得男[⑤]，故谓之中男[⑥]。离再索而得女[⑦]，故谓之中女[⑧]。艮三索而得男[⑨]，故谓之少男[⑩]。兑三索而得女[⑪]，故谓之少女[⑫]。

注释

①震卦（☳）求之于第一爻是个阳爻，阳爻为男，所以说“震一索而得男”。一索：求之于第一爻。索：求。 ②以第一爻为阳爻，所以叫“长男”。 ③巽卦（☴）求之于第一爻是个阴爻，阴爻为女，所以说“巽一索而得女”。 ④以第一爻为阴爻，所以叫“长女”。 ⑤坎卦（☵）求之于第二爻是个阳爻，阳爻为男，所以说“坎再索而得男”。再索：求之于第二爻。 ⑥以第二爻为阳爻，所以叫“中男”。 ⑦离卦（☲）求之于第二爻是个阴爻，阴爻为女，所以说“离再索而得女”。 ⑧以第二爻为阴爻，所以叫“中女”。 ⑨艮卦（☶）求之于第三爻是个阳爻，阳爻为男，所以说“艮三索而得男”。三索：求之于第三爻，⑩以第三爻为阳爻，所以叫“少男”。 ⑪兑卦（☱）求之于第三爻是个阴爻，阴爻为女，所以说“兑三索而得女”。 ⑫以第三爻为阴爻，所以叫“少女”。

译文

乾是天，所以叫父亲。坤是地，所以叫母亲。震卦求之于第一爻是个阳爻，算是“得男”，由于第一爻是阳爻，所以叫“长男”。巽卦求之于第一爻是个阴爻，算是“得女”，由于第一爻是阴爻，所以叫“长女”。坎卦求之于第二爻是个阳爻，算是“得男”，由于第二爻是阳爻，所以叫“中男”。离卦求之于第二爻是个阴爻，算是“得女”，由于第二爻是阴爻，所以叫“中女”。艮卦求之于第三爻是个阳爻，算是“得男”，由于第三爻是阳爻，所以叫“少男”。兑卦求之于第三爻是个阴爻，算是“得女”，由于第三爻是阴爻，所以叫“少女”。

以上第十章。本章历来被认为是表示所谓“乾坤六子”，即由乾、坤两个卦产生出震、巽、坎、离、艮、兑六个卦。《说卦传》只讲什么是“六子”，没讲怎么样产生出“六子”。按道理说，既然乾是父，坤是母，“六子”是“父”和“母”的“六子”，那么“六子”就应该从乾坤衍化而出。

按：乾卦（☰）变第一爻为巽卦（☴），变第二爻为离卦（☲），变第三爻为兑卦（☱）；坤卦（☷）变第一爻为震卦（☳），变第二爻为坎卦（☵），变第三爻为艮卦（☶）。是“六子”都由乾坤以变爻而变卦所产生。如所周知，《周易》绝对没有变爻变卦，因此“乾坤六子”就不是《周易》固有的内容，是《说卦传》以违反《周易》而外加于《周易》的。取《周易》有关所谓“乾坤六子”的卦进行考察，也多不相合。例如家人卦（䷤），《彖传》说是“女正位乎内，男正位乎外”，从“乾坤六子”看，下离为中女，上巽为长女，全为女而无男，又如何能成为以男人为家长的“家人”卦呢？

乾为天，为圆，为君，为父，为玉，为金，为寒，为冰，

为大赤[①]，为良马，为老马，为瘠马[②]，为驳马[③]，为木果。

注释

①大赤：太阳。 ②瘠马：瘦马。 ③驳马：花马。

译文

乾是天，是圆，是君，是父，是玉，是金，是寒，是冰，是太阳，是好马，是老马，是瘦马，是花马，是木果。

按：这一节列举乾的卦象，有的对，例如"为天"，"为君"，为"大赤"。但其余都不对，因为在分析六十四卦卦象时都用不上，是筮人以《周易》为占筮的信口雌黄。朱熹《周易本义》："此章广八卦之象，其间多无可晓者，求之于经，亦不尽合也。"朱熹最相信以《周易》为占筮，对本章所举卦象有许多还感到茫然，足征有不少卦象是无稽的。

坤为地，为母，为布，为釜，为吝啬，为均，为子母牛[①]，为大舆，为文，为众，为柄，其于地也为黑[②]。

注释

①子母牛：子牛和母牛。 ②其于地也为黑：坤为地，其象阴暗，黑是阴暗之色，所以说"其于地也为黑"。

译文

坤是地，是母亲，是布帛，是锅子，是吝啬，是平均，是子牛和母牛，是大车子，是文采，是群众，是手柄，对于地来说是黑色。

按：这一节列举坤的卦象只有"为地，为母"还合适，其余求之于六十四卦，无一而合。

震为雷，为龙，为玄黄，为旉[①]，为大途，为长子，为决

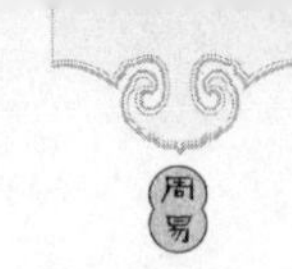

躁[2]，为苍莨竹[3]，为萑苇[4]。其于马也为善鸣，为馵足[5]，为作足[6]，为的颡[7]。其于稼也为反生[8]。其究为健，为蕃鲜[9]。

注释

①旉（fū）：花朵。 ②决躁：有力地动。决：有力。躁：动。 ③苍莨（láng）竹：又青又嫩的竹。 ④萑（huán）苇：蒹葭。 ⑤馵（zhù）足：马左后脚白色。 ⑥作足：跳起脚来。作：起，跳。 ⑦的颡：白额头。 ⑧反生：种子顶着甲壳生。⑨蕃鲜：茂盛鲜明。

译文

震是雷，是龙，是青黄色，是花朵，是大路，是大儿子，是有力地动，是又青又嫩的竹子，是蒹葭。作为马来说是会叫的，是左后脚白色的，是跳起脚来的，是白额头的。作为庄稼来说是种子顶着甲壳生的。归根到底是强健，是茂盛鲜明。

按：这一节说震的卦象，只有“为雷”正确，其余全是附会。但还有人挖空心思要把这些附会讲园通，是泥古太过。例如“为大途”，有人说“大路为人与车马行动之道，故震为大途”，理由是：“震，动也。”震可以是动，车马也可以动于大路上，但震如何能是大路呢？

巽为木，为风，为长女，为绳直，为工，为长，为高，为进退，为不果，为臭[1]。其于人也为寡发，为广颡[2]，为多白眼，为近利市三倍。其究为躁卦。

注释

①臭：气味。 ②颡：额头。

译文

巽是木，是风，是大女儿，是引绳取直，是工，是长，是高，是或进或退，是没有结果，是一种气味。对十人来说是少头发，是宽额头，是白眼球多，是接近利益为市场上的三倍。归根到底是躁动的卦。

按：这一节列举巽的卦象，只有“为木，为风”正确，其余全是附会。有人说：“巽为木，匠人制木为器或断木盖屋，引绳为准以取直，故巽为绳直。”这是以木为绳直，是抽换概念。至于什么“寡发”、“广颡”、“多白眼”和“近利市三倍”，更不知所云。

坎为水，为沟渎，为隐伏，为矫揉，为弓轮。其于人也，为加忧，为心病，为耳病，为血卦，为赤。其于马也。为美脊，为亟心，为下首，为薄蹄，为曳。其于舆也，为多眚，为通，为月，为盗。其于木也，为坚多心。

译文

坎是水，是沟河，是隐藏，是矫揉，是弓和轮。对于人来说，是增加忧虑，是心病，是耳病，是血卦，是红色。对于马来说，是好的背脊，是亟心，是下首，是薄蹄，是拖曳。对于车子来说，是多毛病，是通达，是月亮，是盗贼。对于树木来说，是坚多心。

按：这一节列举坎的卦象，只有“为水，为沟渎”正确，其余都不知所云，要勉强解释，就是穿凿。例如“为矫揉”，孔颖达《周易正义》：“使曲者直为矫，使直者曲为揉。水之流也可直可曲，矫木揉木，亦必须以水浸湿，故坎为矫揉。”这是水有似于矫揉，或可以用于矫揉，何得便为矫揉？再例如“为弓轮”，

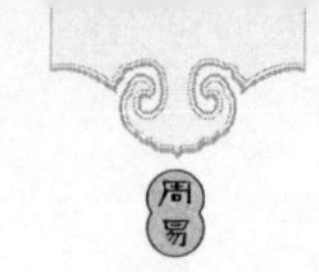

有人说："上句曰'坎为矫揉'，弓轮皆矫揉而成之物。故坎为弓轮。"这也是把有待于矮揉者说成矫揉者。再例如"其于人也，为加忧，为心病"，有人说："上文曰'坎，陷也'。陷，险也。人在险难则增加忧虑，增加忧虑则成心病，故坎'为加忧，为心病'，"这也是辗转附会，以成其穿凿之说。再例如"为耳病"，有人说："坎为水，又为耳，耳中有水，则成耳病。"坎为耳，已经是占筮者信口开合，说成以有水成耳病，更是节外生枝。其余多条，无不荒谬，不再举。

离为火，为日，为电，为中女，为甲胄，为戈兵。其于人也，为大腹，为乾卦[①]，为鳖，为蟹，为蠃[②]，为蚌，为龟。其于木也为科上槁[③]。

注释

①乾（gān）卦：干燥的卦。 ②蠃（luǒ）：通螺。 ③科：枝桠。

译文

离是火，是太阳，是电光，是中女，是铠甲和头盔，是戈这一类武器。对于人来说，是大肚子，是干燥的卦，是甲鱼，是螃蟹，是田螺，是蚌壳，是乌龟。对于树木来说，是枝桠上部枯槁。

按：这一节列举离的卦象，只有"为火，为日，为电"正确，其余都成问题。"为中女"与震的"为长子"，巽的"为长女"，以及下面兑的"为少女"都源于以变爻变卦而出现的乾坤六子说，自不足信。"其于人也，为大腹"，有人认为离卦中间一爻是阴，是柔，好像是腹，但如何知道是"大腹"呢？"其于木也为科上槁"，有人说："科借为棵，木干也。棵上槁，木之上部

枯槁也。离是两阳爻在外，一阴爻在内，即外刚而内柔。木干外刚而内柔，则外实而内空，俗谓之空心木。空心木之上部枝叶必枯，故离为木之科上槁。”此说可议之处甚多：一、何以能肯定“科借为棵”？二、木干外刚内柔，何以即外实内空？三、何以知“空心木之上部枝叶必枯”？以穿凿为说，全无是处，以此为离的卦象，当然不能信从。

艮为山，为径路①，为小石，为门阙②，为果蓏③，为阍寺④，为指，为狗，为鼠，为黔喙之属⑤。其于木也为坚多节。

注释

①径路：小路。 ②门阙（què）：门楼。 ③果蓏（luǒ）：木本植物的果实叫果，草木植物的果实叫蓏。 ④阍（hūn）寺：太监。 ⑤黔喙：野兽的黑嘴巴。

译文

艮是山，是小路，是小石头，是门楼，是木本和草本植物果实，是太监，是指头，是狗，是老鼠，是黑嘴巴野兽之类。对于树木来说是坚硬多节的。

按：这一节列举艮的卦象，只有“为山”正确，其余概属附会。例如“为黔喙之属”，有人说：“艮为山，此类居于山中，故艮为黔喙之属。不能以居于山中者即为山，因此这个卦象不能成立。再例如“其于木也为坚多节”，有人说：“艮为山，山体坚刚，山势一起一伏，以山比木，则是坚而多节，故艮为木之坚多节。”这也只是木的性质和状态有似于山，不能便为山，因此这个卦象也不能成立。

兑为泽，为少女，为巫，为口舌，为毁折，为附决。其于

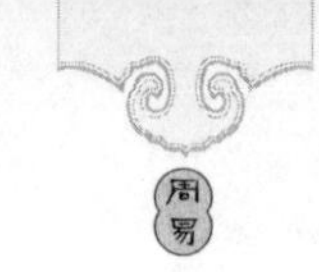

地也为刚卤。为妾，为羊。

译文

兑是湖泊，是年轻的女子，是女巫，是多口多舌，是冲毁折断，是傍着岸冲开。对于地来说是坚硬贫瘠。是小妻，是羊。

按：这一节列举兑的卦象，只有“为泽”正确，其余都不可取。例如“为巫”，有人说：“兑为女，为口，女巫恃口取食，故兑为巫。”兑为少女，已不可信，“恃口取食”，又岂止是巫而已？因此这一卦象不能成立。再例如“为毁折，为附决”，有人说：“兑为泽，泽水振荡，冲毁冲断其岸边，故兑为毁折。亦或在附岸之处溃决而流出。故兑又为附决。”从所分析的话看，“毁折”、“附决”都不必是兑的属性，要说有这些属性，勿宁坎比较恰当，因此这两种卦象也不能成立。

以上第十一章。本章列举八卦卦象，在《周易》六十四卦卦象有征而可信的只有八个，即乾天，坤地，震雷，巽风，坎水，离火，艮山，兑泽，此外大都出于附会，不能强为之辞。

《序卦传》[1]

有天地然后万物生焉。盈天地之间者唯万物，故受之以屯[2]，屯者，盈也。屯者物之始生也，物生必蒙[3]，故受之以蒙，蒙者，蒙也。物稚不可以不养也，故受之以需，需者，饮食之道也。饮食必有讼[4]，故受之以讼。讼必有众起，故受之以师，师者，众也。众必有所比[5]，故受之以比，比者，比也。比必有所畜，故受之以小畜。物畜然后有礼，故受之以履[6]。履而泰然后安，故受之以泰，泰者，通也。物不可以终通，故受之以否[7]。物不可以终否，故受之以同人[8]。与人同者物必

归焉，故受之以大有。有大者不可以盈，故受之以谦。有大而能谦必豫，故受之以豫。豫必有随，故受之以随。以喜随人者必有事，故受之以蛊[9]，蛊者，事也。有事而后可大，故受之以临，临者，大也。物大然后可观，故受之以观。可观而后有所合，故受之以噬嗑，嗑者，合也。物不可以苟合而已，故受之以贲，贲者，饰也。致饰然后亨则尽矣[10]，故受之以剥，剥者，剥也。物不可以终尽，剥穷上反下[11]，故受之以复。复则不妄矣，故受之以无妄。有无妄然后可畜，故受之以大畜。物畜然后可养，故受之以颐，颐者，养也。不养则不可动，故受之以大过[12]。物不可以终过，故受之以坎，坎者，陷也。陷必有所丽[13]，故受之以离，离者，丽也。

注释

①序卦传：讲六十四卦的顺序，理由是什么。经过与各卦核对，多望文生义，难以信从。 ②受：承受，承接。 ③蒙：蒙昧，幼稚。 ④讼：争讼，争议。 ⑤比：亲比，联系。⑥履：从上下文看，该讲成礼。 ⑦否（pǐ）：否塞，倒霉。⑧同人：这里讲成和同于人，即与人搞好关系。 ⑨蛊（gǔ）：这里讲成事。本义是毒虫，引申为迷惑。 ⑩致饰：尽量修饰。⑪反：同返，回归。 ⑫大过：太过分。 ⑬丽：附丽，依附。

译文

有了天地然后万物才产生。充满天地之间的只有万物，所以用屯卦承接着象征天地的乾坤卦，屯是充满的意思。屯卦又表示万物开始产生，万物在开始产生的时候一定蒙昧幼稚，所以用蒙卦承接着，蒙是蒙昧幼稚的意思。蒙是蒙昧，是物的幼稚，物在幼稚的时候不可以不喂养，所以用需卦承接着，需卦是讲饮食情况的。饮食必然会有争讼，所以用讼卦承接着。争讼必然会有许

多人起来。所以用师卦承接着，师是许多人，人多了必然有联系，所以用比卦承接着，比是联系的意思。人们有联系必然有积畜，所以用小畜卦承接着。有了东西积畜然后才有礼让，所以用履卦承接着。能够礼让就会通泰，然后归于安定，所以用泰卦承接着，泰是通畅的意思。事物不可以永远通畅下去，所以用否卦承接着。事物不可以永远否塞下去，所以用同人卦承接着。与人和同（搞好关系）的人别人一定会归向他，所以用大有卦承接着。有大收获的人不可以骄盈自满，所以用谦卦承接着。有大收获又能谦虚必然快乐，所以用豫卦承接着。快乐一定有人跟随，所以用随卦承接着。以喜悦心情跟随别人的人一定有事情，所以用蛊卦承接着，蛊是事情的意思。有事情然后可以壮大，所以用临卦承接着，临是壮大的意思。东西大了然后可以观察，所以用观卦承接着。可以观察然后有所遇合，所以用噬嗑卦，承接着，嗑是遇合的意思。事物不可以随便不讲原则相合，所以用贲卦承接着，贲是修饰之使合于原则的意思。尽量修饰然后亨通就会归于穷尽，所以用剥卦承接着，剥是剥落的意思。事物不可以终归于穷尽，剥落穷于上就会返于下，所以用复卦承接着。能回复到正道就不会虚妄，所以用无妄卦承接着。有没有虚妄的境界然后可以畜外物，所以用大畜卦承接着。外物被畜了然后可以养，所以用颐卦承接着，颐是养的意思。不养就不可动，所以用大过卦承接着。物不可以总是过分，所以用坎卦承接着，坎是陷落的意思。陷落必须要有所依附，所以用离卦承接着，离是依附的意思。

以上第一章，解释上经三十卦之所以按照目前这种顺序排列的理由，值得商榷的很多，现在略加分疏于下。

用“有天地然后万物生焉”说明乾卦象征天，坤卦象征地。其实从乾卦看，只是六龙在循环，说明周厉王要起衰为盛；从坤卦看，只是“黄裳，元吉”，说明厉王王后要重新正位中宫。这些都是乾卦和坤卦的根本内容。至于《周易》也以乾卦为天，坤为地，而分见于六十二卦的卦象之中，但毕竟不是本义，是引申义，是《周易》作者把周厉王夫妇看得如同于天地的。由于先列乾坤以作为周厉王必然会复国的纲领，不是说天地产生万物，因而“盈天地之间者唯万物，故受之以屯，屯者，盈也”，这些话都失去了根据。“屯”应如《说文》训为“难”，指厉王复国艰难。但由于“利建侯”（屯卦卦辞和初九爻辞），不惜从头干起，以便从微到显，从小到大，表现了“潜龙勿用”（乾卦初九爻辞）的暂时受到压抑和“履霜坚冰至”（坤卦初六爻辞，至于本爻的解释，请参看坤卦注释译文）的必然有其美好前途的统一。由于“屯者，物之始生也”没有根据，从而“物生必蒙，故受之以蒙，蒙者，蒙也”也都站不住脚，因为蒙卦根本不是讲“物生必蒙”的。正确的看法应该是，蒙卦与屯卦一样，都是对乾卦“潜龙勿用”和坤卦“履霜坚冰至”的发挥，只不过所用的比喻不同，屯卦（䷂）是雷被压在水底，要冲出去，蒙卦（䷃）是水被阻于大山，要流出去。由于蒙卦不是讲“物之稚”，就不存在“物稚不可不养”，而以“需”为养。从需卦卦象（䷄）看，是水在天上，象征武人对厉王的压抑，而作为厉王象征的天则要逐渐突破压抑，以步步为营的策略去击败武人，最后犁庭扫穴，予以全歼（需卦上六“入于穴”）。因此内卦乾三爻每爻都有一个“需”字，意味不是孟浪冒进，而是徘徊等待，以退为进，以后取先。“需”应如《彖传》训为“须”，或如孔颖达《周易正义》训为“待”，而绝不是什么“饮食之道”的。由于“需”不是“饮食之道”，“饮食必有讼，故受之以讼”就无从谈起，而且饮食何以一定必有讼呢？讼卦卦象是䷅，是水在冲击天空，比喻武人在向周厉王进犯，必须击退，与需卦上六爻辞“入其穴”的思想是一

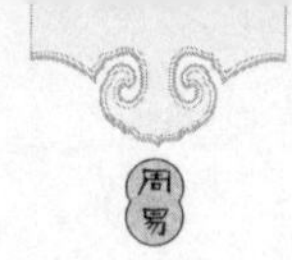

脉相承的。“讼必有众起，故受之以师，师者，众也。”这是把师看成众人，但在《周易》其义为师旅，从初六“师出以律”，九二“在师中吉”，九三“长子帅师”等都可以看得出来，《序卦传》把师的意义是弄错了的。从卦象䷆看，下坎象征水，上坤象征地，是水被压抑在地底下，要冲开地面流出去。这表明周厉王对于武人的压抑要予以突破，就提出了用兵讨伐的主张，是把讼卦只对武人进行反击的思想是发展得更为积极主动的。“众必有所比，故受之以比，比者，比也。”这里把比看成亲比或联系，并不错；问题是说成众人自己在此，这就不正确。从六二的“比之自内”看，是厉王在亲比武人，从六四的“外比之”看，是武人与厉王亲比。而武人与厉王亲比，又缘于厉王亲比武人，事情是从厉王对武人进行怀柔开始的。讼卦和师卦都强调要用武力对付武人，本卦则突出安抚，体现了《周易》作者要厉王运用两手的策略，而且先讨伐，后怀柔，也是较为可行的。“比必有所畜，故受之以小畜。”“小畜”是所畜者还小而不大，孔颖达《周易正义》：“所畜狭小，故名小畜。”从卦象（䷈）看，下乾象征天，上巽象征风，这诚如《象传》所说是“风行天上”，是天在畜风。有了风就会起云，所以卦辞说“密云不雨”。起了云就会下雨，所以上九说“既雨既处”。这些都体现了事物从微小发展到壮大的过程。因此“小畜”并不是始终所畜者小，而是从所畜者小演化到所畜者大。这说明周厉王的怀柔在开始收获还小，经过一系列工作，就会有很大成绩，本卦与比卦的联系是紧密的。“物畜然后有礼，故受之以履。”这是把履讲成礼。按之本卦，所有履字无不指践履，即踩着，就如“素履”，也是说像平素那样践履，再如“夬履”，也是说撕碎践履者，履都不能训为礼，《序卦传》对履的意义是弄错了的。因此，用“物畜然后有礼”做小畜和履卦的联系也是错误的。正确的说法应该是：小畜已经从所畜者小

发展到所畜者大，为了巩固并扩大这一成果，就还得对武人进行怀柔。履卦处处以退为进，以后取先，例如卦辞“履虎尾，不咥人，亨”，就是说即使武人进犯，也暂时不反击，前途就会美好。再例如上九“视履考祥，其旋元吉”，也是说即使武人进犯，也暂时避开不管，就大为吉利。这些都是巩固并扩大小畜成果，因此履卦和小畜卦的联系也是紧密的。“履而泰然后安”，如果按照《序卦传》理解，是凡事都要合礼才好，这当然不正确，因为履不能训礼。要是说用柔退之道去取得通泰和安定，这就对了。《序卦传》对履卦如何过渡到泰卦是没有弄清楚的。“物不可以终通，故受之以否”，这句话从道理上看正确，因为合于朴素辩证法。但从《周易》具体情况看，泰的转化为否却不是由于“物不可以终通”，而是由于循环，如泰卦九三所言：“无平不陂，无往不复。”这样，自泰而否以后，还将自否而泰，而且“其亡？其亡？系于苞桑”（否卦九五爻辞），而永恒地泰下去。这些就是泰否两卦的内容。“物不可以终否，故受之以同人。”这是说必须争取众人帮助，才有突破否的可能，“同人”是集合人。本卦是说周厉王要动员广大人众去击败武人，才不至于“终否”。“与人同者物必归焉，故受之以大有。”“物必归”是说众人将归于周厉王，“同人”的结果会无所不有，这种思想是正确的。“有大者不可以盈，故受之以谦。”这句话孤立地看，完全正确，问题是不符合《周易》实际。谦卦六五“利用侵伐，无不利”，上六“利用行师，征邑国”，可见谦在本卦并不是谦虚或谦逊而是以退为进以后取先，是消灭武人的一种策略，《序卦传》是未得《周易》原意的。“有大而能谦，必豫。”孤立地看，似乎也不错，问题还在于《周易》并不是讲“有大而能谦，必豫，”而是讲有大而能运用策略，必豫，因此这一条与《周易》也是有参差的。“豫必有随，故受之以随。”豫是快乐，随是追求，《序卦传》是说有了

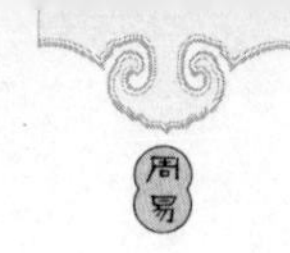

快乐，必有追求，以作为豫卦和随卦的联系。随卦卦象是䷐，是雷被压抑在水底，要突破压抑，冲了出去，这就是雷所要追求的目的。但是这种追求是由于被压抑，不是由于快乐，因此《序卦传》是任意牵合以为说的。“以喜随人者必有事，故受之以蛊，蛊者，事也。”“以喜随人”就是“豫必有随”，“豫必有随”既然不是《周易》原意，“以喜随人”自然也与《周易》无关，象这样来作为《周易》问题的提出已经不行；而且说“以喜随人者必有事”。更非常勉强，因为其间并没有必然的逻辑联系。而以事训蛊，也与《周易》不合，《周易》是把蛊看成失误的。“有事而后可大，故受之以临，临者，大也。”“有事而后可大”，是一种理由不充分的提法，因为有事不一定可大，还要有别的条件。“临”有“大”义，但从本卦卦象看，下兑为泽，上坤为地，是一大片土地面临着一个湖泊，以高临下，加以引申，就指执政者对人民进行治理。高亨《周易古经注释》：“本卦临字皆指临民而言。”李镜池《周易通义》：“临有治义。”都讲得好。蛊卦讲骨鲠之臣能去掉厉王失误，本卦讲厉王能够治理人民，因此，用临卦上承蛊卦是有道理的，但《序卦传》都讲错了。“物大然后可观，故受之以观。”如上所论，“临”不能训“大”，从而《序卦传》的提法就没有根据。观指从政治上进行观察，上承临卦的治理人民，联系紧密。“可观而后有所合，故受之以噬嗑，嗑者，合也。”“可观而后有所合”，含义不明。噬嗑是一个讲治狱的卦，《周易》作者认为要安定社会，还有赖于法治，于是提出本卦与观卦一起作为临卦的辅翼，《序卦传》对这些是不了解的。“物不可以苟合而已，故受之以贲，贲者，饰也。”这是接着“嗑者，合也”说。合是闭上口，从闭上口扯到事物不可以随便或任意结合，是把毫不相关的行为牵合在一起。说荒谬还要加以文饰，更是叫人难解。其实把与蛊卦“干蛊”（去掉失误）正好相反的讲

文饰的贲卦列在刑狱专卦噬嗑之后，是显示文饰应该在惩治之列，于是贲卦就接上噬嗑卦了。“致饰然后亨则尽矣，故受之以剥，剥者，剥也。”说要尽力文饰（“致饰”）然后就会亨通，是对文饰加以肯定，已经不妥当。说这样就会“尽”，从《序卦传》思路看，应是归于尽善尽美，更是令人难以思议。“物不可以终尽，剥穷上反下，故受之以复。”穷于上而返于下，是循环的表现。剥卦（䷖）上九以循环成为初九，于是剥卦变成复卦（䷗），这就是“穷上反下”而“受之以复”，《序卦传》对于剥卦如何转为复卦，认识是正确的。“复则不妄矣，故受之以无妄。”不妄或无妄都是真实不虚妄，体现于人的主观精神就是孚。坎卦卦辞“有孚维心，亨，行有尚”，是一个人只要有孚就无往不利。复是从穷于上位而剥落，又返于下位而复升，是否极泰来，与有孚的情况相似，所以就接上无妄卦了。“有无妄然后可畜，故受之以大畜。”一个人只要有孚，只要无妄，就什么问题都能解决，什么东西都能控制，这就是大畜，即广泛地掌握一切。这条《序卦传》是符合《周易》原意的。“物畜然后可养，故受之以颐，颐者，养也。”就周厉王说，大畜首先是控制武人，因为这是最大的事。武人受到控制，就必须安排他们出路，这就是“物畜”以后要“受之以颐”了。这条《序卦传》也是有道理的。“不养则不可动，故受之以大过。”这两句话语意含混，难以索解。“不养”为什么就“不可动”？又为什么还要“受之以大过”？而“大过”又何所指呢？从下文“物不可以终过”看，“大过”应是大的过失，但为什么既“不养”，又“不可动”，就会有大的过失呢？从颐卦到大过卦，《序卦传》是没有弄清楚的。“物不可以终过，故受之以坎，坎者，陷也。”“物不可以终过”，应是说物不可以终于陷在过失之中，这样应该平安无事，但为什么又“受之以坎”，到头来却陷在过失之中呢？这条《序卦传》是自相矛

盾的。“陷必有所丽，故受之以离，离者，丽也。”丽指附丽或依傍。陷不一定有所丽，因此用这句话作“受之以离”的前提就不行。而且离固然可以训丽，但考之于整个离卦，却没有一处以丽训离，从而“离者，丽也”就说不过去了。坎卦和离卦相次，坎是险，具体说就是周厉王处于危险之中，但只要“有孚维心”，(卦辞)，就能化险为夷。不过如果能再辅之以柔弱胜刚强的策略而“畜牝牛”，(卦辞。王弼注：“离卦之体以柔顺为主”。)会更加吉利，于是离卦就接上坎卦了。

有天地然后有万物，有万物然后有男女，有男女然后有夫妇，有夫妇然后有父子，有父子然后有君臣，有君臣然后有上下，有上下然后礼义有所错[①]。夫妇之道，不可以不久也，故受之以恒，恒者，久也。物不可以久居其所，故受之以遯[②]，遯者，退也。物不可以终遯，故受之以大壮。物不可以终壮，故受之以晋，晋者，进也。进必有所伤，故受之以明夷，夷者，伤也。伤于外者必反其家[③]，故受之以家人。家道穷必乖[④]，故受之以睽[⑤]。睽者，乖也。乖必有难，故受之以蹇[⑥]，蹇者，难也。物不可以终难，故受之以解，解者，缓也。缓必有所失，故受之以损。损而不已必益，故受之以益。益而不已必诀，故受之以夬[⑦]，夬者，决也。决必有所遇，故受之以姤[⑧]，姤者，遇也。物相遇而后聚，故受之以萃，萃者，聚也。聚而上者谓之升，故受之以升。升而不已必困，故受之以困。困乎上者必反下[⑨]，故受之以井。井道不可不革，故受之以革。革物者莫若鼎，故受之以鼎。主器者莫若长子，故受之以震，震者，动也。物不可以终动，止之，故受之以艮，艮者，止也。物不可以终止，故受之以渐，渐者，进也。进必有所归，故受之以归妹[10]。得其所归者必大，故受之以丰，丰者，大也。穷大者必失其居，故受之以旅。旅而无所容，故受之以巽，巽者，入也。入而后说之[11]，故受之以兑，兑者，说也。说而后散之，故受之以涣，涣者，离也。物不可以终离，故受之以节。节而信之，故受之以中孚。有其信者必行之，故受之以小过。有过物者必济，故受之以既济。物不可穷也，故受之以未济终焉。

注释

①错：同措，措置，安排。 ②遯：同遁，逃走，离开。③反：同返，回去。 ④乖：乖违，错乱。 ⑤睽（kuí）：违背。 ⑥蹇（jiǎn）：困难，不顺利。 ⑦夬（guài）：破裂。⑧姤（gòu）：同遘，相遇，碰上。 ⑨反：同返。 ⑩归妹：嫁女。古代妇女叫嫁做为归。妹：女郎。 ⑪说：同悦。

译文

有了天和地然后世界上才有一切的物，有了一切的物然后才有男人和女人，有了男人和女人然后才有丈夫和妻子，有了丈夫和妻子然后才有父亲和儿子，有了父亲和儿子然后才有君主和臣下，有了君主和臣下然后才有上和下的区别，有了上和下的区别然后礼义才有安排。丈夫和妻子的结合是不可不长久的，所以用恒卦承接着，恒是长久的意思。任何东西都不可以长久停留在一个地方，所以用遁卦承接着，遁是退下来的意思。任何东西都不可以老是在退，所以用大壮卦承接着。任何东西都不可以老是在壮，所以用晋卦承接着，晋是前进的意思。前进必然会受到伤害，所以用明夷卦承接着，夷是伤害的意思。在外面受到伤害的人必然要回到他的家里，所以用家人卦承接着。家道困穷必然会颠倒错乱，所以用睽卦承接着，睽是违背的意思。颠倒错乱必然

有困难，所以用蹇卦承接着，蹇是困难的意思。任何东西都不可以老是困难，所以用解卦承接着，解是缓解的意思。缓解必然会有损失，所以用损卦承接着。损失不停止必然会增加，所以用益卦承接着。增加不停止必然会破裂，所以用夬卦承接着，夬是破裂的意思。破裂必然会有遭遇，所以用姤卦承接着，姤是遭遇的意思。任何东西相遭遇就会聚集在一起，所以用萃卦承接着，萃是聚集的意思。聚集着向上叫做升，所以用升卦承接着。上升不停止必然会有困难，所以用困卦承接着。困在上面的必然回到下面，所以用井卦承接着。井的情况不可以不变革，所以用革卦承接着。变革事物的没有比鼎更好，所以用鼎卦承接着。主持鼎器的人没有比大儿子更好，所以用震卦承接着，震是动的意思。任何东西不可以老是在动，要停止下来，所以用艮卦承接着，艮是停止的意思。任何东西不可以老是在静止，所以用渐卦承接着，渐是前进的意思。前进必然会有归宿，所以用归妹卦承接着。得到归宿地方的必然盛大，所以用丰卦承接着，丰是盛大的意思。穷极盛大的人必然会失去住的地方，所以用旅卦承接着。当旅客却没有容身之地，所以用巽卦承接着，巽是进去的意思。进去以后就高兴，所以用兑卦承接着，兑是高兴的意思。高兴就会散失，所以用涣卦承接着，涣是离散的意思。任何东西都不会永远离散，所以用节卦承接着。有节制然后可以相信，所以用中孚卦承接着。有信用的人一定会去做，所以用小过卦承接着。有超过外物本领的人必然成功，所以用既济卦承接着。任何东西都不会穷尽，所以用未济卦承接着作为终结。

以上第二章，解释下经三十四卦之所以按照目前这种顺序排列的理由，值得商榷的也很多，现在也略加分疏于下。

咸卦卦辞“取女吉”，是用男子娶妻为配，来比喻周厉王求贤自辅，不能停留在字面上，如《序卦传》之所言，是“有男女

然后有夫妇”。“夫妇之道不可不久也，故受之以恒，恒者，久也。”咸卦既然是借夫妇讲君臣，那么恒卦所讲的长久不能改变的常道自然也就是君臣之道，而不是“夫妇之道”了。“物不可以久居其折，故受之以遁，遁者，退也。”既然君臣之道是不能改变的常道，接着说“物不可以久居其所”就不正确。实际上遁卦是讲武人不能自外生成，如卦象䷠所显示，是下艮的山不能脱离上乾的天的控制，而一定要恪守君臣常道的。“物不可以终遁，故受之以大壮。”大壮卦象是䷡，是雷响震于天上，比喻武人凌驾于厉王之上，反映了与遁卦相反的另外一种情况，是《周易》作者所不愿意看到的。要是说这是遁卦向好的方面转化，如《序卦传》之所言，就适得其反了。“物不可以终壮，故受之以晋，晋者，进也。”晋卦卦象是䷢，是太阳照耀大地，比喻厉王会依旧为君，与大壮卦所比喻的武人跋扈横行，恰好相反。用本卦接着大壮卦，是讽谕武人还应该做忠顺之臣，《序卦传》是得其仿佛的。“进必有所伤，故受之以明夷，夷者，伤也。”“进必有所伤”不一定合于实际，不能成为明夷卦接着晋卦的理由。明夷卦卦象是䷣，是太阳被压抑在地底下，与晋卦卦象相反。是《周易》作者在希望厉王仍然为君之后，又想到现实情况还是厉王受到武人压抑，初九爻辞“君子于行，三日不食”，正是指厉王在流放于彘的道途中忍饥挨饿，境遇十分凄苦的情况。“伤于外者必反于家，故受之以家人。”“伤于外者”不一定就要“反于家”，而且家和家人也不是一回事。本卦九三“家人嗃嗃，悔，厉，吉，妇子嘻嘻，终吝”，把家人和妇子对举，说明家人指家长，不指家，《序卦传》在这里是讲错了的。“家道穷必乖，故受之以睽，睽者，乖也。”家人卦是用家长和妇子的关系，比喻君子和臣下的关系，说“家道穷必乖”，是不懂得家人卦的内涵。睽卦实际上是指周厉王与大臣之间断绝联系，九二“遇主于巷”，

是大臣只能在囚禁厉王的永巷之中见到厉王，九四“睽孤，遇元夫（大夫）”，是厉王见到大臣也只能是在睽违孤独之际，本卦是写了家人卦所肯定的厉王必须大振乾纲的反面的。“乖必有难，故受之以蹇，蹇者，难也。”睽卦写周厉王与大臣相见很困难，就像溪水流径山坡之上，要畅流诚为不易，如本卦卦象（䷦）所显示。说“乖必有难，故受之以蹇”，是能说明蹇卦与睽卦的关系的。“物不可以终难，故受之以解，解者，缓也。”周厉王受困于武人，《周易》作者认为会得到解脱，解卦六五“君子维有解”，正说明这一点。对于用解卦承接蹇卦的意图，《序卦传》是有正确理解的。“缓必有所失，故受之以损。”以紧张情况得到缓和而骄傲，就会有损失。《序卦传》无条件地说“缓必有所失”，不正确，从而也不能成为一定要“受之以损”的原因。“损而不已必益，故受之以益。”“损而不已”也不会无条件地“必益”，也不能成为损卦必然要用益卦承接的理由。损卦写贤臣帮助周厉王去掉在得到解脱后所产生的骄盈之气，初九的“酌损之”，六四的“损其疾”，都是讲这一点。这样一来，周厉王就会以柔弱居后而刚强得先，大得贤臣的助益了。“益而不已必诀，故受之以夬，夬者，决也。”“益而不已必诀”，其提法的错误与“缓必有所失”相同，也不能成为益卦必然要用夬卦承接的理由。夬是冲开或去掉。夬卦卦象是䷪，泽在天上，比喻武人还在压抑周厉王。损卦和益卦既已表明有贤臣在帮助周厉王抑损骄矜之气，从而大得贤臣助益，为什么又转为夬呢？原来损益两卦都是作者的设想，到夬卦才又回到现实。“决必有所遇，故受之以姤，姤者，遇也。”“决必有所遇”是说夬卦下乾要掀开上兑压抑，会遇到上兑阻挠。这时候象征周厉王的下乾就应该用柔退之道，去战胜象征武人的上兑，以寻求出路。于是就用巽在下乾在上的姤卦承接着，同时象征周厉王的下巽还“女壮，勿用取女”（卦辞），用柔

退之道去与象征武人的上乾周旋了。“物相遇而后聚，故受之以萃，萃者，聚也。”夬卦和姤卦都指出周厉王应该用柔退之道去制服武人，本卦卦象是泽水聚集在地面上䷬，比喻周厉王已经安于其位，显示出夬卦，特别是姤卦的柔退策略已经取得了可喜成果，所以就用萃卦承接姤卦，而不能如《序卦传》之所言。“聚而上者谓之升，故受之以升。”升是上升。从卦象（䷭）看，下巽的木不断从地里上升，比喻周厉王自强不息，国势将繁荣昌盛。萃卦已经设想周厉王制服武人，于是本卦就蓬勃发展，决不是什么“聚而上者谓之升”的。“升而不已必困，故受之以困。”“升而不已”不见得“必困”，《序卦传》在这里又作了一次绝对化的提法。升卦是《周易》作者的设想，而当时的现实则是周厉王困于武人，作者写本卦是又回到现实来了。“困乎上者必反下，故受之以井。”困卦虽然写周厉王受困于武人，但终于“大人吉，无咎”（卦辞），而武人则“困于石，据于蒺藜”（六三），将“动悔，有悔”（上六）。因此周厉王只困于一时，而武人却终不能得逞。井卦“改邑不改井”，是用比喻说明西周王朝会永远存在，与困卦说周厉王到头来还会“无咎”一致，于是井卦接着困卦，而决不是什么“困乎上者必反下”的。“井道不可不革，故受之以革。”“井道不可不革”，应是指井要修理，如六四的“井甃，无咎”，以便如九五的“井冽，寒泉食”。这些都是用比喻指出西周王朝应改革政治，以造福于广大臣民。这样接上一个专讲周厉王必须改革政治的革卦就顺理成章了。“革物者莫若鼎，故受之以鼎。”鼎是煮食物的器具，能变生为熟，用来比喻改革的重要手段，于是就接着革卦了。“主器者莫若长子，故受之以震。”以震为长子，是沿袭说卦乾坤六子的错误，因而不能认为震是掌握鼎器的长子，说它可以承接鼎卦。在革卦和鼎卦，《周易》作者设想周厉王进行了一系列的政治改革，取得了可喜的成

果，如革卦九五的“大人虎变”，鼎卦初六的“得妾以其子”等。这样一来周厉王就会声威赫赫，如巨雷行天，所以革卦鼎卦之合就是震卦了。“震者，动也。物不可以终动，止之，故受之以艮，艮者，止也。”震是周厉王的声威使武人战栗恐惧，不是动。艮有静止不动之义，震而继之以艮，是《周易》作者希望周厉王保住声威，永远慑服武人。“物不可以终止，故受之以渐，渐者，进也。”通观渐卦，是借雄鸿追求雌鸿，比喻周厉王要求得贤臣帮助自己。艮卦希望周厉王保住声威，渐卦写周厉王要有贤臣做辅弼，为什么要用渐卦接艮卦，《序卦传》是不得其解的。“进必有所归，故受之以归妹。”“归”是到一个地方，“归妹”是嫁出女儿，二者不相干，《序卦传》牵合在一起是不对的。渐卦写周厉王将得贤臣以为治，归妹卦“归妹以须，反归以娣”（六三），则写坏人登进，贤臣却不得入，来说明求贤臣必须慎重，以作为渐卦内容的补充。“得其所归者必大，故受之以丰，丰者，大也。”用“得其所归”来联系“归妹”已嫌勉强，而且“得其所归”不见得就“必大”，这条《序卦传》是混乱的。本卦卦象（䷶）是离下震上，离为火，震为雷，是雷响震于天宇之上而电火随之，比喻周厉王得贤臣帮助就能扬眉吐气。渐卦归妹卦都讲求贤臣，本卦则是讲得到贤臣以后所取得的成效。“穷大者必失其居，故受之以旅。”穷极盛大的人不一定“必失其居”，不能以此作为“故受之旅”的前提。旅卦写周厉王被流放于彘，与丰卦最后写西周王朝将破败荒凉是联系得上的。“旅而无所容，故受之以巽，巽者，入也。”旅人无处容身，就不会有什么地方可以入，这条《序卦传》的理由是欠缺的。巽在《象传》训为顺，在《杂卦传》训为伏，应讲成顺伏。是什么人顺伏于什么人？从本卦初六“进退，利武人之贞”看，显然是说已经篡夺了王位的武人，一定要在前进了以后立刻后退，交出王权，才有利于做武人

的正道，这是《周易》作者对武人的严厉警告。旅卦六五“射雉一矢亡，终以誉命”，是设想周厉王总有一天会荡平武人，那么本卦接着设想武人会向周厉王投降就可以理解了。“入而后说之，故受之以兑，兑者，说也”，说借为悦。巽不能训入，“入而后说之”便无从谈起，《序卦传》这一条也成为问题。巽卦写武人将顺伏于周厉王，周厉王一定会有以安抚而怀柔之，于是相互怡悦就成为可能了。“说而后散之，故受之以涣，涣者，离也。”周厉王与武人既然相互怡悦，何至于彼此离散，以此知《序卦传》不可取。涣：《说文》：“水流散也。”卦象是坎下巽上，坎为水，巽为风，是风吹水流散，比喻周厉王感化武人，使武人顺从。这一卦是承接着兑卦的相互怡悦讲的。“物不可以终畜，故受之以节。”节有节制或控制的意义。从卦象看，下兑象征泽，上坎象征水，是水被容纳在泽中，受到泽的制约。涣卦设想武人为周厉王作出很大贡献，如九五的“涣王居”等。这样一来，武人又可能居功骄傲，对他们适当加以制约，就很有必要，《序卦传》对这些是没有讲清楚的。“节而信之，故受之以中孚。”孚在《周易》有极其重要的地位，井卦上六“有孚，元吉”，已经概括了孚对人事的巨大作用；本卦卦辞“豚鱼吉”，更说明孚能化及异类，《序卦传》仅目之为信，是未得其义的。“有其信者必行之，故受之以小过。”《序卦传》这一条问题很多。首先，有孚不能说成“有其信”，从而无所谓“有其信者必行之。”其次，小过不是小有过失，因而不会由于“行之”而有“小过”。小过卦象（䷽）是雷仅逾于山，远未至于天。是所过者小而不大，少而不多，是柔弱，不是刚强。在《周易》作者看来，只有柔弱取后，才能刚强得先。这是他根据周厉王实际情况为周厉王在政治和军事上定下的一条不可动摇的原则，本卦是加以总结的。“有过物者必济，故受之以既济。”既济是已经成功的意思。在《周易》

作者看来，周厉王将以有孚而无不利，又还将以善于运用柔弱胜刚强的策略取得向武人斗争的胜利，他恢复王位和中兴西周就是必然，而不是什么“有过物者必济”。“物不可穷也，故受之以未济终焉。”《周易》在全书之末而殿以未济，目的是说未济要转化成为既济。这就是否极必泰，剥极必复，损极必益。作者写作《周易》，目的全在于此，所以作为全书结尾。卦辞的“亨”，六三的“利涉大川”，六五的“贞吉，无悔”，都说明未济会转化成为既济。因此未济不能如《序卦传》所说，是讲“物不可穷”的。

《杂卦传》[1]

乾刚坤柔，比乐师忧。临观之义，或与或求。屯见而不失其居[2]，蒙杂而著。震，起也。艮，止也。损益，盛衰之始也。大畜，时也。无妄，灾也。萃聚而升不来也。谦轻而豫怠也。噬嗑，食也。贲，无色也。兑见而巽伏也。随，无故也。蛊则饬也[3]。剥，烂也。复，反也[4]。晋，昼也。明夷，诛也。井通而困相遇也。咸，速也。恒，久也。涣，离也。节，止也。解，缓也。蹇，难也。睽，外也。家人，内也。否泰反其类也。大壮则止，遯则退也。大有，众也。同人，亲也。革，去故也。鼎，取新也。大过，过也。中孚，信也。丰，多故也[5]。亲寡，旅也[6]。离上而坎下也。小畜，寡也。履，不处也。需，不进也。讼，不亲也。大过，颠也。姤，遇也，柔遇刚也。渐，女归待男行也[7]。颐，养正也。既济，定也[8]。归妹，女之终也。未济，男之穷也。夬，决也，刚决柔也，君子道长，小人道忧也。

注释

①杂卦传：杂取六十四卦，不依原来顺序加以解说，所以叫《杂卦传》。其解释极简单而用韵，有些与本义不合，或只浮在表面，大概是前人读《易》扎记略加整理而成的。其说与《彖传》、《象传》、《序卦传》都间有不同，也足以说明《易大传》不出于一人之手。 ②见：同现，出现。 ③饬（chì）：整治。 ④反：同返，回去。 ⑤故：事。 ⑥亲寡，旅也：按照《杂卦传》先举卦名，后作解释的句例，应作："旅，亲寡也。"并与"丰，多故也"对称。 ⑦女归：女子嫁出去。 ⑧定：《吕氏春秋》高诱注："定犹成也。"即成功的意思。

译文

乾卦刚健，坤卦阴柔。比卦快乐，师卦忧愁。临卦和观卦的意义，或者是给与，或者是请求。屯卦是万物开始出现，各不丧失其位置，蒙卦是万物杂处而显著。震卦是奋起。艮卦是静止。损卦和益卦是盛大和衰微的开始。大畜卦是讲时机。无妄卦是讲灾祸。萃卦是聚集，升卦是不来。谦卦是轻浮，豫卦是懈怠。噬嗑是吃东西。贲卦是没有颜色。兑卦是看见，巽卦是逊伏。随卦是无缘无故。蛊卦是整顿治理。剥卦是烂掉。复卦是回去。晋卦是白天。明夷卦是诛杀。井卦是水通于地上，困卦是彼此相逢。咸卦是迅速。恒卦是永久。涣卦是离散。节卦是制上。解卦是缓和。蹇卦是困难。睽卦是讲外面，家人卦是讲家里。否卦和泰卦将变得各自与它的同类相反。大壮卦是停止。遁卦是后退。大有卦讲得到众人支持。同人卦讲与众人亲近。革卦是去掉旧的。鼎卦是取得新的。小过卦是讲小有过失。中孚卦是讲要有信用。丰卦是讲多事。旅卦是讲亲近的人少。离卦是火向上升。坎卦是水向下降。小畜卦是讲少。履卦是讲不停止。需卦是不前进。讼卦

是不相亲。大过卦是讲颠倒。姤卦是讲碰上，是阴柔碰上阳刚。渐卦是女子出嫁要等待男子亲迎才走。颐卦是培养正气。既济卦是已经成功。归妹卦是女郎的终了。未济卦是男子的穷困。夬卦是冲开，是阳刚冲开阴柔，是君子之道不断上升，小人之道不断下降。

以下对《杂卦传》略加分析。“乾刚坤柔”基本正确。严格说，乾以六龙为君，坤以黄裳为后，具体指周厉王和他的王后，凡天地、阴阳、刚柔等义都是后起的。“比乐师忧。”比卦写周厉王将接近武人，予以怀柔，没有快乐的意思。师卦写周厉王将讨伐武人，予以打击，没有忧愁的意思。“临观之义，或与或求。”临卦是想像中周厉王治民有功，不能说是给予。观卦是想像中周厉王用国宾之礼对待贤臣，不能说是请求。“屯见而不失其居。”屯卦是巨雷要冲开水面，到空中去自在飞腾，不是万物开始出现，各不丧失其位置。“蒙杂而著。”蒙卦是泉水要从山下流出去，不是万物杂处而显著。“震，起也。”震卦是巨雷拔地冲天而上，诚然是起。“艮，止也。”艮卦象征山，诚然是止。“损益，盛衰之始也。”从循环论看，损卦能够转为益卦，可以说是盛之始，益卦能够变成损卦，可以说是衰之始。“大畜，时也。”大畜卦是所畜者大，不是讲时机。“无妄，灾也。”无妄卦是讲有孚或有诚的人能够支配一切，说成是灾，适得其反。“萃聚而升不来也。”萃训为聚，正确，但没有触及萃卦是告诫武人应做周厉王忠顺之臣的内容。升卦是用大树从地里长出来，比喻周厉王的事业必定繁荣昌盛，不能讲成“不来”。“谦轻而豫怠也。”谦卦是告诉周厉王要用以退为进和以后取先的手段去荡平武人，不能说是轻。豫卦“利建侯行师”（卦辞），是预祝周厉王出兵打击武人将会胜利，应该是快乐，不是懈怠。“噬嗑，食也。”噬嗑卦用咬碎食物比喻治理刑狱，只训“食”，是停留在字面上。“贲，无色也。”贲是杂色，说贲卦讲无色是错误的。“兑见而巽伏也。”兑卦是讲周厉王与武人应该和乐相处，不是看见。认为巽卦是肯定逊伏（指武人对周厉王逊伏）则是正确的。“随，无故也。”《广雅·释诂》：“随，逐也。”义为追求，训为“无故”，远离本旨。“蛊则饬也。”蛊是错误应该去掉，说成要整顿治理是可以的。“剥，烂也。”剥的意义是打击，不是破烂。要说由于打击而破烂，那就说得远一些。“复，反也。”复卦卦辞“反复其道，七日来复”，是说剥卦上九回到复卦初九，以反训复是正确的。“晋，昼也。”晋卦卦象（䷢）是日出于地上，是大白天，可以训昼。但实际上是说周厉王高出群众，应受到尊奉。“明夷，诛也。”明夷卦象（䷣）是日入于地中，受到损害，可以训诛。但实际意义是周厉王遭受流放，颠沛流离，却未能指出。“井通而困相遇也。”通应指井水通于地面，可供汲用，未触及以井的不变比喻西周王业能永恒存在。困的卦象（䷮）是泽中无水，泽与水交困，是相违，不是相遇，《杂卦传》适得其反。“咸，速也。”从卦辞“取女吉”看，应是借男女给合指君臣相得，为周厉王求贤臣之卦，无速之义。“恒，久也。”以久训恒，很正确，但未能指出周厉王要独奋乾纲，制服武人，才是恒久不变之道。“涣，离也。”《说文》：“涣，水流散也。”因而可以训离。但未能指出厉王将感化武人，如风之行于上，爽然四解。“节，止也。”节可训节制、制止，谓为止，亦可。但周厉王行将控制武人的含义，却未涉及。“解，缓也。”孔颖达《周易正义》：“解者，险难解释，物情舒缓，故为解也。”甚得解卦之义，足以证成《杂卦传》之说。“蹇，难也。”蹇卦卦象（䷦）是水在山上流，甚为艰难，训难是正确的。“睽，外也。”睽卦卦象（䷥）是火在泽上，水与火相乖违，用以比喻周厉王难见贤臣，不能讲成外。“家人，内也。”家人卦卦象（䷤）是风在火上，风吹火旺盛，用以比喻周

厉王得到贤臣帮助，不能讲成内。“否泰反其类也。”“反其类”是否变为泰，泰变为否，变得各自与它的同类相反，《杂卦传》甚得《周易》之义。“大壮则止。”大壮卦卦象（䷡）是雷在天上飞腾，没有止的意思。遁则退也。”遁是遁逃。卦象（䷠）是山在天之下，想遁逃而不可能，用以比喻武人难以摆脱周厉王控制，训为退，不行。“大有，众也。”大有是所有者多。卦象（䷍）是日在天上，照临四海，用以比喻周厉王高居王位，得臣民拥护，训为众是可以的。“同人，亲也。”同人是集合人，团结人，说明周厉王要击败武人，必须争取支持，因此可以训为亲。“革，去故也。”革卦都讲改革，训为“去故”，实为允洽。“鼎，取新也。”鼎卦讲煮熟食物，训为“取新，”诚为妥帖“小过，过也。”这是以小过之过为过失，其实小过是小有超过。卦辞“可小事，不可大事”足以说明，不是小有过失。“中孚，信也。”孚之义不仅为信，主要应为诚，不然如何能使“豚鱼吉”？“丰，多故也。”丰卦写周厉王与贤臣相得，如水乳交融，不能是“多故”。“亲寡，旅也。”应作“旅，亲寡也”。旅卦写周厉王流放于彘，还拥有用来指挥天下的“齐斧”（黄钺），只说亲人少，未得其义。“离上而坎下也。”其意指火动向上，水渗向下，非离、坎两卦之义。“小畜，寡也。”小畜是畜积者少，可称为寡。“履，不处也。”履是践履，可叫不处。对这两卦都只训释卦名，未指出小畜是终必所畜者大，履是周厉王终必以柔弱胜刚强。“需，不进也”，需是须待，有不进之义。但徘徊不进，正是为了长驱直入，以“入于穴”（上六），《杂卦传》对需卦的理解欠深刻。“讼，不亲也。”讼是争讼，指周厉王同武人斗争，“不亲”说得太轻。“大过，颠也。”大过与小过相对，小过是稍有超过，大过是太过分。卦象（䷛）是巽下泽上，巽为木，兑为泽，是泽灭木，所以是太过，用以比喻武人对周厉王施加极大压力，《杂卦

传》说成颠倒是不正确的。"姤，遇也，柔遇刚也。"本卦卦象（䷫）是巽下乾上，巽为风，乾为天，天受到风吹，比喻周厉王受到武人冲击，因此遇到困难，正确。而且巽柔乾刚，说柔遇刚也正确。"渐，女归待男行也。"本卦卦辞"女归吉"，是用女子出嫁作比喻。"女归待男行"，是说女子出嫁待男子亲迎而后行。但这只接触表面现象，本卦是设想周厉王要借助于贤臣为治的。"颐，养正也。"卦象（䷚）是震下艮上，震为雷，艮为山，是雷要破山而出，比喻周厉王要突破武人压抑。从卦辞"自求口实"看，《周易》作者是要周厉王自力更生，而不是什么"养正"的问题。"既济，定也。"《吕氏春秋》高诱注："定犹成也。"既济是事情已经成功，说"定"可以，但还不能指出既济是指周厉王一切都会成功。"归妹，女之终也。"从表面上看，讲得正确，但还不能指出本卦是讲周厉王担心求贤臣可能被坏人占了先着，象六三所说的"归妹以须，反归以娣"。"未济，男之穷也。"这一解释与《序卦传》"物不可穷"相反。其实既不是"物不可穷"，也不是"男之穷"，而是未济必然会转化成为既济。"夬，刚决柔也，君子道长，小人道忧也。"夬有冲开的意思。本卦卦象（䷪）是泽复盖在天上，比喻武人压迫周厉王，必须击破。乾为刚，兑为柔，周厉王为君子，武人为小人。这条《杂卦传》是正确的。